앱 인벤터를 활용한

창의적 문제해결

앱 인벤터를 활용한

창의적 문제해결

목원대학교 스톡스대학 SW교양학부 지음

INFINITYBOOKS
인피니티북스

머리말

앱 인벤터는 코딩 입문자가 쉽게 앱을 만들 수 있는 최상의 프로그래밍 언어이다!

4차 산업 혁명 시대에는 읽기, 쓰기 능력과 함께 코딩 능력도 요구된다. 처음 프로그래밍을 접하는 학생들이나 일반인들이 보다 쉽게 프로그래밍을 이해하고 활용하기 위해서는 텍스트 기반의 프로그래밍 언어보다 그래픽 기반의 블록 코딩 방식인 앱 인벤터가 적합하다. 또한 앱 인벤터는 클라우드 플랫폼 서비스 방식으로 배포하여 사용되기 때문에 특별한 설치 없이 인터넷만 연결된다면 어디서나 프로그래밍할 수 있는 언어이다. 이렇게 쉽게 접근할 수 있다는 장점뿐만 아니라, 앱 인벤터2.0 이후 꾸준히 업그레이드되고 있어서 앱 제작을 위한 언어로 더 많이 활용되는 프로그래밍 언어로 성장하고 있다.

다양한 주제의 앱 완성을 경험할 수 있다!

이 책은 예제 중심으로 각 장이 구성되어 있어 독자가 쉽게 따라 하며 코딩 학습할 수 있도록 하여, 각 장의 학습이 끝나면 두세 개의 완성된 앱을 만나 볼 수 있다. 또한, 각 장의 끝에 생각해보기를 두어서 독자 스스로 프로젝트를 완성할 수 있도록 하였다. UI 설계와 코딩의 상세한 설명으로 초보자가 쉽게 이해하고 따라올 수 있도록 하였고, 프로그래밍 문법 설명이 필요한 곳에서는 '잠깐만' 코너를 두어 프로그래밍 이해도를 높였다. 이 책에서 최대한 여러 가지 다양한 주제의 예제를 다루려고 하였고 모든 예제에는 충분한 설명을 하고자 하였다. 이 책과 함께하는 여러분은 게임, 안내, 번역, 악기연주, 그리기 앱 등 다양한 주제의 앱 만들기 예제를 만날 수 있다.

이 책을 통해 코딩의 즐거움을 느끼고 더 나아가 멋진 나만의 앱을 만들어 배포할 수 있는 능력을 기르는데 조그마한 도움이 되길 희망한다.

2021년 8월
저자 일동

차례

앱 인벤터 소개

학습목차

학습목표

1. 앱 인벤터를 시작할 수 있다.
2. 앱 인벤터를 이용해서 간단한 앱을 만들 수 있다.
3. 완성된 앱을 다양한 방법으로 실행할 수 있다.

1.1 앱 인벤터2란?

앱 인벤터 2 개요

앱 인벤터(**App Inventor for Android**)는 안드로이드 운영체제 기반의 앱 개발 응용프로그램으로 구글에 의해 오픈 소스 웹 애플리케이션으로 개발되었다. 구글에서 2010년 12월에 첫 버전을 공식 출시하였고, 2012년 3월부터는 매사추세츠 공과대학교(MIT)에 의해 관리되고 있다. 2013년 12월에 MIT에 의해 앱 인벤터2가 출시되어 현재까지 사용되고 있다.

앱 인벤터는 **클라우드 플랫폼 서비스 방식**으로 배포되어 사용되기 때문에 사용자가 프로그램을 PC에 설치하여 사용하지 않고 웹 블라우저를 통해 서비스를 이용한다. 즉, 웹사이트에 접속하여 앱 화면을 디자인하고, 블록코드를 이용하여 동작을 프로그래밍한다. 앱 인벤터는 스크래치 프로그램과 같은 **블록코딩 방식의 프로그램 언어**이기 때문에 누구나 쉽게 코딩을 이해하고 활용할 수 있다. 2013년 MIT에 의해 출시된 앱 인벤터2는 웹 브라우저 주소창에 http://appinventor.mit.edu/를 입력하여 시작한다. 다음 그림은 앱 인벤터2 시작 화면이다.

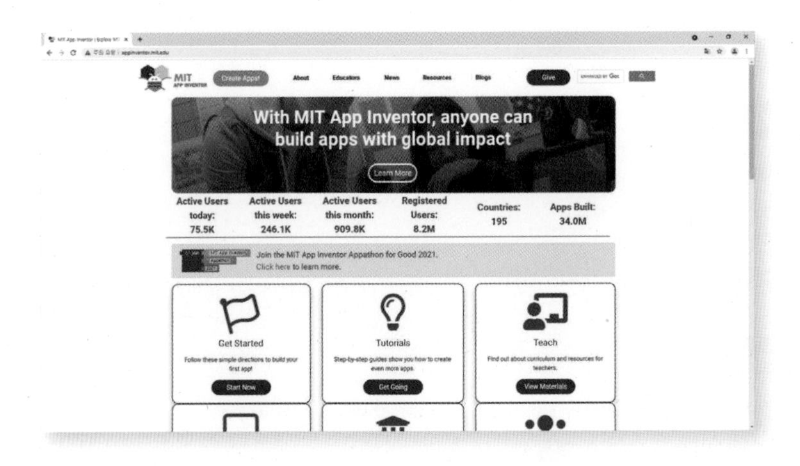

앱 인벤터2 준비하기

구글 계정으로 로그인하기

앱 인벤터 사이트에 접속해서 사용하기 위해서는 반드시 구글 계정이 필요하다. 우선, 구글 계정을 만들고 사이트에 접속한다. 웹사이트(http://appinventor.mit.edu/)에 접속하여 **[Create Apps!]** 메뉴를 누르면 아래 그림과 같이 Google 계정으로 로그인하는 화면이 보인다.

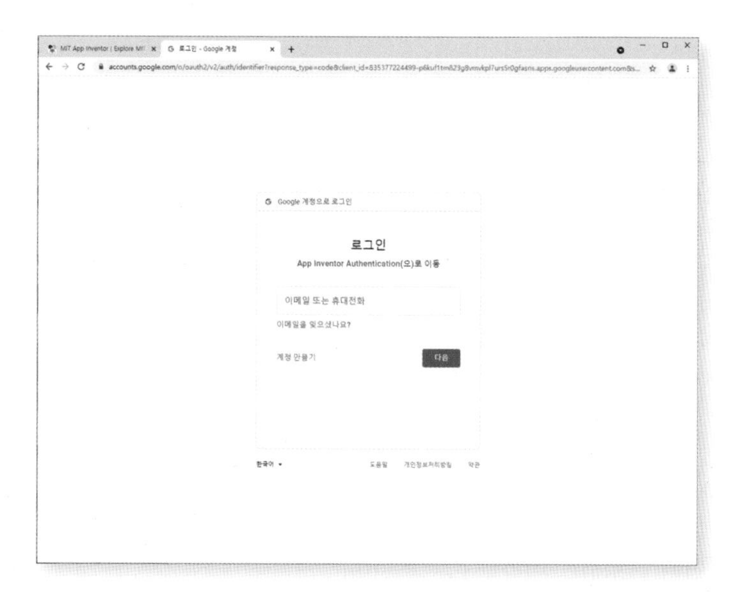

구글 계정으로 로그인하고 아래 그림과 같이 앱 인벤터 환영 알림창이 보이면, 알림창의 계속 버튼을 눌러 앱 인벤터를 시작하자.

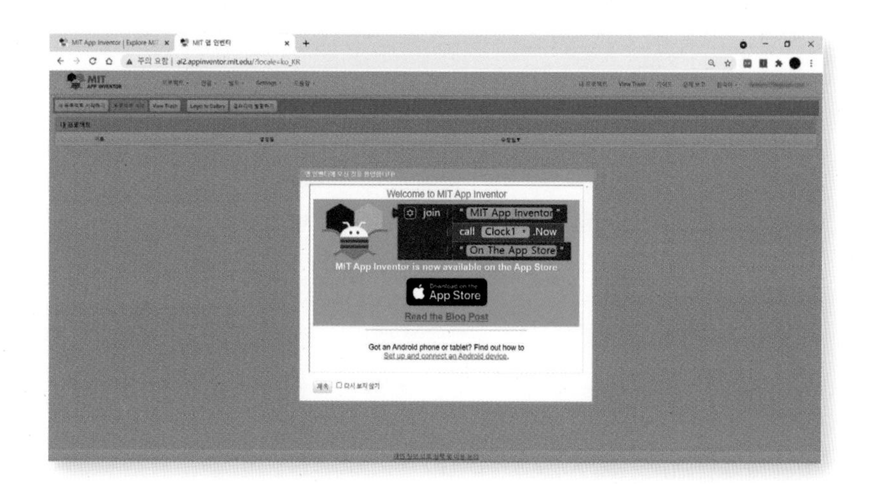

앱 인벤터의 시작과 함께 튜토리얼을 볼 수 있는 화면이 보인다. 튜토리얼을 눌러 다양한 앱 인벤터 작품을 살펴보자.

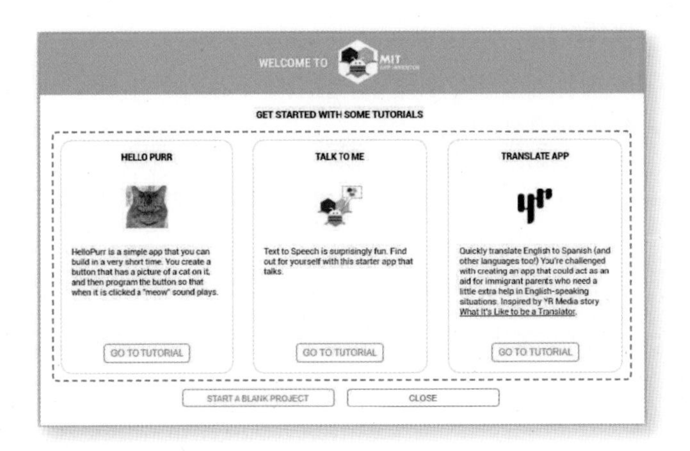

[START A BLANK PROJECT] 버튼을 눌러 프로젝트를 시작해보자. 처음 앱 인벤터의 프로젝트를 시작하면 가장 먼저 [새로운 앱 인벤터 프로젝트 만들기]의 프로젝트 이름을 정하는 창이 보인다. 앱 인벤터 프로젝트 이름을 만들 때 몇 가지 규칙이 있다. 프로젝트 이름은 영문(대소문자), 숫자, 언더바(_)만을 사용할 수 있다. 프로젝트 이름으로 한글과 특수 문자('언더바,_'를 제외한 모든 특수 문자)를 사용할 수 없다. 또한 숫자로 시작하는 프로젝트 이름을 쓸 수 없다. 예를 들어, 365Hello, hello-365 등의 형식으로 프로젝트 이름을 만들 수 없고, Hello_365, Hello365, H365ello 등의 형식으로 만든 프로젝트 이름으로 사용한다.

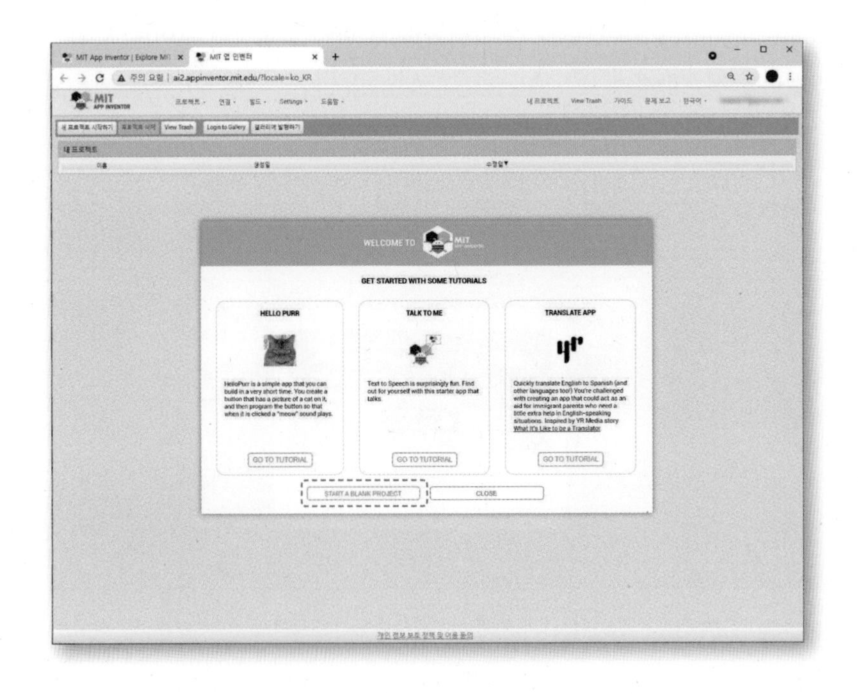

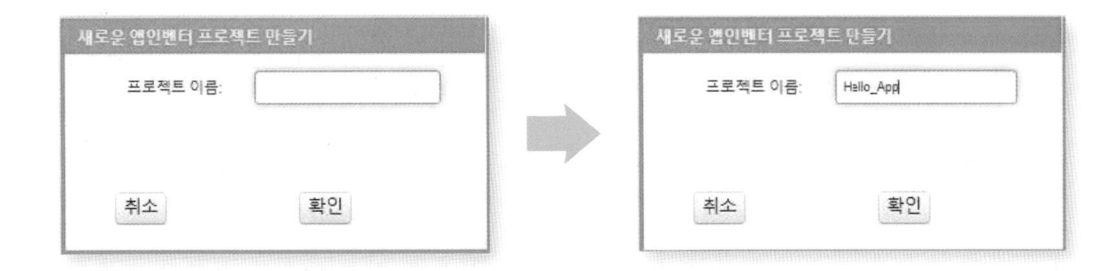

아래 보이는 화면은 [Hello_App] 프로젝트 첫 화면이다.

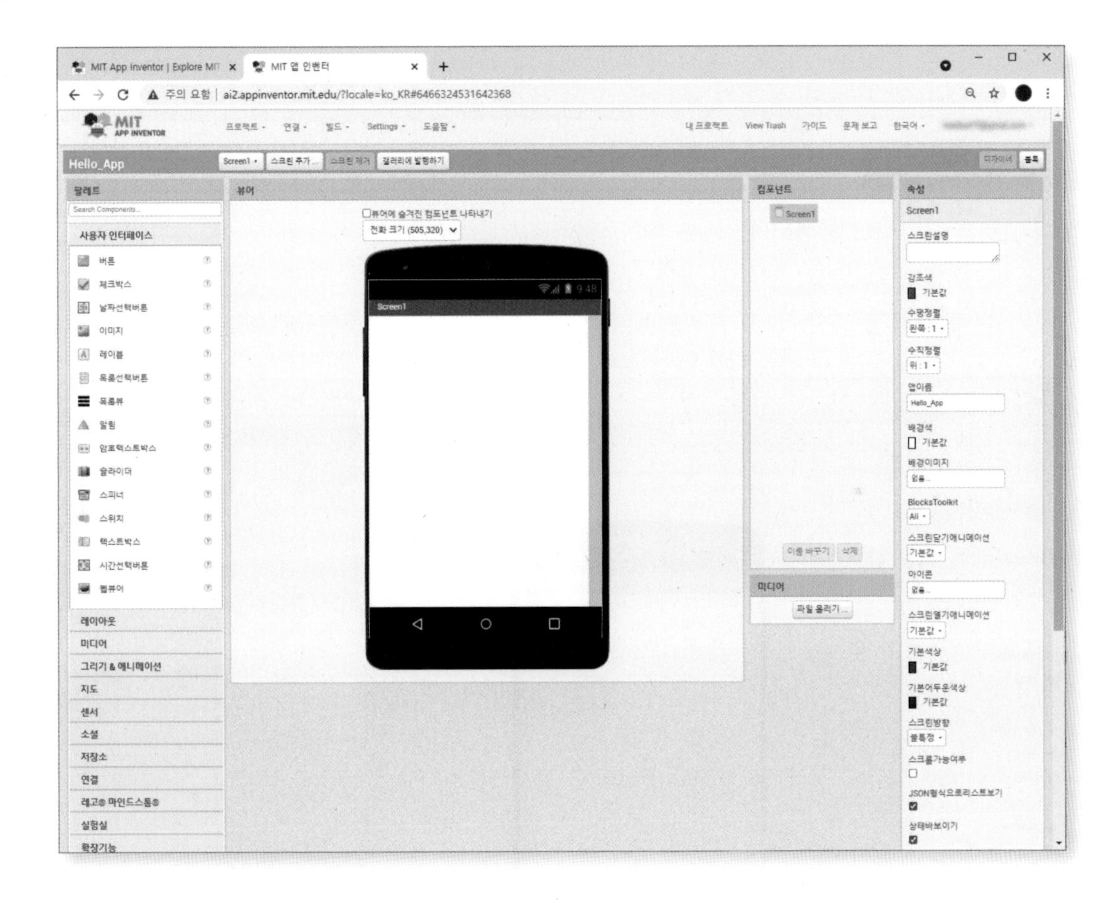

사용 가능한 브라우저

앱 인벤터는 클라우드 플랫폼 서비스 형태로 제공되기 때문에, 브라우저를 이용해서 앱 인벤터를 사용한다. 사용 가능한 브라우저는 구글 크롬, 파이어폭스, 사파리 그리고 엣지에서 사용할 수 있다. 본 교재에서는 구글 크롬 브라우저를 이용해서 앱 인벤터 프로젝트를 만든다(단, 인터넷 익스플로러에서는 앱 인벤터를 이용할 수 없다).

1.2 앱 인벤터 살펴보기

앱 인벤터는 [디자이너] 화면과 [블록] 화면으로 나뉘어서 작업한다. 앱을 사용할 사용자가 보는 화면(UI: User Interface)을 만드는 작업은 [디자이너] 화면에서 작업하고, 앱 동작을 구현하는 작업은 [블록] 화면에서 작업한다. 다음은 디자이너 화면과 블록 화면에 대한 설명이다.

디자이너 화면

아래 그림은 디자이너 화면이다.

❶ 앱 인벤터 프로젝트 메뉴로 프로젝트 생성과 저장 등을 선택할 수 있는 [프로젝트], 프로젝트

확인을 위한 [연결], 완성된 프로젝트 설치 파일 생성을 위한 [빌드], 프로젝트 로드 형태와 폰트 설정을 위한 [Settings], 도움말을 위한 [도움말] 메뉴가 보임.

❷ 생성된 앱 인벤터 프로젝트 이름 출력.

❸ 프로젝트 스크린을 추가, 선택, 제거하기 위한 메뉴.

❹ 프로젝트의 [디자이너] 화면과 [블록] 화면을 선택할 수 있는 버튼.

❺ 프로젝트 화면 구성에 필요한 컴포넌트가 그룹별로 정렬되어있는 팔레트 영역.

❻ 프로젝트 화면을 구성하는 뷰어 영역.

❼ 프로젝트에 사용된 컴포넌트의 구성을 보여주는 영역.

❽ 프로젝트에서 사용되는 미디어 파일을 업로드하는 영역.

❾ 프로젝트에서 사용된 컴포넌트의 속성을 설정하는 영역.

블록 화면

아래 그림은 블록 화면이다.

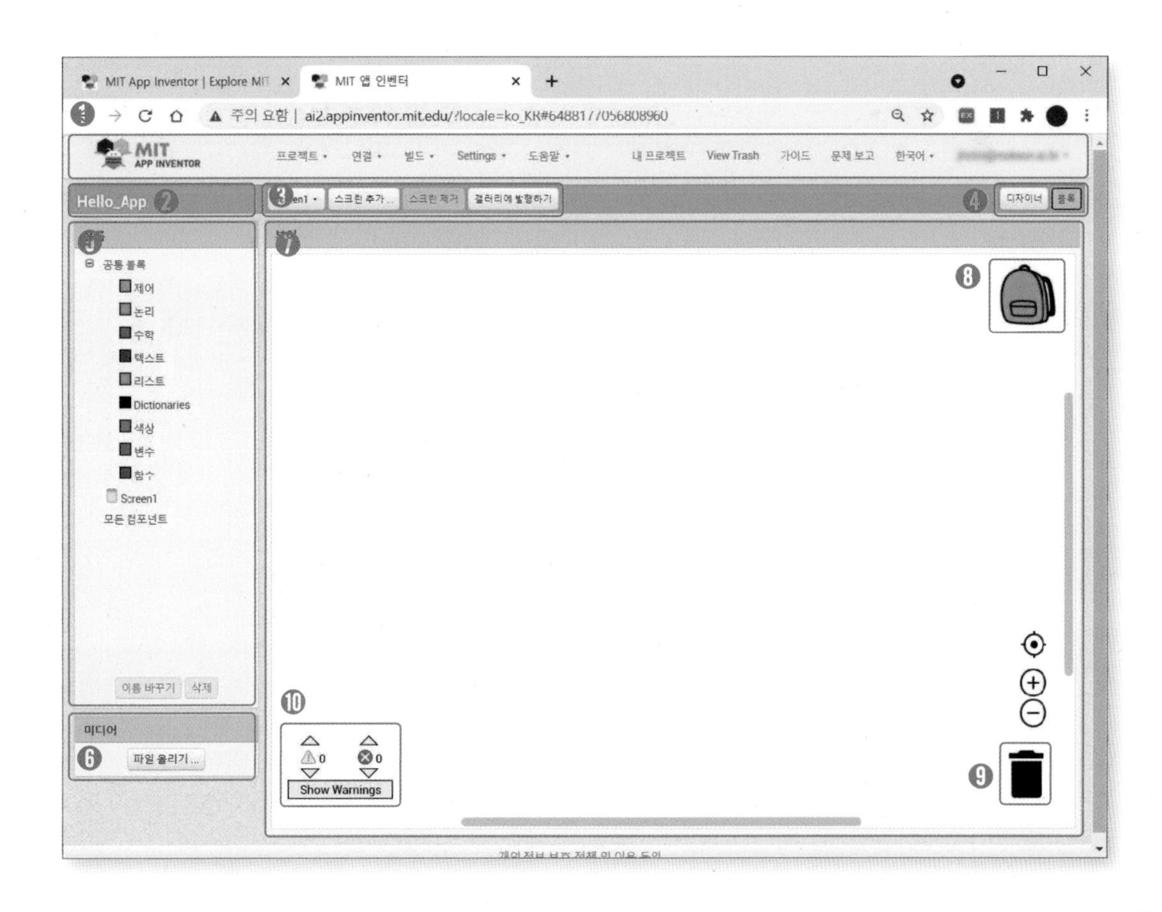

❶ 앱 인벤터 프로젝트 메뉴로 프로젝트 생성과 저장 등을 선택할 수 있는 [프로젝트], 프로젝트 확인을 위한 [연결], 완성된 프로젝트 설치 파일 생성을 위한 [빌드], 프로젝트 로드 형태와 폰트 설정을 위한 [Settings], 도움말을 위한 [도움말] 메뉴가 보임.

❷ 생성된 앱 인벤터 프로젝트 이름 출력.

❸ 프로젝트 스크린을 추가, 선택, 제거하기 위한 메뉴.

❹ 프로젝트의 [디자이너] 화면과 [블록] 화면을 선택할 수 있는 버튼.

❺ 프로젝트 [디자이너] 화면에서 구성된 컴포넌트의 동작을 위한 블록으로, 모든 컴포넌트가 사용 가능한 공통블록과 해당 컴포넌트만 사용할 수 있는 블록으로 구분.

❻ 프로젝트에서 사용되는 미디어 파일을 업로드하는 영역.

❼ 블록코딩이 이루어지는 블록코딩 편집 영역.

❽ 작업한 블록을 저장할 수 있는 영역으로 다른 프로젝트에서도 사용 가능.

❾ 안 쓰는 블록을 이동하여 휴지통에 넣으면 블록이 삭제됨.

❿ 작업한 블록의 경고 또는 오류를 보여줌.

1.3 간단한 앱 만들어 실행하기

프로젝트 만들기

이제부터 앱 인벤터 프로젝트를 시작해보자. 첫 번째 만들어 볼 프로젝트는 버튼을 누르면 스크린 화면 배경색이 바뀌면서 환영 메시지가 출력되는 앱이다. 우선, 다음 그림과 같이 앱 인벤터 언어를 한국어로 설정하고, [프로젝트] → [새 프로젝트 시작하기] 메뉴를 이용해서 프로젝트를 생성한다.

프로젝트 이름을 정할 때는 앞에서 언급했듯이 영문자(대소문자), 숫자(이름의 첫 번째에 위치할 수 없음) 그리고 언더바(_)만을 사용해서 만든다. 처음 만드는 앱 인벤터 프로젝트의 이름은 아래 그림과 같이 [Hello_App]으로 한다.

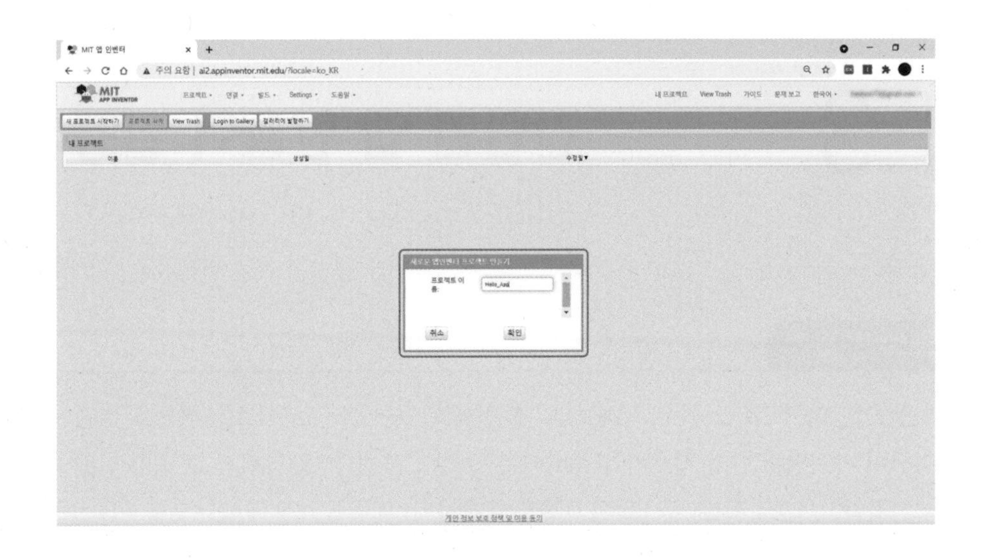

프로젝트를 만들면 가장 먼저 아래와 같이 디자이너 화면이 보인다. 이제부터 간단한 앱을 만들어 보자.

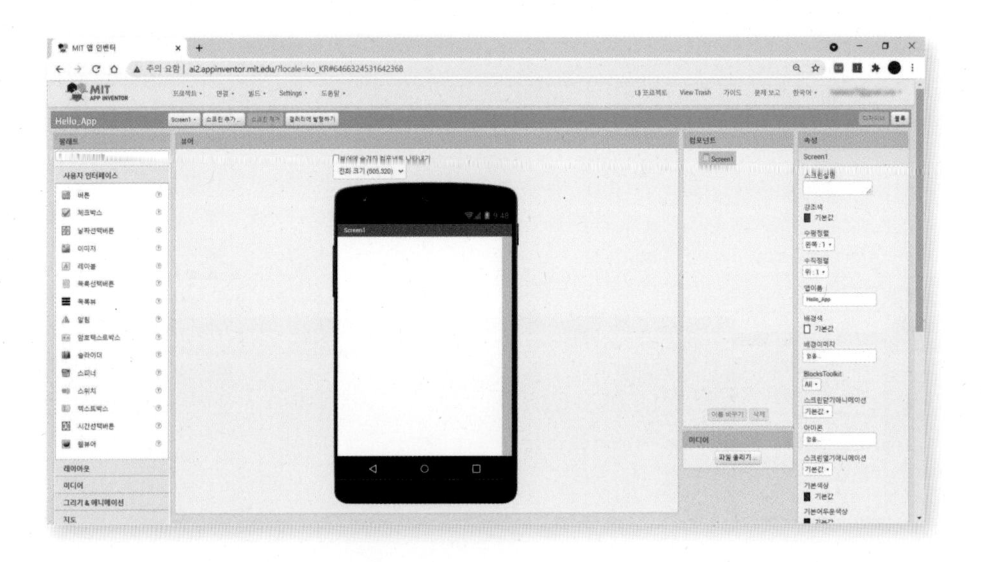

Hello_App 프로젝트 만들기

앱을 만들기 위해서는 먼저 사용자 화면을 구성하고 블록코딩 작업을 한다. **Hello_App** 앱 만들기에서는 버튼을 클릭하면 레이블 영역에 환영 메시지를 출력하고 스크린 배경색 바꾸기를 한다. 먼저, 버튼과 레이블의 위치를 화면 중앙에 배치하기 위해서 Screen1 속성 중에 수평정렬을 [수평정렬:가운데:3]으로 선택한다.

사용자 인터페이스 팔레트에 있는 버튼 컴포넌트를 다음 그림과 같이 드래그하여 뷰어 영역에 배치하고 속성 중 텍스트를 [텍스트: 환영메시지]로 수정한 후, 컴포넌트 이름을 [메시지버튼]으로 이름 바꾸기를 한다.

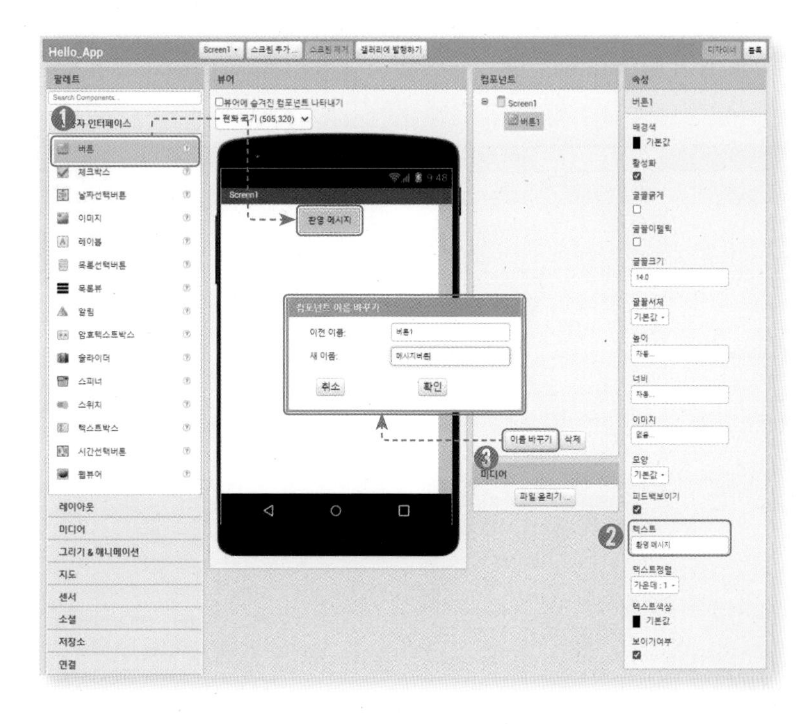

버튼 컴포넌트 아랫부분에 다음 그림과 같이 사용자 인터페이스 팔레트에 있는 레이블을 드래그하여 뷰어에 배치하고 속성 중 너비를 [너비: 부모 요소에 맞추기], 텍스트를 [텍스트: 환영 메시지], 텍스트 정렬을 [텍스트정렬: 가운데:1]로 설정한 후, 컴포넌트 이름을 [메시지레이블]로 이름 바꾸기를 한다.

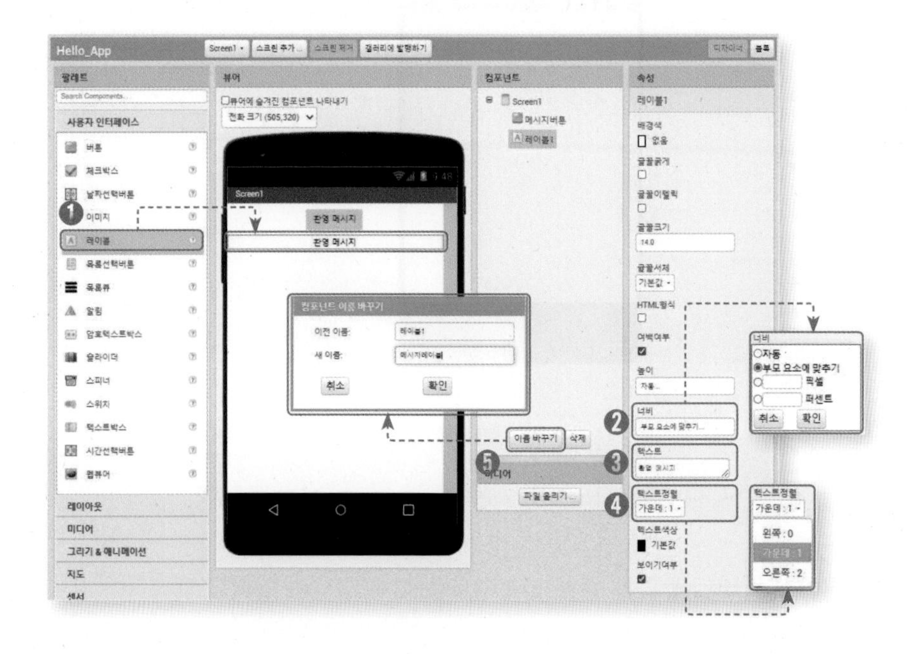

디자이너 화면에서 사용자 UI를 완성했다면 **[블록]** 버튼을 눌러 다음 그림과 같이 블록 화면으로 이동한다. 블록 화면에서 디자이너 화면으로 이동하려면 **[디자이너]** 버튼을 눌러 이동한다. 앱 인벤터는 컴포넌트 구성에 따라 블록 구성도 달라진다. 블록 사용 방법을 잘 살펴보고 따라 해보자.

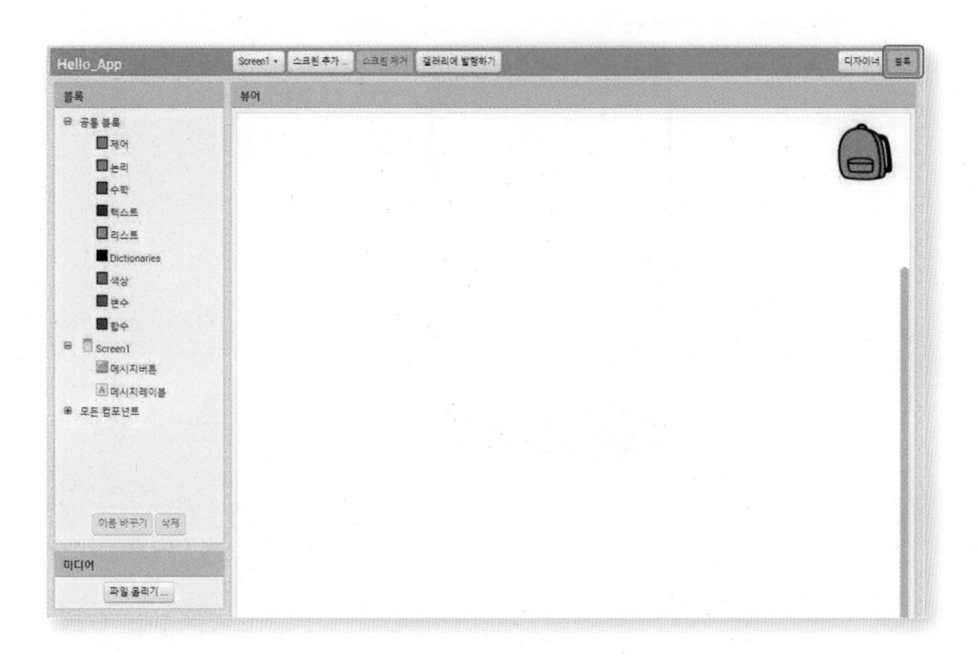

버튼 컴포넌트인 [메시지버튼]을 클릭하면 환영 메시지를 레이블에 보여주고 스크린 배경색을 바꾸기 위해서 **[언제 메시지버튼.클릭했을때]**(언제 메시지버튼 .클릭했을때 실행)의 이벤트 블록을 아래와 같이 블록 편집화면으로 드래그하여 놓는다.

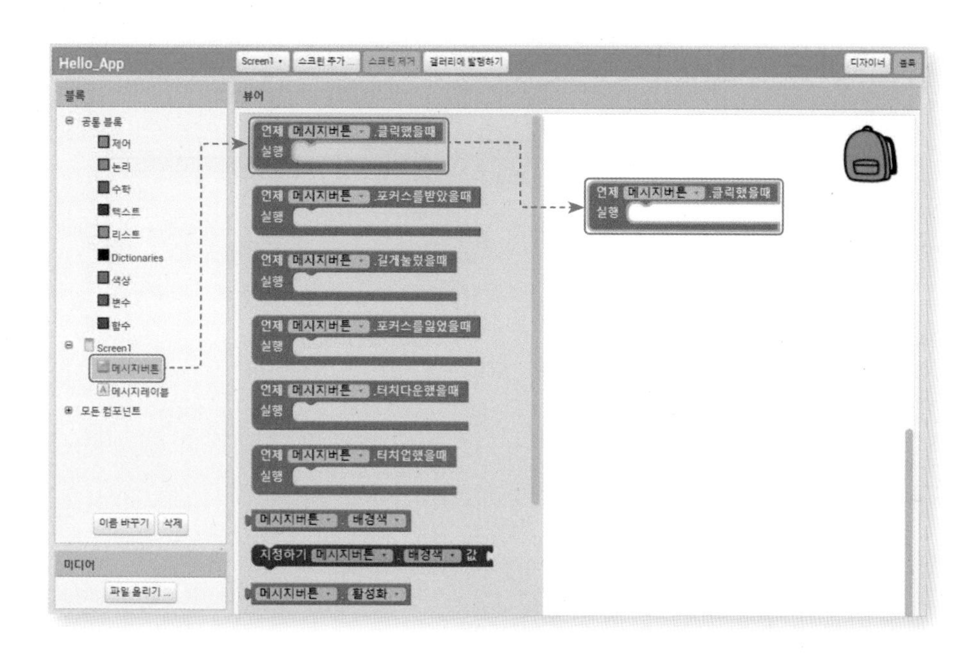

[언제 메시지버튼.클릭했을때]의 이벤트 블록에서 동작해야 하는 기능은 [메시지레이블] 컴포넌트 영역에 환영 메시지를 출력하고, Screen1의 배경색 바꾸는 기능이다. 따라서 다음 그림과 같이 블록 영역의 [메시지레이블] 블록에서 **[메시지레이블.텍스트값 지정하기]**블록(지정하기 메시지레이블 . 텍스트 값)을 **[언제 메시지버튼.클릭했을때]**의 이벤트 블록 안쪽에 끼워 넣는다.

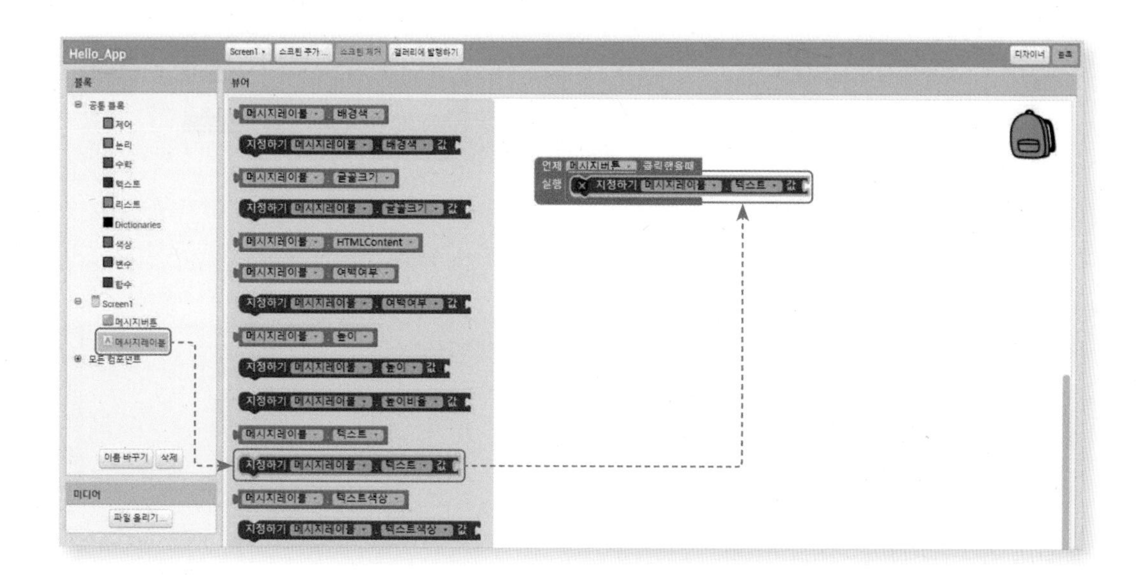

그리고 공통블록 영역의 [텍스트] 블록에서 **[텍스트입력]** ( ) 블록을 [메시지레이블.텍스트값 지정하기] 오른쪽에 끼워 넣은 후, 다음 그림과 같이 "앱 인벤터 시작을 환영합니다." 텍스트를 입력한다.

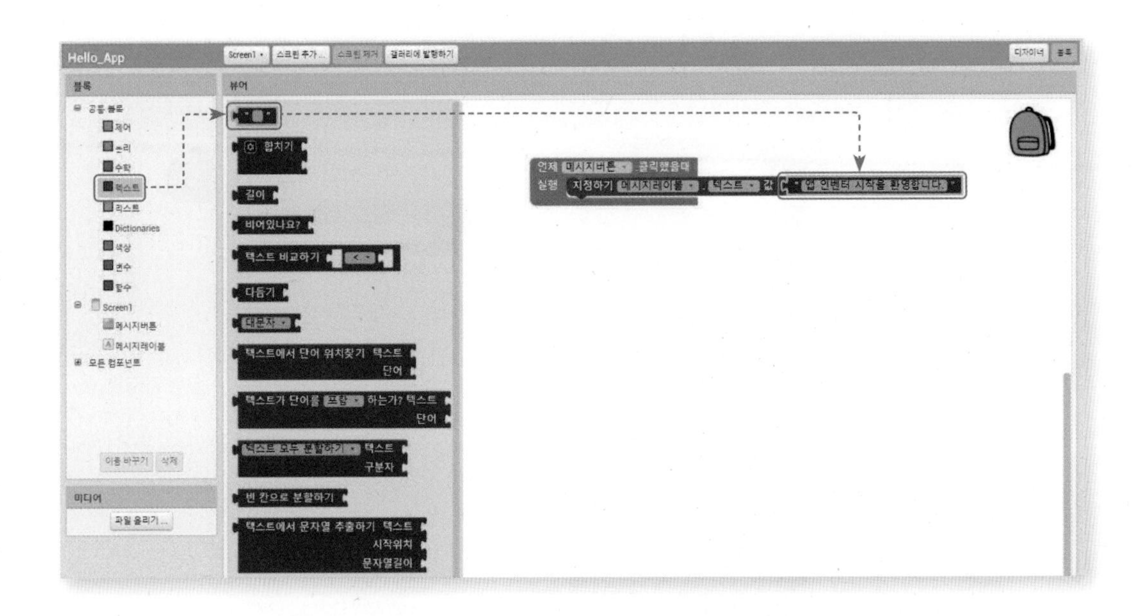

Screen1의 배경색 지정하기를 하기 위해서 블록 영역에서 Screen1 블록의 [Screen1. 배경색값 지정하기] (지정하기 Screen1 . 배경색 값) 블록을 다음 그림과 같이 이벤트 블록 안쪽에 끼워 넣는다. 그리고 공통블록의 [색상] 블록에서 색상 블록( )을 드래그하여 다음 그림과 같이 Screen1의 배경색 값으로 끌어 붙인다.

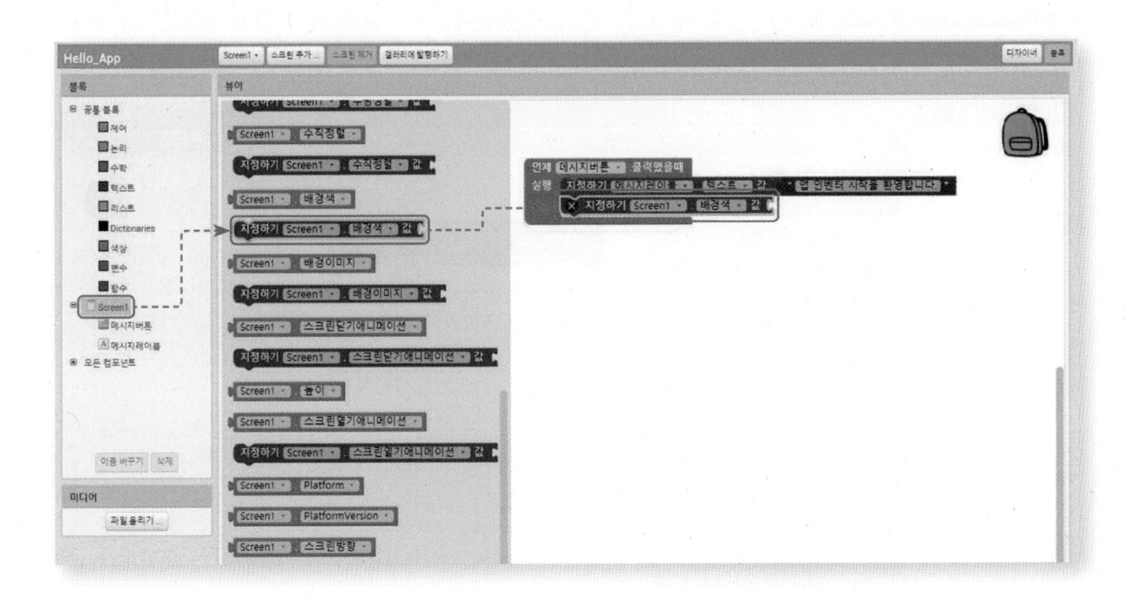

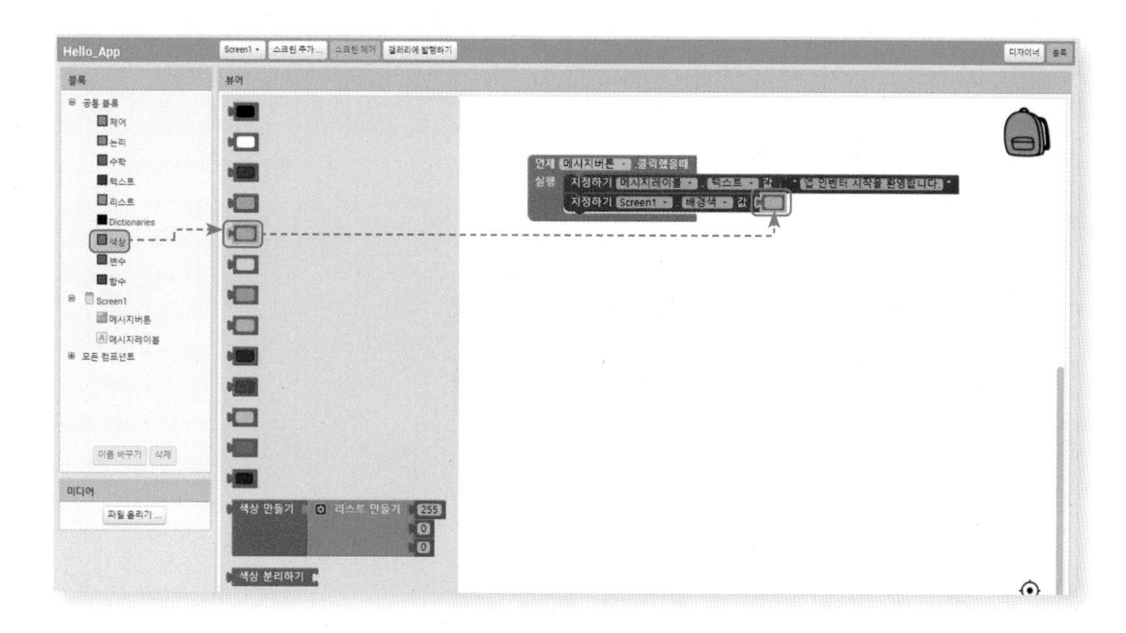

완성된 블록코드는 다음과 같다.

```
언제 메시지버튼 .클릭했을때
실행 지정하기 메시지레이블 . 텍스트 값 " 앱 인벤터 시작을 환영합니다. "
     지정하기 Screen1 . 배경색 값
```

완성된 앱 실행하기

프로젝트를 만들고 완성된 앱을 확인하는 방법은 AI 컴패니언, 에뮬레이터, USB 연결, 앱용(*.apk)으로 만들어 설치한 후 확인하는 방법이 있다. 다음 그림은 **에뮬레이터**와 **AI 컴패니언**을 통해서 본 결과이다.

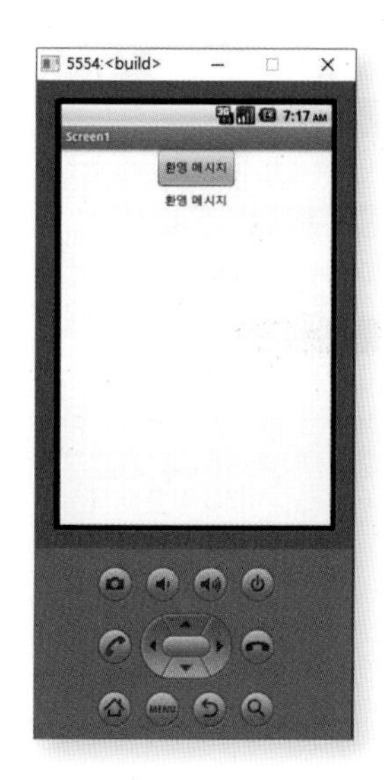

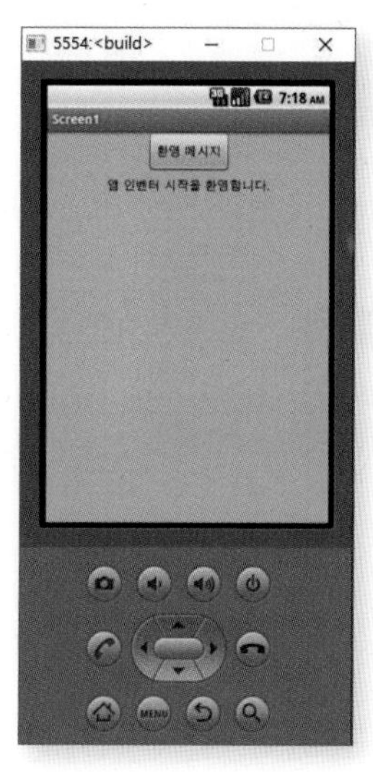

완성된 앱 결과를 AI 컴패니언을 통해서 확인하는 방법은 다음과 같다. 우선 스마트기기(안드로이드 OS 스마트폰)에 **MIT AI2 Companion**(MIT AI2 Companion MIT App Inventor)을 설치하고 실행하면 다음 그림과 같이 실행된다. 만약, 안드로이드 OS 스마트폰이 아니라면 PC에 에뮬레이터를 설치해서 결과를 확인한다. 에뮬레이터 설치 방법은 다음 절에서 설명한다.

스마트폰에서 **MIT AI2 Companion**을 실행시킨 후, 아래 그림과 같이 앱 인벤터 프로젝트에서 **[연결]**-**[AI 컴패니언]** 메뉴를 선택하면 **QR코드**가 생성된다. 스마트폰에서 **MIT AI2 Companion**의 **[scan QR code]** 메뉴를 선택하여 QR코드를 스캔하거나 코드 여섯 자리를 입력하면 아래 그림과 같이 **Hello_App 진행 바**가 보인다.

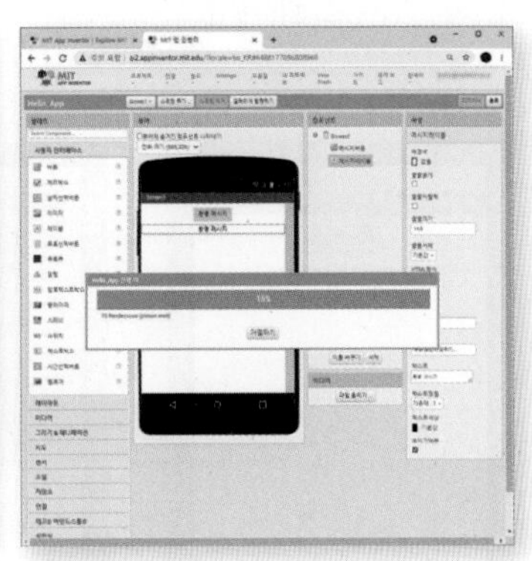

Hello_App 진행바의 진행이 100%가 되면 프로젝트가 핸드폰에서 아래 그림과 같이 실행된다.

1.4 에뮬레이터 설치와 한글 키보드 설치

에뮬레이터 설치

에뮬레이터 설치를 살펴보자. 에뮬레이터는 PC에서 가상의 스마트기기 환경을 만들어 사용할 수 있는 소프트웨어이다.

앱 인벤터(http://appinventor.mit.edu/explore/ai2/setup-emulator)로 접속하거나 앱 인벤터 사이트(http://appinventor.mit.edu) 메뉴에서 다음 그림과 같이 **Resources → Get Started** 메뉴를 선택하여 **Setup Instructions** 링크를 클릭하여 각자 PC 환경에 맞는 것으로 다운로드 받는다.

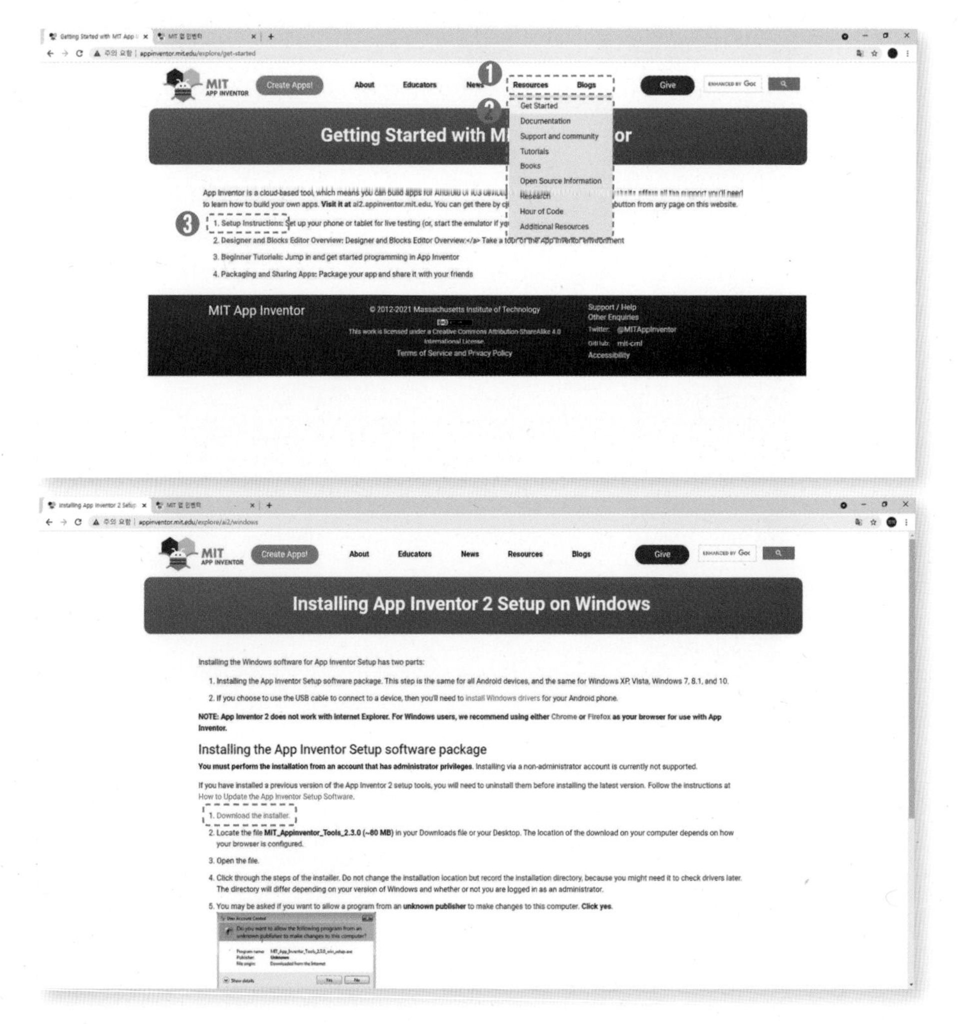

에뮬레이터 설치는 **반드시 관리자 권한으로 설치**해야 하며 **관리자명은 반드시 영문**으로 한다. 혹시 관리자명이 한글로 되어 있다면 변경 후 설치한다. 에뮬레이터 설치 후 반드시 재부팅이 필요한 것은 아니지만 에뮬레이터 업데이트 진행이 잘 안 된다면 재부팅 후 다시 시작한다.

PC에 에뮬레이터 설치(aiStarter)가 끝났다면 다음 순서에 따라 에뮬레이터 내부 장치들을 설치하자. PC 성능에 따라 설치 속도가 다를 수 있다. 조금 오래 기다려야 다음 단계로 넘어갈 수도 있으니 느긋하게 기다리면서 설치를 완성해보자. 만약, 너무 오래 기다린다고 판단된다면 처음부터 다시 시작하면 된다. 다시 시작하면 이전에 설치된 것 이후부터 진행된다.

1. 설치된 **aiStarter를 실행**한다.

2. 웹브라우저의 appinventor 사이트 메뉴 **[연결]** → **[에뮬레이터]를 선택**한다.

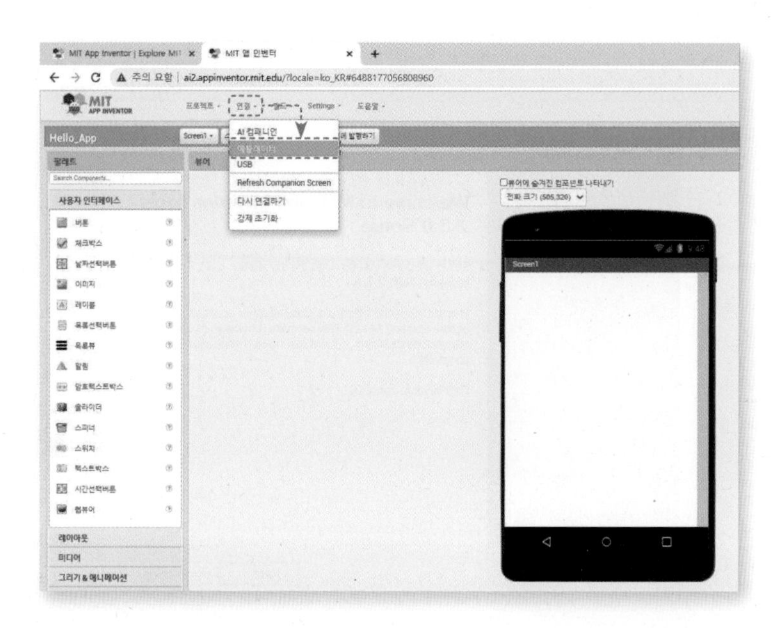

3. aiStarter를 실행한 후, 앱 인벤터 웹사이트에서 에뮬레이터 메뉴를 선택하고 잠시 기다리면 다음과 같이 **에뮬레이터 업데이트**를 묻는 창이 보인다. 여기서 **[OK]**를 선택한다.

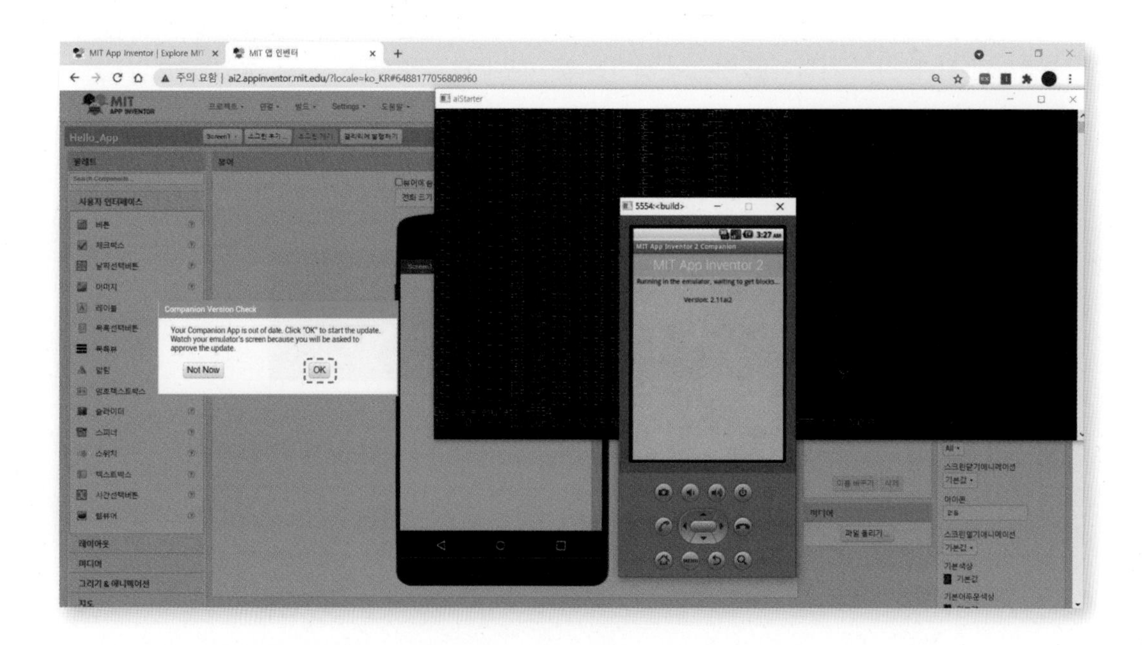

4. 업데이트 [OK]를 하면 다음 그림과 같이 **Replace application**을 묻는 창이 뜬다. **[OK]**를 선택한다.

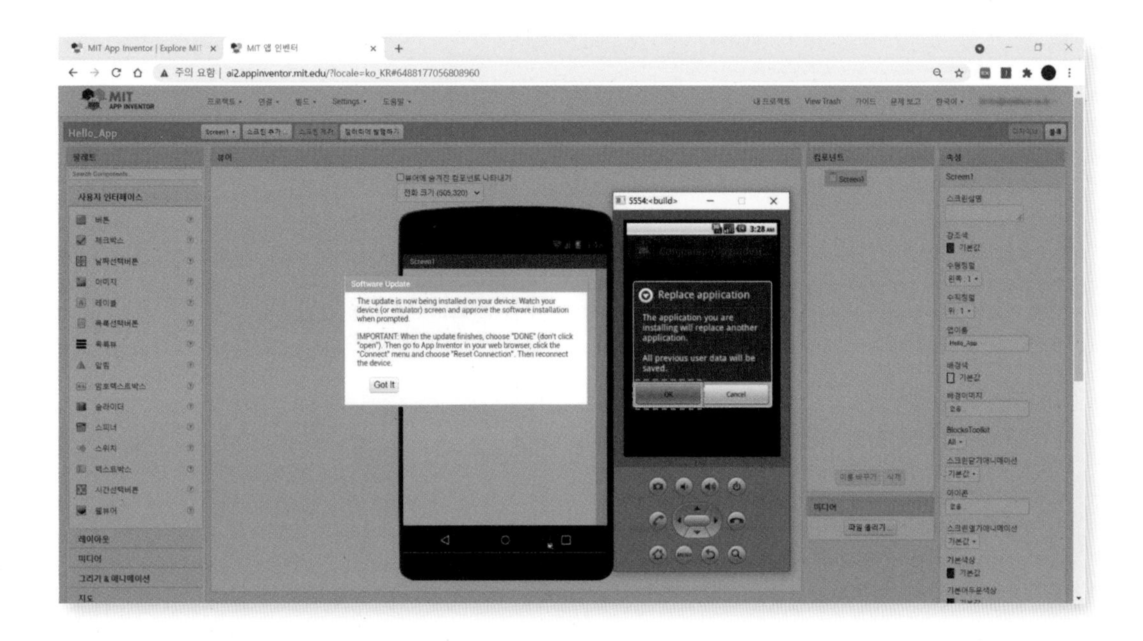

5. **4**번에서 [OK]를 선택하면 다음 그림과 같이 설치 여부를 묻는 [Install] 버튼이 보인다. 여기서 **[Intall]**버튼을 선택한다.

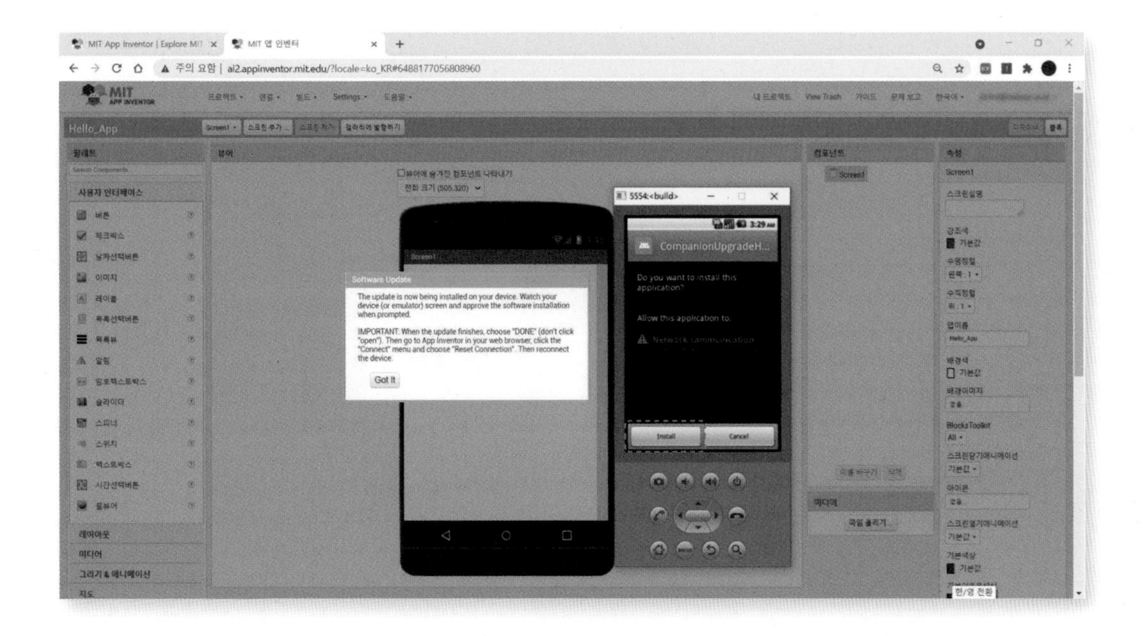

6. **5**번에서 application 설치가 끝나면 다음 그림과 같은 창이 보이는데, 여기서 반드시 **[Done]** 버튼을 선택해야 한다.

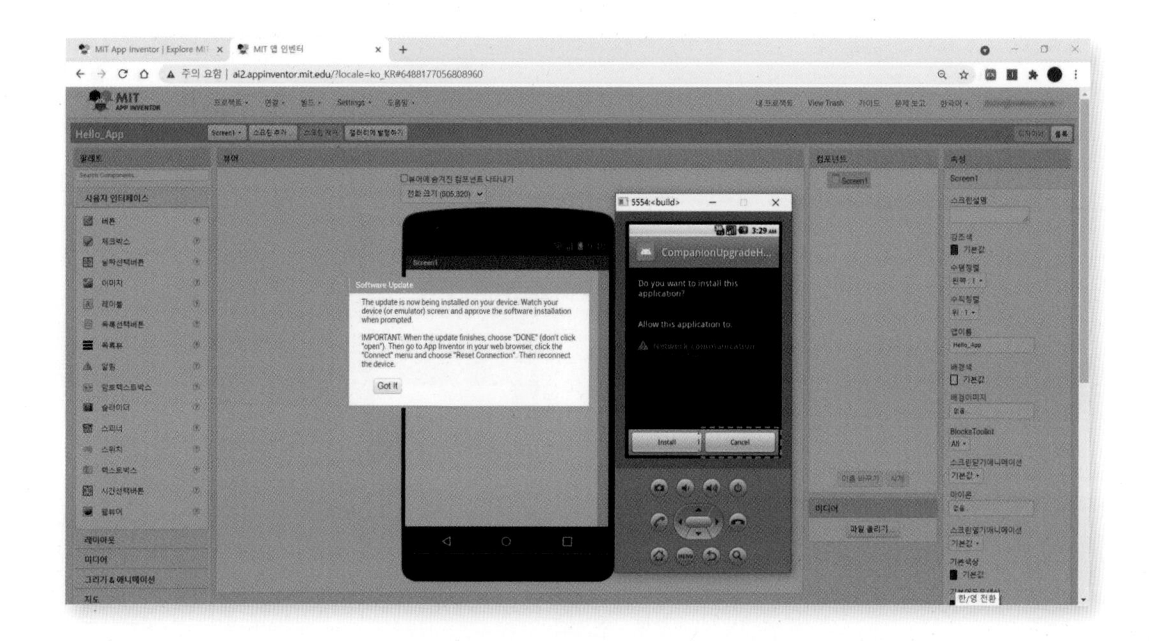

7. application 설치 완료 후 [Done]을 누르면 다음 그림과 같은 화면이 한동안 보인다. 이때, 너무 성급히 클릭하지 말고 여유를 갖고 기다린다. 만약, 5분 이상 화면 이동이 없다면 에뮬레이터와 aiStarter를 끄고 위의 **1**번부터 다시 시작한다.

8. 무사히 7번 단계가 끝났다면 다음 그림과 같이 에뮬레이터를 초기화하는 화면이 보인다. 잠시 더 기다렸다 9번으로 넘어가면 된다.

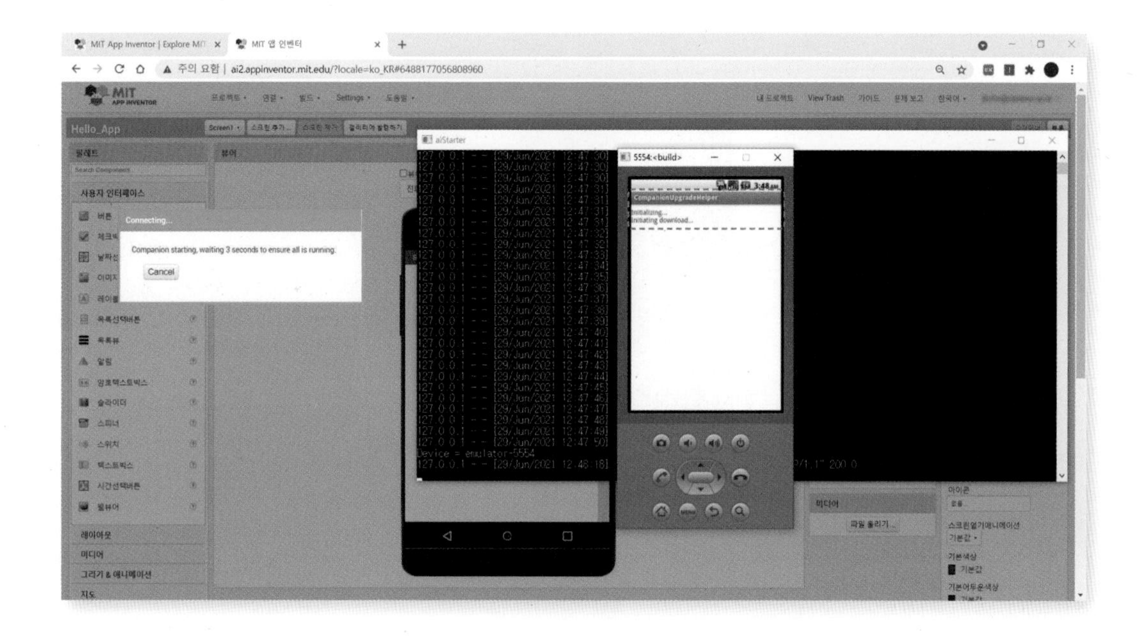

9. 다시 한 번 더 **Replace application** 할지 묻는 창이 뜨고 여기서 **[OK]** 버튼을 누른다.

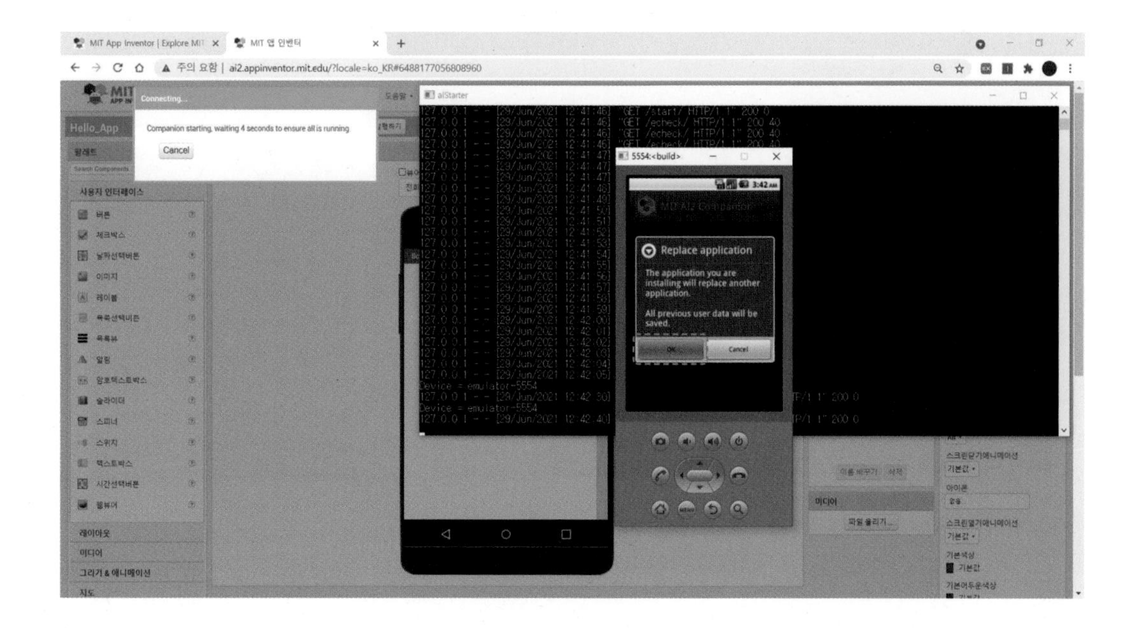

10. 에뮬레이터 장치 제어와 시스템 툴 설치를 묻는 창이 뜨면 **[Install]** 버튼을 눌러 설치한다.

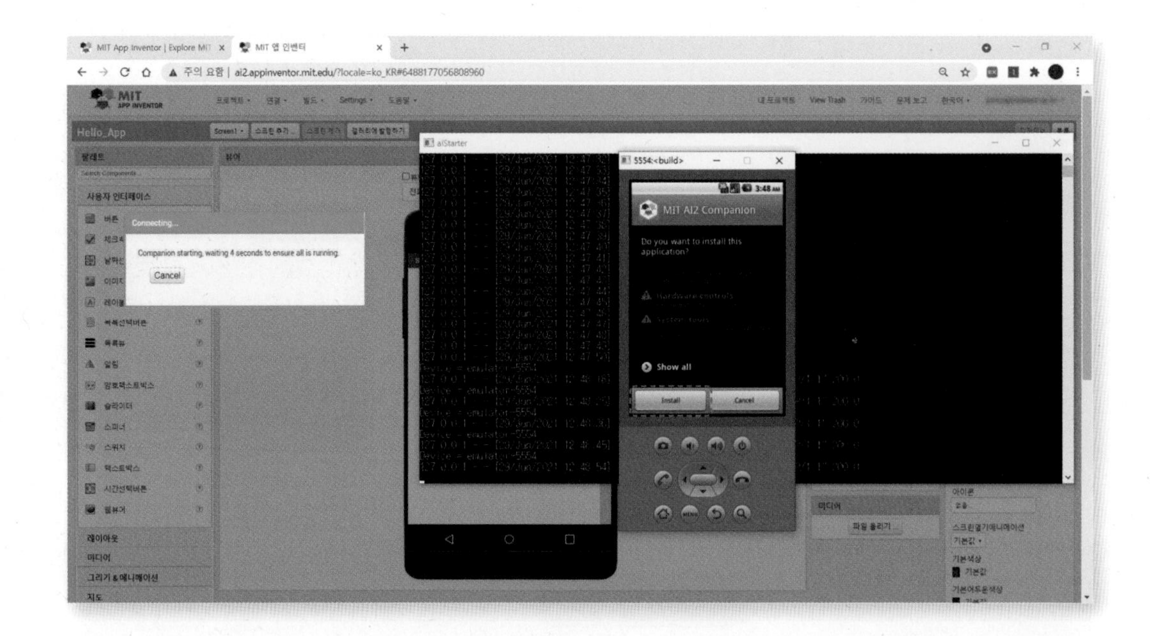

11. 에뮬레이터 화면에 다음과 같이 설치 과정이 보이고 잠시 기다리면 **12**번의 완료 단계로 진행된다.

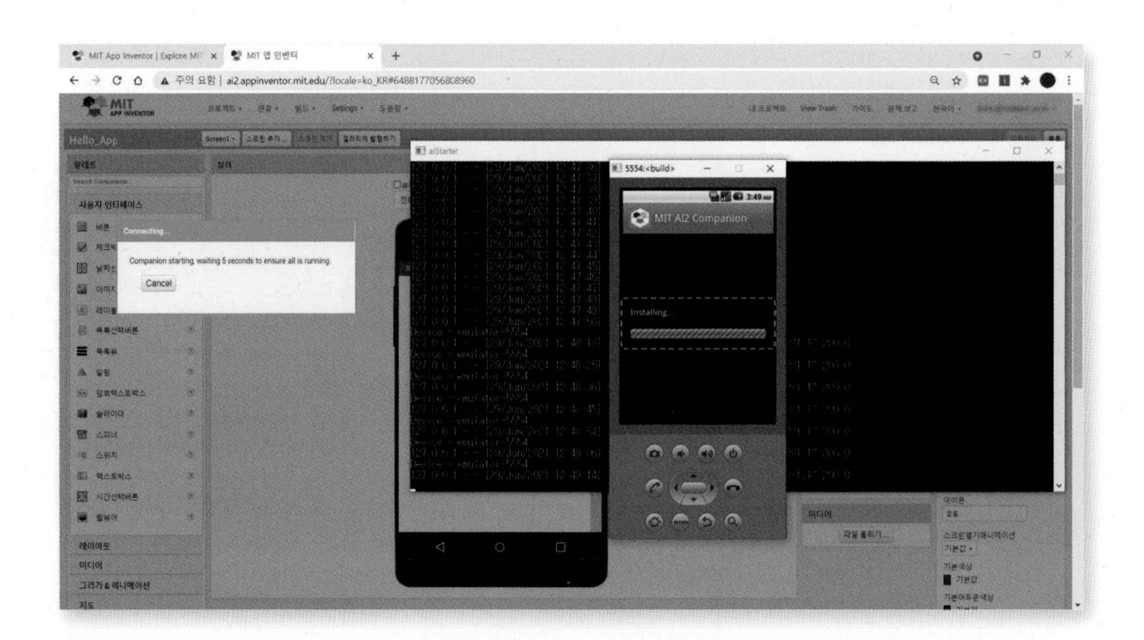

12. 설치가 끝나고 완료된 화면이 아래 그림과 같이 보이면 **[Done]** 버튼을 누르고 설치를 완료한다.

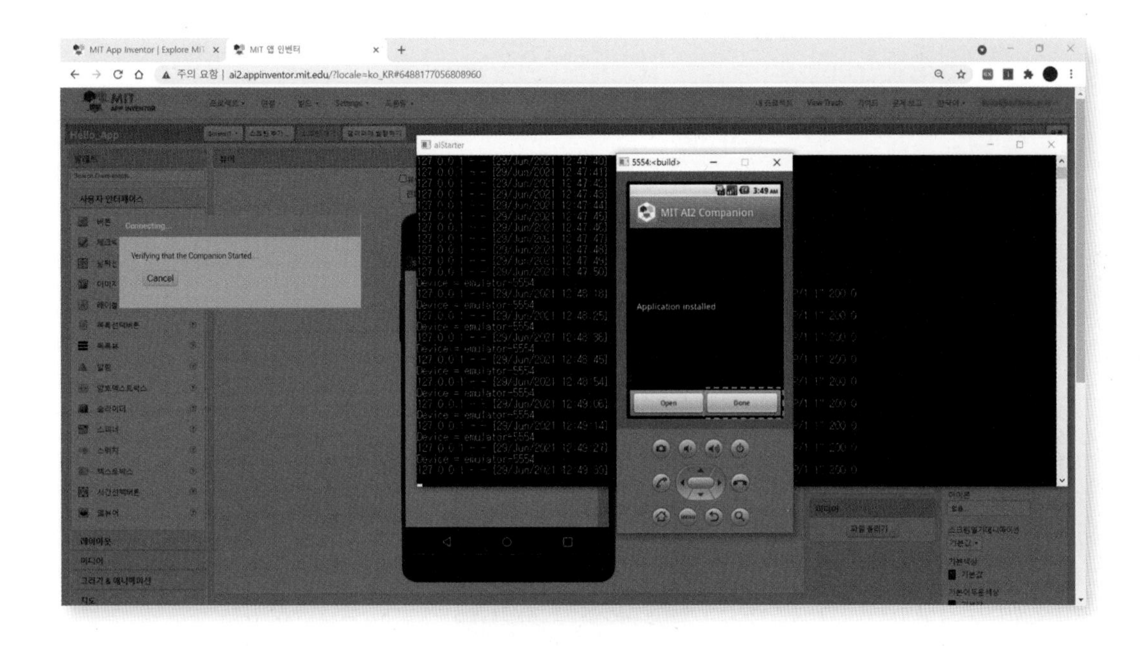

13. 설치 완료 버튼 [Done]을 선택한 후, 다음 그림과 같은 화면이 한참 보이고 에뮬레이터가 시작한다.

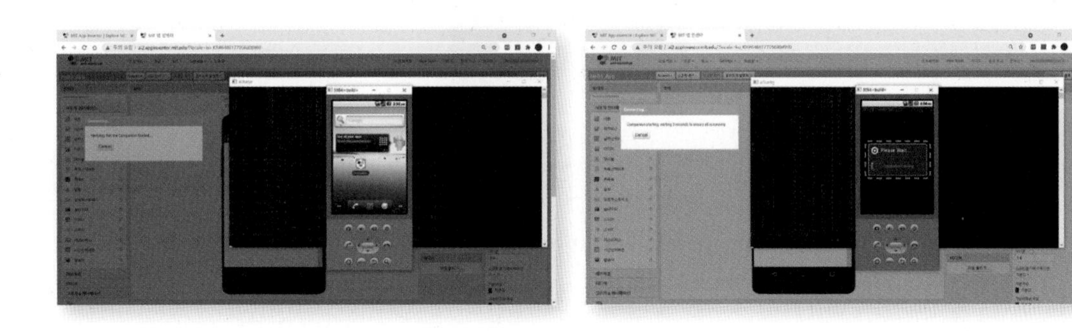

14. 설치가 끝나고 에뮬에이터가 다음 그림과 같이 시작한다.

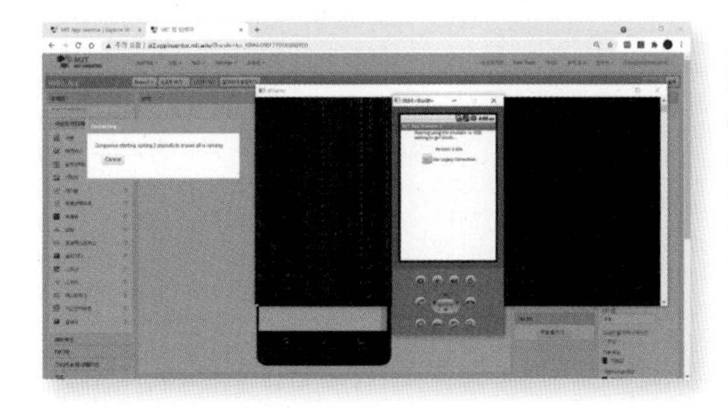

에뮬레이터 설치가 끝났다. 설치가 중간에 안 되었다면, 앞에서 언급했듯이 처음 **1**번부터 다시 시작해보자. 그러면 설치된 이후부터 이어서 다시 설치된다. 앱 인벤터 프로젝트 작업 과정을 에뮬레이터를 통해 확인해보자.

에뮬레이터 한글 키보드 설치

기본적으로 에뮬레이터에는 다음 그림과 같이 한글 자판이 없다. 따라서 한글 자판을 설치하고 설정을 해야 한다. 한글 키보드를 사용하기 위해서 배포된 hangulkeyboard.apk를 C드라이브 (**c:\hangulkeyboard.apk**)에 다운로드 받아 놓는다.

1. 가장 먼저 한글 자판이 설치될 경로를 알아야 한다. 경로는 다음 그림과 같이 앱 인벤터 설치 폴더에서 **adb** 실행파일이 있는 **commands-for-appinventor 폴더의 위치이다. 이 경로를 복사**한다.

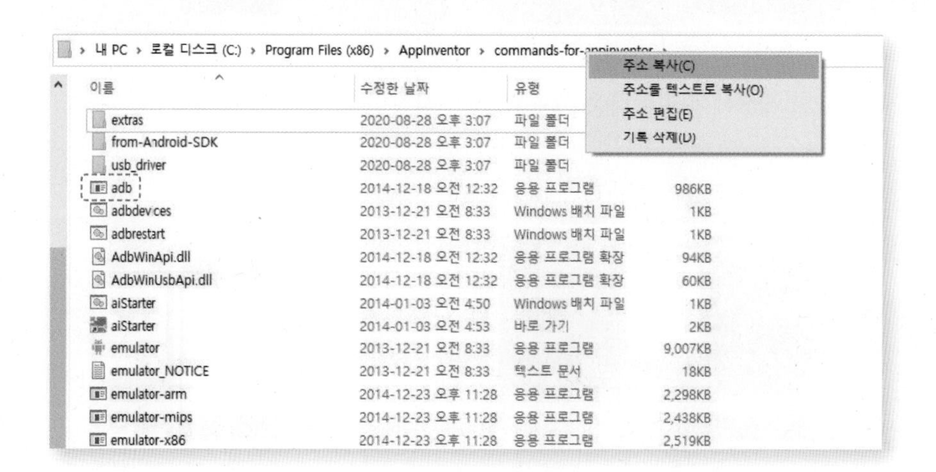

2. 설치를 위해서 명령창을 연다. 명령창을 여는 방법은 키보드 자판에 있는 **[윈도우키]+[R]**을 누른 후 아래 그림과 같이 **'cmd'**를 입력하고, **[확인]** 버튼을 누르면 오른쪽 그림과 같은 명령창이 보인다.

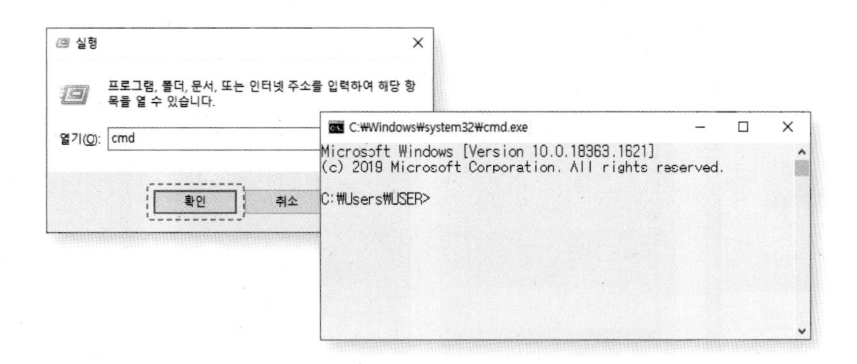

3. 명령창에 다음 그림과 같은 순서로 입력한다.

❶ cd [1번에서 복사한 주소 붙여 넣기]

❷ adb install c:\hangulkeyboard.apk

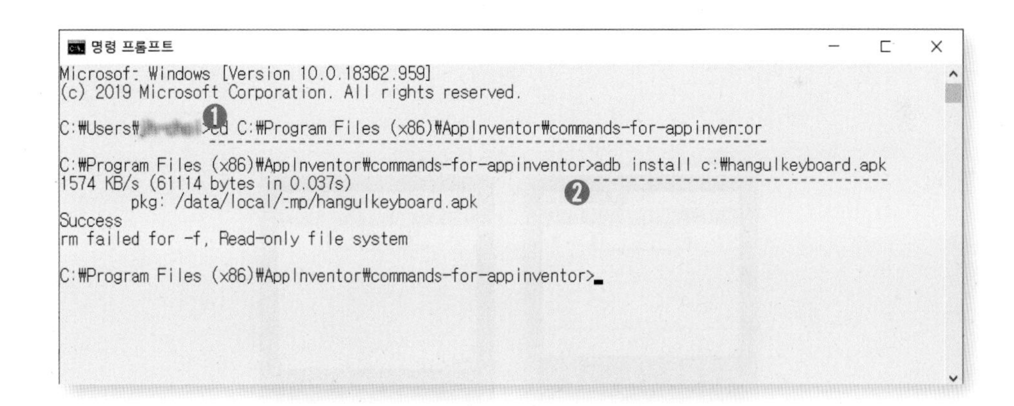

설치가 완료됐다면, 다음 그림과 같이 한글 키보드 자판을 설정한다. 에뮬레이터 바탕화면에서 **[Settings]**를 선택 → **[Language & keyboard]** 선택 → **[Hangul Keyboard]** 체크 후 경고창에서 **[OK]**를 선택하면 설정이 끝난다.

한글 키보드 설치와 설정이 끝났다면, 에뮬레이터를 다시 시작해보자. 그러면 다음 그림과 같이 한글 자판을 확인할 수 있나.

간단한 그림판과 악기 만들기

학습목차

학습목표

1. 팔레트 그룹에서 사용할 컴포넌트를 찾아 뷰어에 배치할 수 있다.
2. 컴포넌트 이름 바꾸기와 속성 설정을 할 수 있다.
3. 이벤트 블록과 색상 블록을 이용하여 색상 버튼을 처리할 수 있다.
4. 보이지 않는 소리 컴포넌트를 이용하여 간단한 악기 앱을 만들 수 있다.

2.1 그림판 만들기

미리보기

이번 장에서는 아래 그림과 같이 나만의 그림판 앱을 만든다. 색상 버튼을 선택하고 캔버스에 그림을 그릴 수 있는 기능이다. 그림 그릴 때 선의 굵기는 앱 사용자가 입력한 크기를 사용한다. 입력값이 없을 때 선의 굵기는 3이다.

디자이너 설계

앱을 만들기 위해서 가장 먼저 수행해야 하는 단계는 사용자 화면 디자인이다. 팔레트 그룹에서 적절한 컴포넌트를 가져와 뷰어에 배치한 후, 컴포넌트 이름 바꾸기와 속성 설정을 한다. 아래 그림은 **ch02_PaintApp**의 디자이너 화면이다.

컴포넌트 구성

디자이너 화면에서 컴포넌트를 뷰어에 배치하는 과정을 살펴보자. 아래 그림은 [사용자 인터페이스] 팔레트에 있는 [레이블] 컴포넌트를 뷰어로 드래그해서 가져다 놓은 후, 컴포넌트 속성 [배경: 주황], [글꼴굵게: 체크], [글꼴크기: 20], [너비: 부모 요소에 맞추기], [텍스트: 나만의 그림판], [텍스트정렬: 가운데:1]로 설정한다. 속성에서 부모 요소는 자신의 하나 위 단계를 의미한다. 즉, 레이블1 컴포넌트의 부모는 Screen1이 된다.

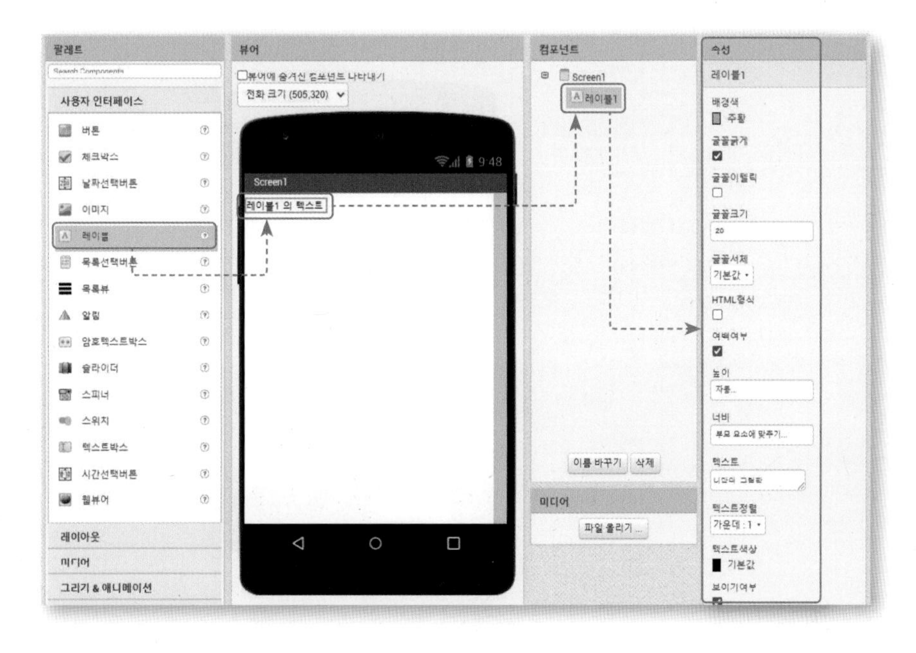

그림 그리기 영역으로 사용될 캔버스를 [그리기 & 애니메이션] 팔레트에서 드래그해 아래 그림과 같이 뷰어에 배치한다. 캔버스는 그림 그리는 영역으로 가장 넓은 영역을 갖는다. 따라서 캔버스 컴포넌트 속성 중 [높이: 부모 요소에 맞추기], [너비: 부모 요소에 맞추기]로 설정한다.

색상 선택 버튼을 배치하기 위해 레이아웃 팔레트에서 [수평배치]를 캔버스1 아래로 배치한다. 그리고 [수평배치] 안에 5개 색상 버튼을 쉽게 배치하기 위해서 [수평배치1] 속성 너비를 [너비: 부모 요소에 맞추기], 높이 속성은 [높이: 자동]으로 한다.

아래 그림은 [수평배치1]에 색상 버튼 5개를 배치하는 그림이다. 버튼을 하나씩 드래그해서 가져다 놓을 때 버튼의 개수가 많으면 수평배치 안에 여러 개의 버튼을 놓기가 쉽지 않다. 이런 경우에는 버튼을 하나씩 가져다 놓으면서 버튼 속성 중 너비를 [너비: 부모 요소에 맞추기]로 설정한다. 여기서 버튼의 부모는 [수평배치1]이므로, 버튼이 n개일 때, [수평배치1]의 너비에 1/n로 버튼 너비가 자동으로 정해져서 버튼을 가져다 놓기가 쉬워진다.

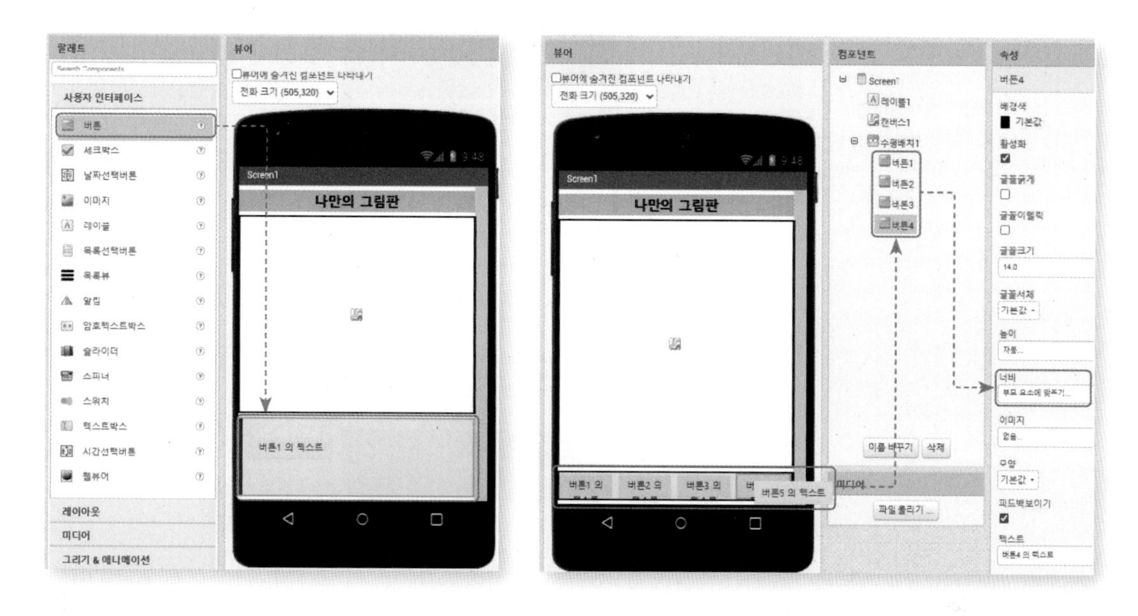

선택된 색상을 보여주는 버튼과 그리기에서 사용될 선의 굵기를 입력할 텍스트박스가 위치할 [수평배치]를 [수평배치1] 아래에 가져다 놓고 속성 [너비: 부모 요소에 맞추기]를 한다. [수평배치1] 아랫부분에 [수평배치2]가 생긴다.

[수평배치2]에 레이블, 버튼, 레이블, 텍스트박스를 사용자 인터페이스 팔레트에서 드래그하여 그림과 같이 가져다 놓는다. 컴포넌트들의 너비 속성을 부모 요소에 맞추기로 설정하면서 작업을 완성한다.

앱에서 사용될 컴포넌트를 팔레트 그룹에서 적절히 찾아 뷰어에 배치했다면, 컴포넌트 이름 바꾸기를 해야 한다. 컴포넌트 이름은 블록코딩에서 블록의 이름이 되기 때문에 기능에 맞는 의미 있는 이름으로 정한다. 컴포넌트 이름 바꾸는 방법은 아래 그림과 같다.

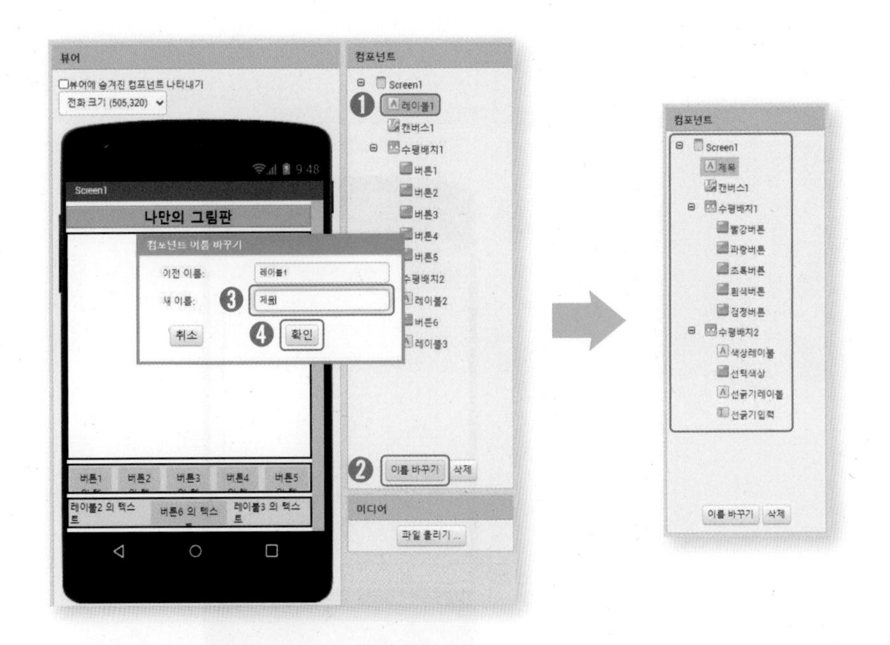

나만의 그림판 프로젝트에서 사용되는 컴포넌트들의 컴포넌트 이름과 기능은 아래 [표 2-1]과 같다.

표 2-1 나만의 그림판에 필요한 컴포넌트 구성

컴포넌트	팔레트 그룹	컴포넌트 이름	기능설명
레이블	사용자 인터페이스	제목	앱 상단의 제목
캔버스	그리기 & 애니메이션	캔버스1	그림이 그려지는 영역
수평배치	레이아웃	수평배치1	색상 버튼 컴포넌트 배치
버튼	사용자 인터페이스	빨강버튼	빨강색 선택 버튼
버튼	사용자 인터페이스	파랑버튼	파랑색 선택 버튼
버튼	사용자 인터페이스	초록버튼	초록색 선택 버튼
버튼	사용자 인터페이스	흰색버튼	흰색 선택 버튼
버튼	사용자 인터페이스	검정버튼	검정 선택 버튼
수평배치	레이아웃	수평배치2	선택색상과 선 굵기 표시 컴포넌트 배치
레이블	사용자 인터페이스	색상레이블	'선택색상' 제목을 쓰는 레이블
버튼	사용자 인터페이스	선택색상	선택된 색상이 보이는 버튼
레이블	사용자 인터페이스	선 굵기레이블	'선 굵기' 제목을 쓰는 레이블
텍스트박스	사용자 인터페이스	선 굵기입력	선 굵기를 입력하기 위한 텍스트박스

컴포넌트 속성

컴포넌트의 배치와 이름 바꾸기가 끝났다면, 각 컴포넌트의 속성을 설정해야 한다. 속성 설정 방법은 오른쪽 그림과 같이 컴포넌트를 선택한 후, 속성에서 설정하면 된다. 컴포넌트들의 속성은 아래 [표 2-2]와 같다.

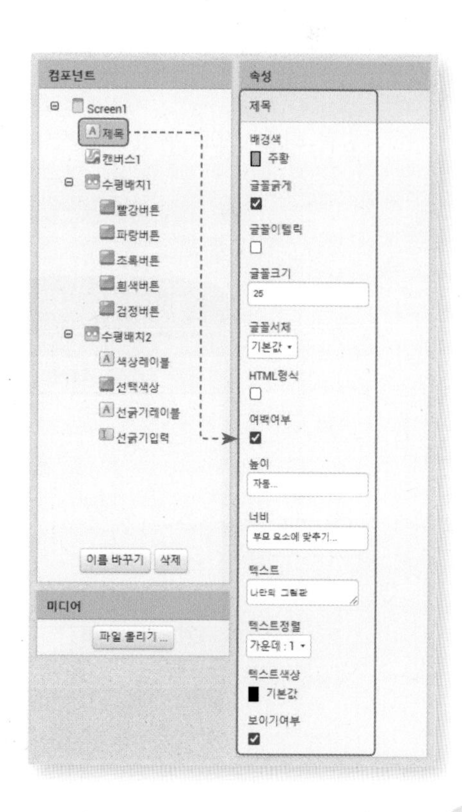

표 2-2 나만의 그림판에 사용된 컴포넌트 속성

컴포넌트 이름	속성	속성 값
제목	배경색	주황
	글꼴 굵게	체크
	글꼴 크기	25
	너비	부모 요소에 맞추기
	텍스트	나만의 그림판
캔버스1	높이	부모 요소에 맞추기
	너비	부모 요소에 맞추기
수평배치1	배경색	분홍
	너비	부모 요소에 맞추기
빨강버튼	배경색	빨강
	너비	부모 요소에 맞추기
	텍스트	텍스트 삭제
파랑버튼	배경색	파랑
	너비	부모 요소에 맞추기
	텍스트	텍스트 삭제
초록버튼	배경색	초록
	너비	부모 요소에 맞추기
	텍스트	텍스트 삭제
흰색버튼	배경색	흰색
	너비	부모 요소에 맞추기
	텍스트	텍스트 삭제

컴포넌트 이름	속성	속성 값
검정버튼	배경색	검정
	너비	부모 요소에 맞추기
	텍스트	텍스트 삭제
수평배치2	배경색	주황
	너비	부모 요소에 맞추기
색상레이블	글꼴굵게	체크
	글꼴크기	16
	너비	부모 요소에 맞추기
	텍스트	선택색상:
	텍스트정렬	오른쪽:2
선택색상	너비	부모 요소에 맞추기
선 굵기레이블	글꼴굵게	체크
	글꼴크기	16
	너비	부모 요소에 맞추기
	텍스트	선 굵기:
	텍스트정렬	오른쪽:2
선 굵기입력	글꼴굵기	체크
	글꼴크기	16
	너비	부모 요소에 맞추기
	텍스트	3
	텍스트정렬	왼쪽:0

다음 그림은 최종적으로 완성된 디자이너 화면이다.

블록 코딩

앱 인벤터는 사용자 화면을 구성하는 컴포넌트에 따라 블록이 생성된다. 코딩 블록은 색에 따라 기능이 구분되는데, 이벤트 블록과 제어 블록은 황토색 블록이다.

진한 초록색(지정하기 선택색상 . 배경색 값)은 **컴포넌트 값 설정**을 위한 블록이고, 연한 초록색(선택색상 . 배경색)은 **컴포넌트 값**을 의미한다.

공통블록을 제외한 모든 블록의 구분은 아래 그림과 같이 컴포넌트 이름으로 한다. 즉, 디자이너 화면에서 캔버스에 그리기 색 선택 버튼의 컴포넌트 이름을 [빨강버튼]으로 정했다면 블록 이름도 '빨강버튼'이 된다.

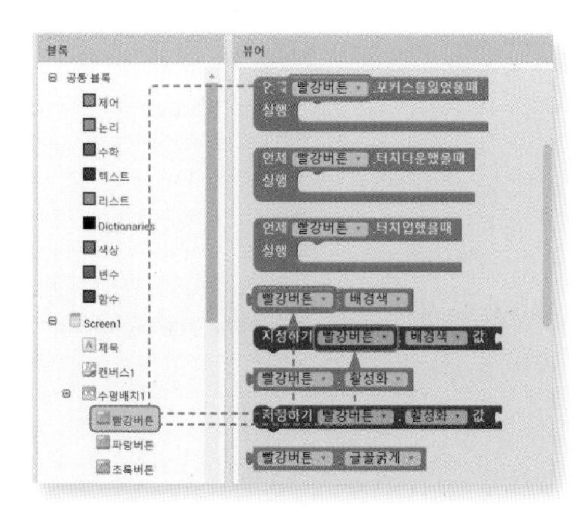

사용할 블록 미리보기

'그림판 만들기' 앱 구현을 위해 사용되는 주요 블록은 아래 [표 2-3]과 같다.

표 2-3 그림판 앱에서 사용되는 주요 블록

블록	설명
언제 Screen1 .초기화되었을때 실행	앱이 시작하면서 보여주는 첫 화면 구성 및 동작 처리 이벤트 블록
언제 빨강버튼 .클릭했을때 실행	빨강버튼을 클릭했을 때 동작 이벤트 블록
언제 캔버스1 .터치했을때 X Y 터치된스프라이트 실행	캔버스를 터치했을 때 동작 이벤트 블록
언제 캔버스1 .드래그 시작X 시작Y 이전X 이전Y 현재X 현재Y 드래그된모든스프라이트 실행	캔버스를 드래그했을 때 동작 이벤트 블록
언제 선굵기입력 .포커스를받았을때 실행	화면에서 선 굵기 입력 창에 입력된 값을 처리하는 이벤트 블록

공통블록의 색상

아래 그림은 공통블록 그룹에 있는 색상 블록이다. 앱 인벤터에서 제공하는 기본 색상 이외의 색상 만들기는 색상 만들기 리스트 블록을 이용한다.

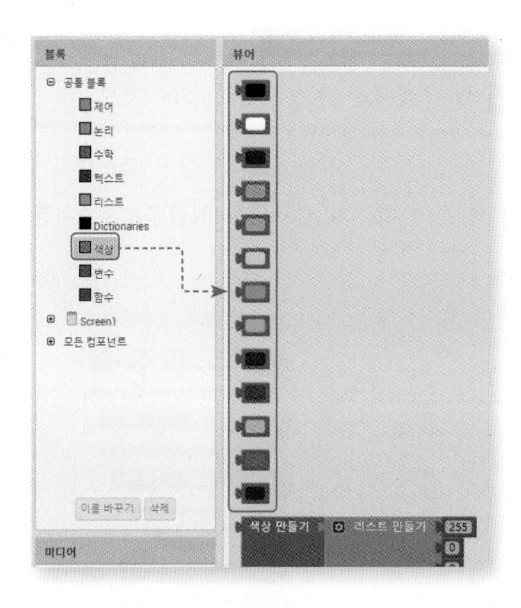

이벤트 처리

❶ Screen1이 초기화되었을 때 페인트 색상 설정

Screen1이 초기화되었을 때의 이벤트 블록은 앱이 실행되고 Screen1의 초깃값을 설정하는 이벤트 블록으로, [캔버스1]의 [페인트 색상]을 흰색으로 설정한다.

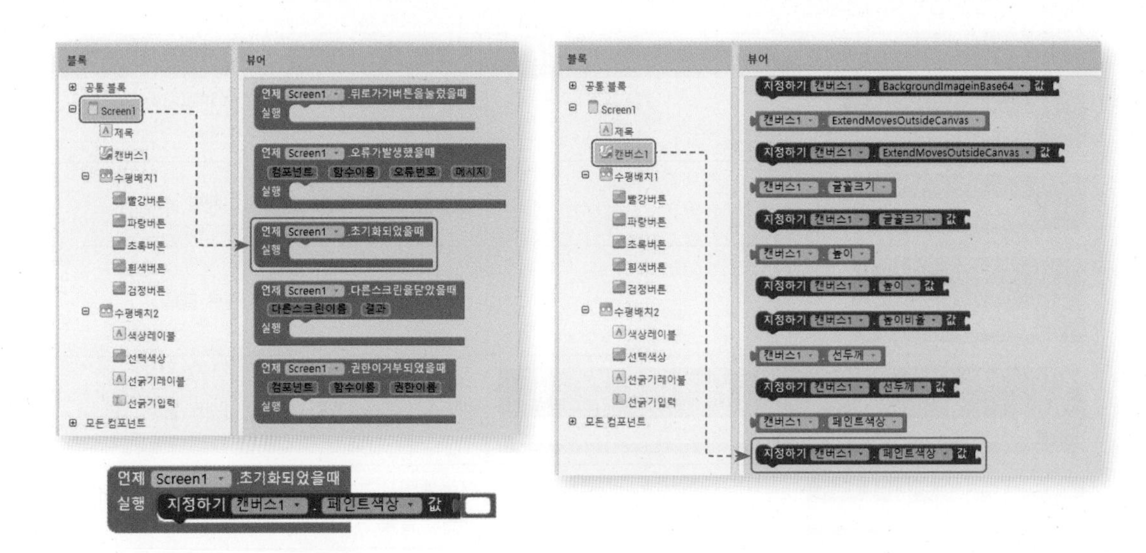

❷ 빨강버튼을 클릭했을 때 페인트 색상 설정

빨강버튼을 클릭했을 때의 이벤트 블록은 빨강버튼을 누를 때 그리기 색상을 빨간색으로 바꾸기 위해 [캔버스1]의 [페인트색상]을 빨강으로 지정하고, 선택된 색상을 표시하기 위해 [선택색상] 버튼의 [배경색]을 빨강으로 설정한다.

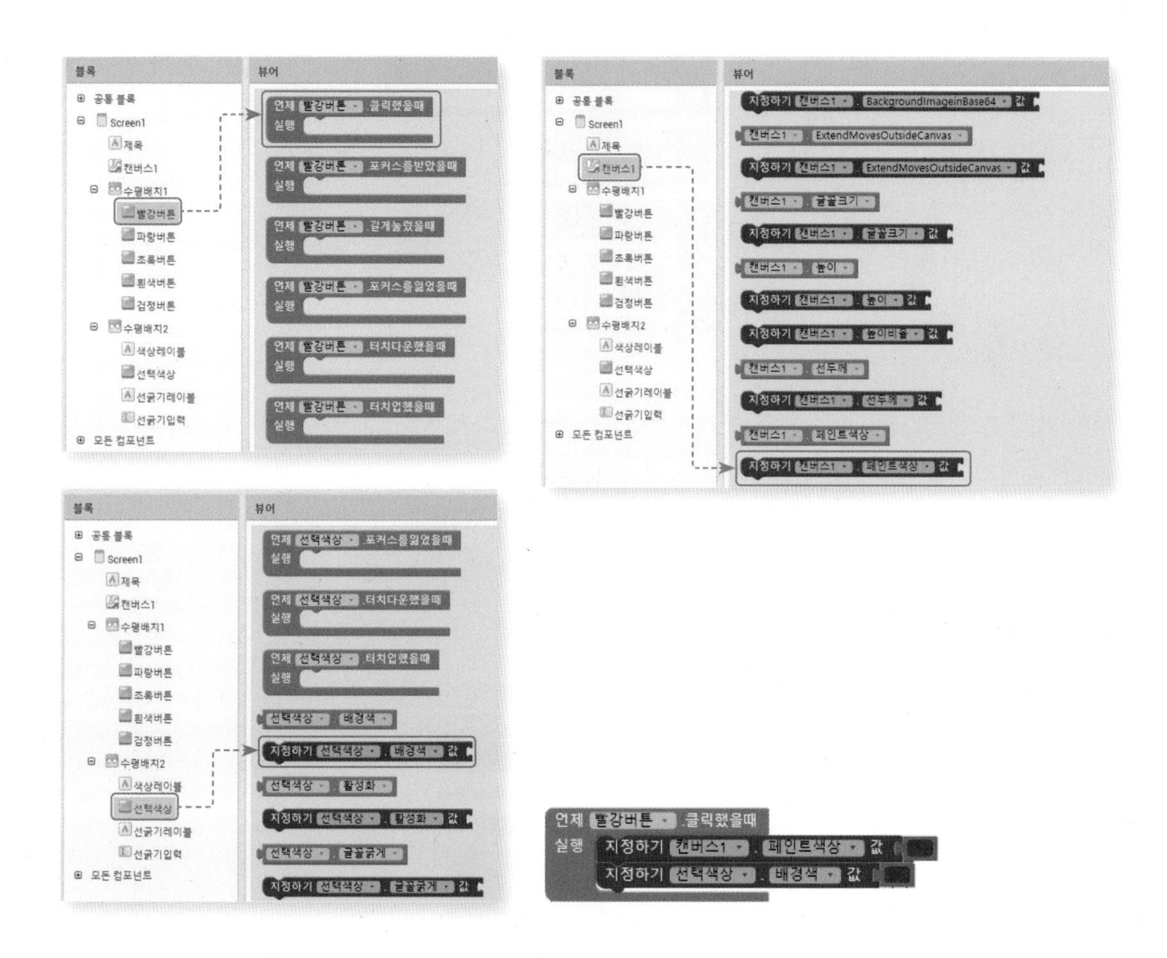

파랑버튼, 초록버튼, 흰색버튼, 검정버튼 블록코딩은 빨강버튼 블록코딩 방법과 동일한 방법으로 블록코딩 한다.

❸ 캔버스를 터치했을 때 원 그리기

다음은 캔버스를 터치했을 때, 원이 그려지는 이벤트 처리이다.

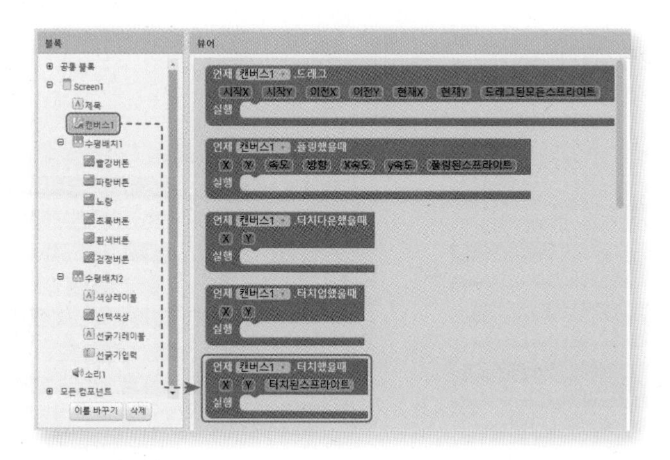

아래 그림은 캔버스1을 터치했을 때 [캔버스1]에 원이 그려지는 [원그리기] 함수를 호출하는 블록이다. 캔버스1의 임의의 위치를 터치했을 때, [원그리기] 함수가 호출되면서 캔버스1로부터 반환된 원의 중심 좌표 값과 반지름 값을 이용하여 원을 그린다. [중심X], [중심Y]는 캔버스1을 터치한 X, Y좌표 값이며, 이 점이 원의 중심이 된다. 여기서 [반지름]은 텍스트박스 컴포넌트(선 굵기입력.텍스트)로 한다. 함수에 관하여는 9장에서 상세히 설명한다.

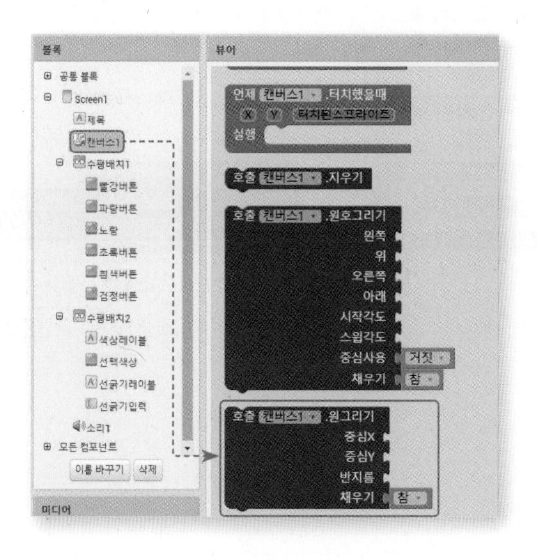

캔버스1의 임의의 위치를 터치했을 때, X좌표 값과 Y좌표 값을 가져오는 블록코드는 아래와 같다. X, Y좌표 값을 가져올 때, [언제 캔버스1.터치했을때] 이벤트 블록의 변수 [X]에 마우스를 살짝 올려놓으면 [가져오기 X]와 [지정하기 X 값] 블록이 나타난다. [가져오기 X]가 터치한 임의의 X좌표이므로, [가져오기 X]를 드래그해서 함수의 [중심X]에 붙인다. 마우스를 클릭하지 않고 반드시 위로 올려놓아야 [가져오기 X]와 [지정하기 X 값] 블록이 나타난다.

변수 [Y]를 이용해서 Y좌표 값을 가져오는 경우도 변수 [X]와 같다. 함수 [원그리기]에서 채우기 기본값은 [참]으로 되어 있다. 채우기 값이 [참]일 경우는 원 안에 색이 모두 채워지며, 채우기 값이 [거짓]일 경우는 채우기 없이 선만 그려진다. 값을 저장하는 일정 영역을 변수라고 하는데, 변수에 관하여는 7장에서 상세히 설명한다.

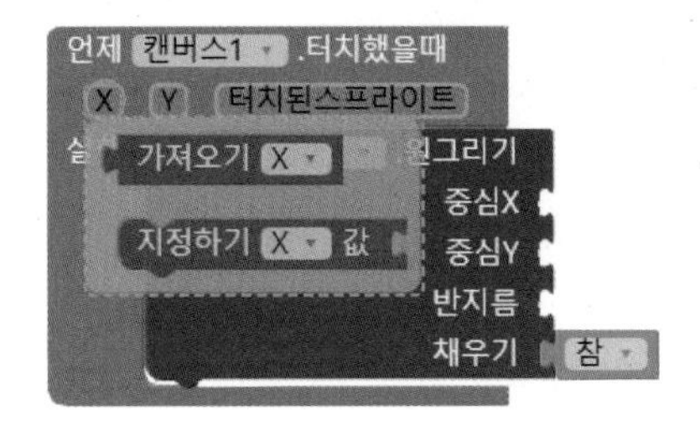

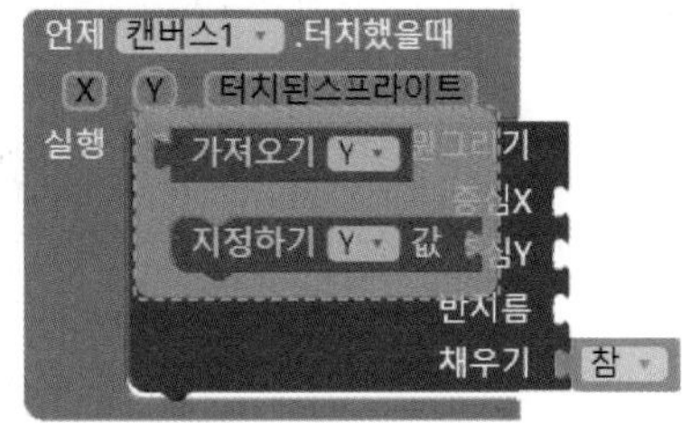

디자이너에서 [수평배치2] 안에 놓은 텍스트박스 컴포넌트 [선 굵기입력.텍스트]는 사용자가 입력한 선 굵기를 의미하며, 여기서는 원의 반지름 크기로 사용된다.

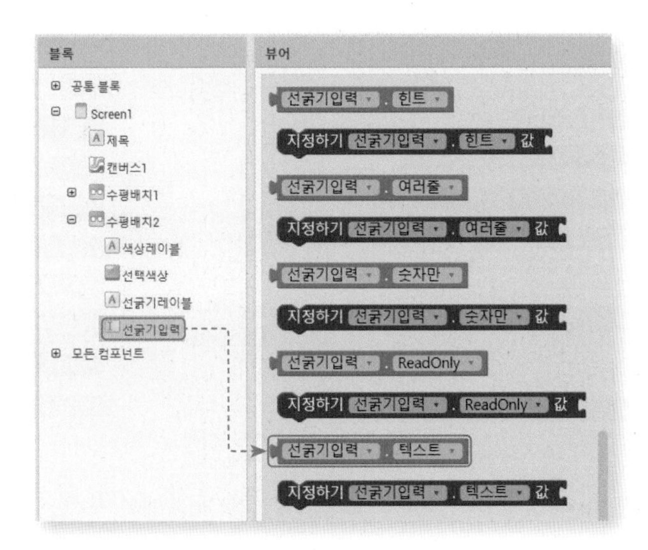

아래는 캔버스1을 터치했을 때의 이벤트 블록으로 원이 그려지는 완성 블록코드이다.

❹ 캔버스1을 드래그 했을 때 선 그리기

다음은 캔버스 1에 드래그했을 때, 선이 그려지는 이벤트 처리이다.

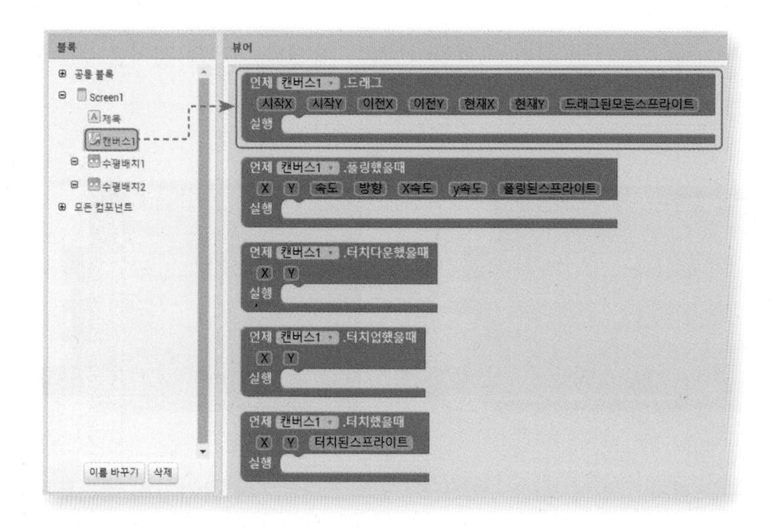

아래 그림은 캔버스1에 선을 그릴 때, 선의 두께의 값을 지정할 때 사용되는 블록이다.

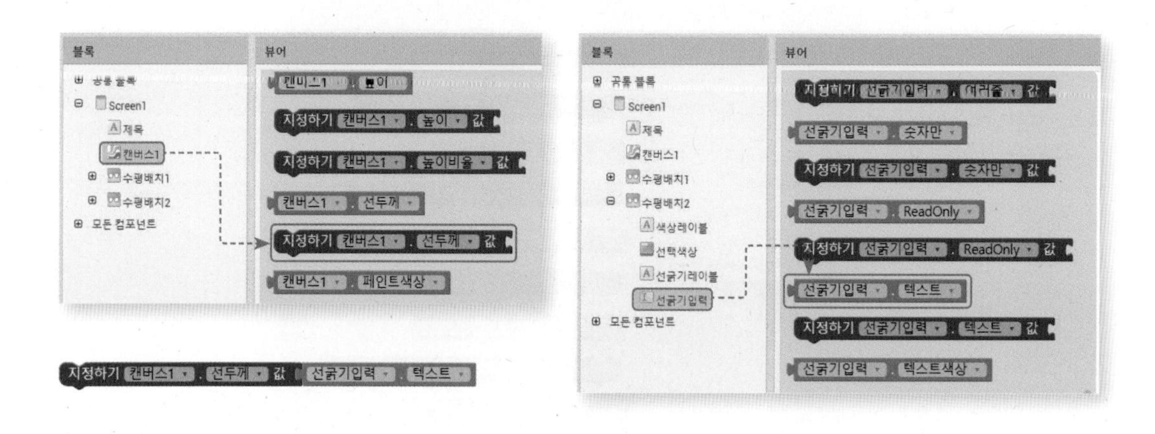

선의 굵기가 정해지면, 아래 그림과 같이 선 그리는 함수를 호출하여 직선을 그린다.

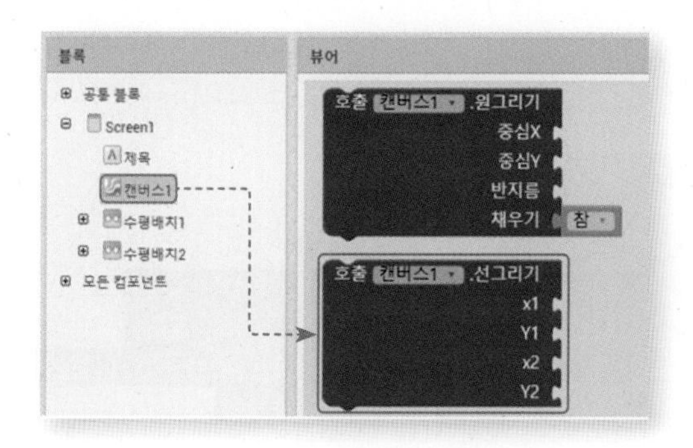

직선을 그리기 위한 X좌표 값의 변화는 [이전X] 좌표 값에서 [현재X] 좌표 값으로 이동된 거리를 의미하기 때문에 [캔버스1.선그리기] 블록의 [X1]에 [이전X] 좌표 값을 입력하고, [X2]에 [현재X] 좌표 값을 입력해야 한다. 만약, [캔버스1.선그리기] 블록의 [X1]에 [시작X] 좌표 값을 입력하면 모든 직선의 출발점이 [시작X] 좌표 값이므로 한 점([시작X])에서 시작하는 여러 개의 직선이 그려진다.

Y좌표 값의 변화도 X좌표 값과 동일하게 [이전Y] 좌표 값에서 [현재Y] 좌표 값으로 이동된 거리를 이용한다. 따라서 다음 그림과 같이 변수 [이전Y]를 [Y1]에 붙여 놓고, 변수 [현재Y]를 [Y2]에 붙인다.

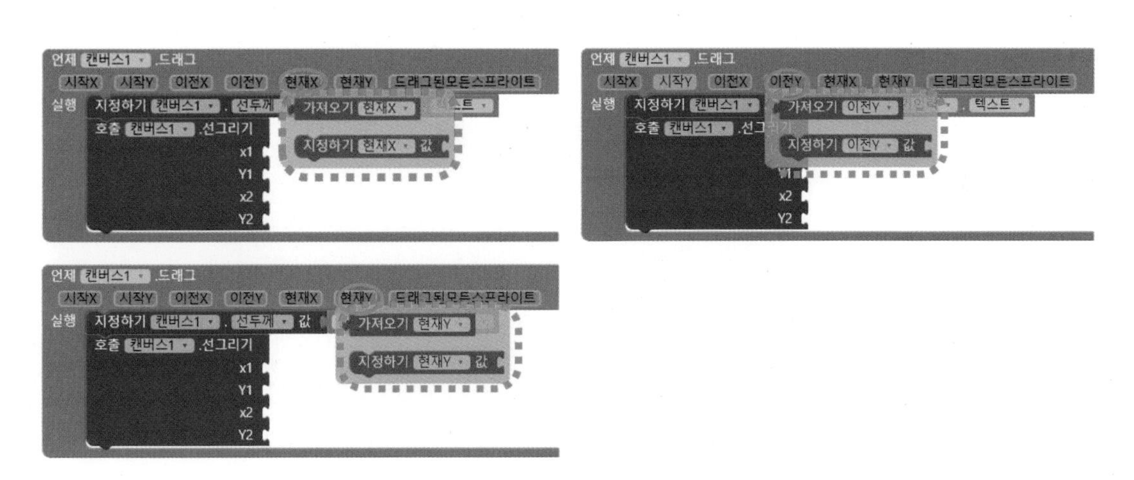

아래는 캔버스에 드래그할 때, 선그리기 완성 블록코드이다.

❺ 선 굵기 설정하기

다음은 선 굵기를 입력 받기 위한 블록코드이다. 앱 사용자가 입력한 선 굵기에 따라 원의 크기와 선의 굵기가 정해진다. 여기서는 선 굵기를 문자 등을 제외하고 숫자만 입력 받기 위한 처리를 한다. 숫자 이외의 것이 입력되었을 때 프로그램 오류가 발생하기 때문에 추가적인 오류처리 블록이 필요하다. 오류처리 블록은 개별적으로 만들어 보자.

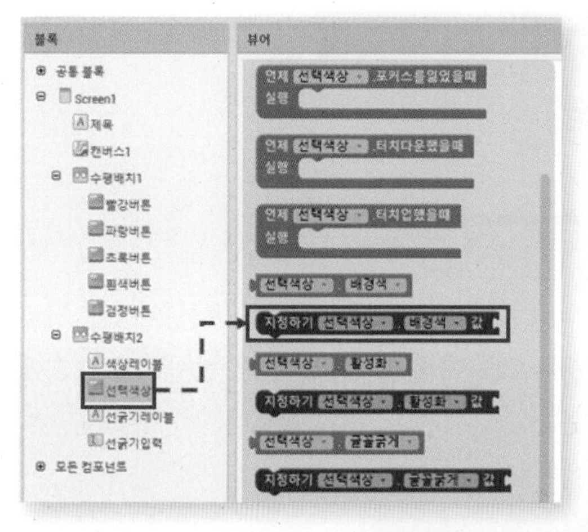

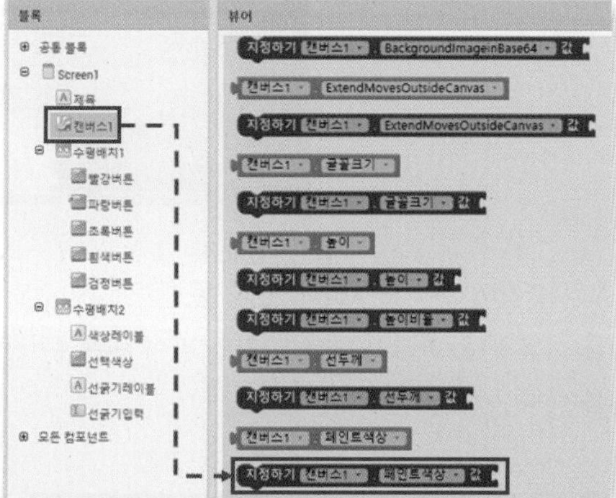

최종 완성 블록

아래는 '나만의 그림판' 앱의 최종 완성 블록코드이다. 잘 살펴보고 완성해보자.

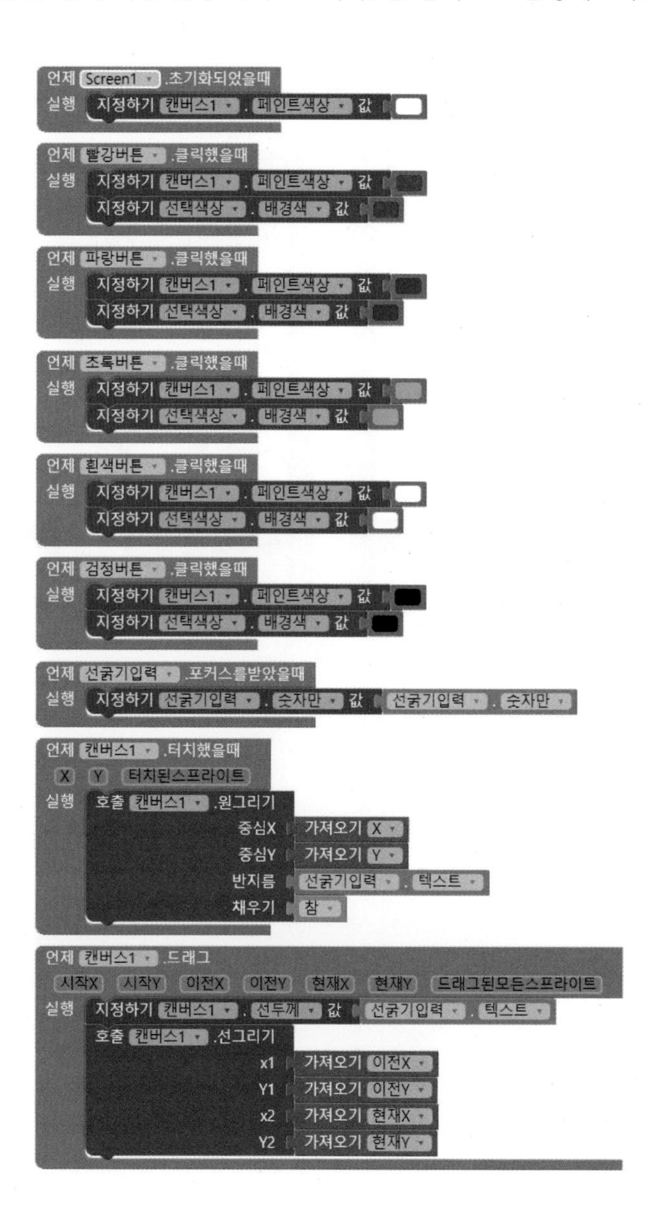

완성된 앱

아래는 '나만의 그림판' 완성 앱을 에뮬레이터를 통해 실행한 화면이다. 나만의 그림판 앱을 실행하여 앱에서 나만의 그림을 그려보자.

2.2 간단한 악기 만들기

미리보기

'간단한 악기 만들기' 예제는 버튼 컴포넌트와 보이지 않는 소리 컴포넌트를 이용한 피아노 앱 만들기다. 피아노 건반을 표현하기 위해 앱의 스크린 방향을 가로로 설정하고, 버튼으로 건반을 만든다. 간단한 피아노 앱을 만들어 연주해보자.

디자이너 설계

피아노 앱을 만들기 위한 화면 설계는 다음 그림과 같다. 버튼 컴포넌트가 피아노 건반으로 만들어지고, 각 버튼(건반)을 터치하면 미디어에 업로드한 소리가 재생된다. 다음 그림은 **ch02_PaintApp**의 디자이너 화면이다.

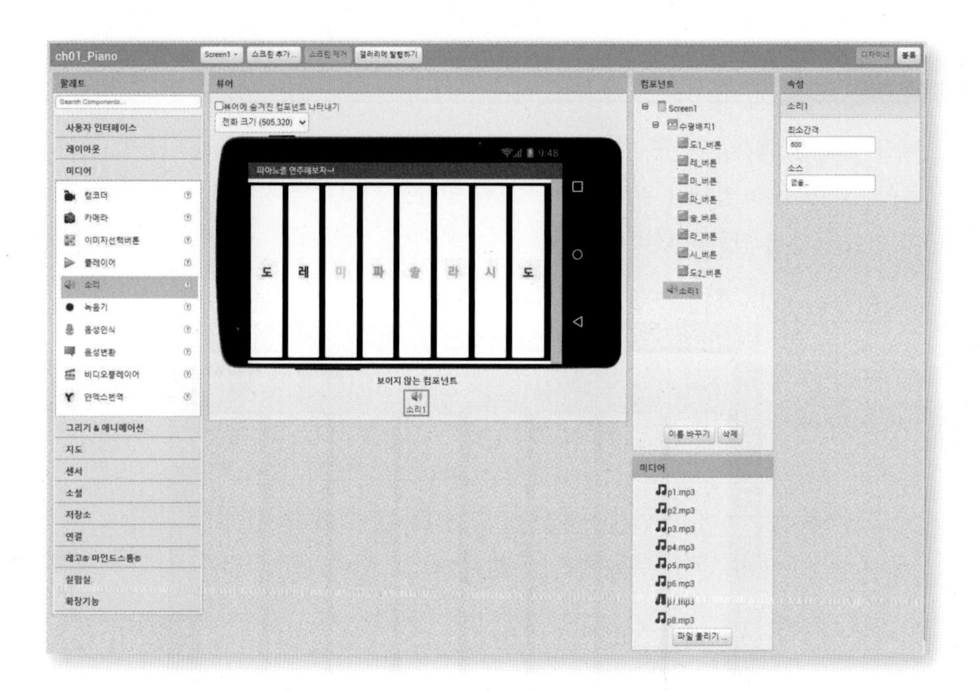

컴포넌트 구성

앱을 만들기 위해 가장 먼저 Screen1 컴포넌트 속성에서 [스크린방향]을 [가로]로 선택한다. 다음은 Screen1을 가로 화면으로 설정하는 그림이다.

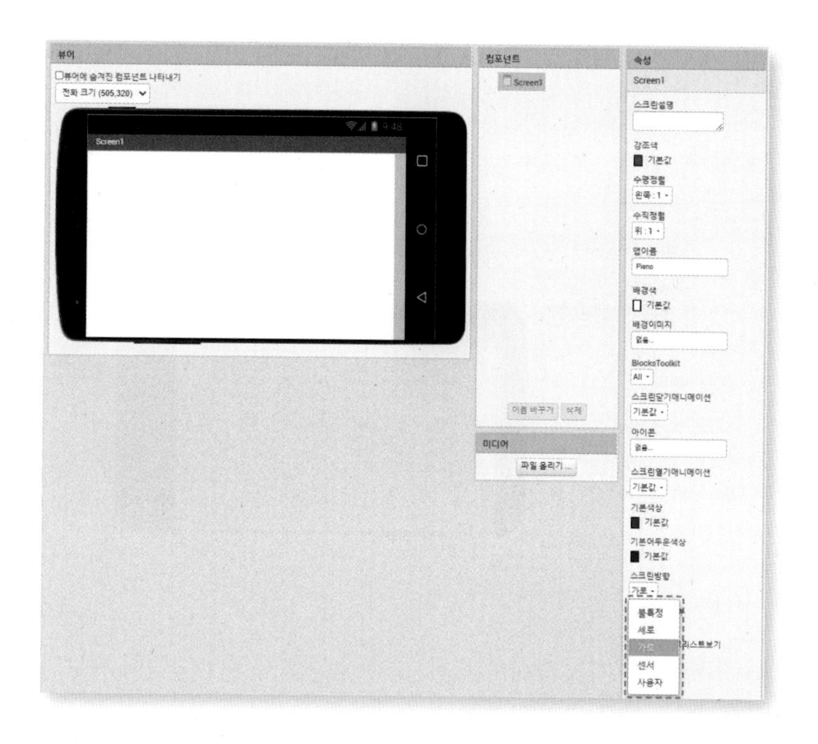

Screen1을 가로 화면으로 설정한 후, 버튼들의 수평배치를 위해 레이아웃 팔레트에서 [수평배치]를 뷰어에 배치하고 속성을 [높이: 부모 요소에 맞추기], [너비: 부모 요소에 맞추기]로 한다.

[수평배치1]에 버튼 8개를 순서대로 가져다 놓는다. 이때 모든 버튼의 속성을 [높이: 부모 요소에 맞추기], [너비: 부모 요소에 맞추기]를 한다. 버튼 8개는 낮은 도부터 높은 도까지의 음을 표현하기 위해 만든 버튼이다.

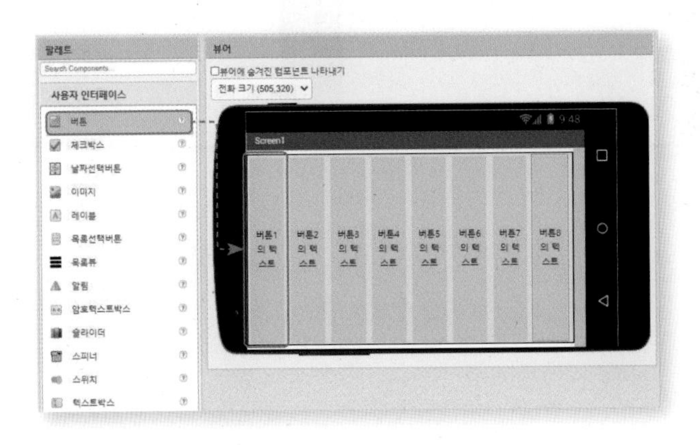

버튼 8개를 모두 가져다 놓은 후, 아래 그림과 같이 소리를 재생하기 위해 미디어 팔레트에 있는 보이지 않는 [소리] 컴포넌트를 가져다 놓는다.

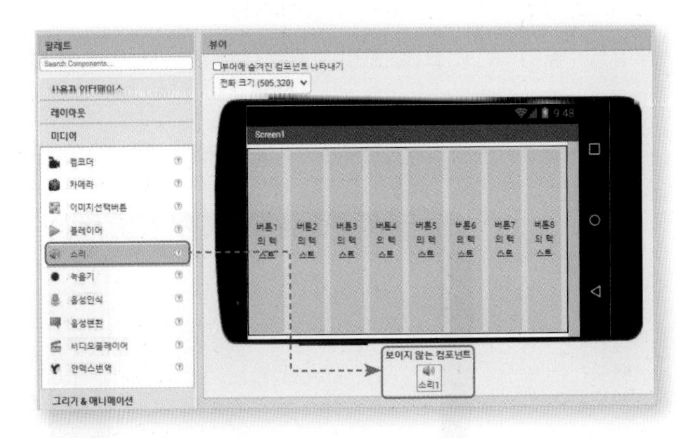

피아노 건반으로 쓰일 [버튼] 컴포넌트와 소리 재생을 위한 [소리] 컴포넌트를 모두 가져다 놓았다면, 각 컴포넌트 이름을 다음과 같이 변경한다. 컴포넌트 이름 변경이 모두 끝났다면 피아노 연주를 위한 소리 파일을 업로드한다. 미디어에 파일을 업로드할 때, 한 번에 하나씩 업로드하고, 하나의 파일이 업로드 완료되었을 때 다른 파일을 업로드해야 한다. 업로드할 미디어 파일의 크기는 한 번 업로드할 때 10M 이하로 제한된다. 여기서는 제공하는 소리 파일을 서버에 업로드한 후 사용한다.

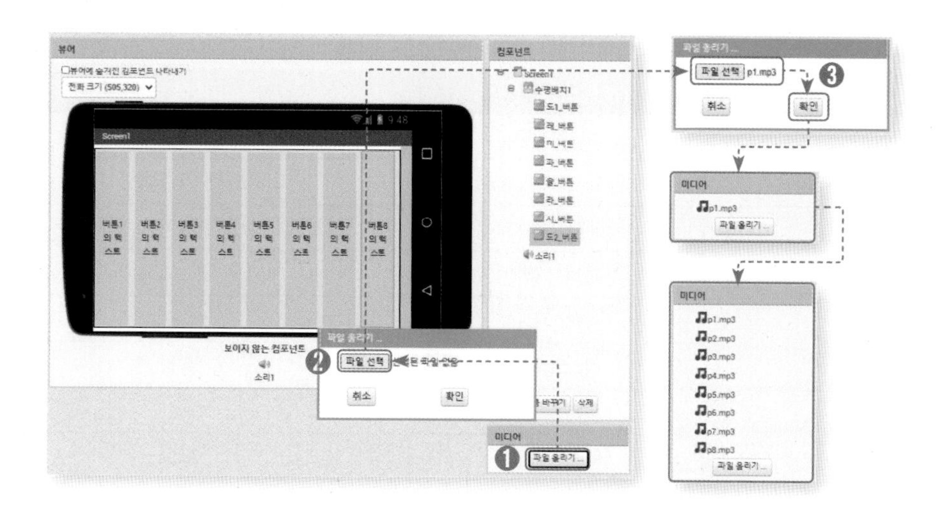

피아노 앱 화면 디자인에 필요한 컴포넌트와 각 컴포넌트 이름은 아래 [표 2-4]와 같다.

표 2-4 피아노를 연주해보자 앱에 필요한 컴포넌트 구성

컴포넌트	팔레트 그룹	컴포넌트 이름	기능설명
수평배치1	레이아웃	수평배치1	피아노 건반 버튼을 배치할 레이아웃
버튼1	사용자 인터페이스	도1_버튼	낮은 도 버튼
버튼2	사용자 인터페이스	레_버튼	레 버튼
버튼3	사용자 인터페이스	미_버튼	미 버튼
버튼4	사용자 인터페이스	파_버튼	파 버튼
버튼5	사용자 인터페이스	솔_버튼	솔 버튼
버튼6	사용자 인터페이스	라_버튼	라 버튼
버튼7	사용자 인터페이스	시_버튼	시 버튼
버튼8	사용자 인터페이스	도2_버튼	높은 도 버튼
소리1	미디어	소리1	버튼을 누를 때 소리 재생을 위한 보이지 않는 컴포넌트

컴포넌트 속성

컴포넌트의 배치와 이름 바꾸기가 끝났다면, 각 컴포넌트의 속성을 설정해야 한다. 속성은 아래 [표 2-5]와 같이 설정한다.

표 2-5 피아노를 연주해보자 앱에 사용된 컴포넌트 속성

컴포넌트 이름	속성	속성 값
Screen1	스크린방향	가로
	제목	피아노를 연주해보자~!
수평배치1	배경색	검정
	높이, 너비	부모 요소에 맞추기
도1_버튼	텍스트	도
	텍스트색상	빨강
레_버튼	텍스트	레
	텍스트색상	파랑
미_버튼	텍스트	미
	텍스트색상	노랑
파_버튼	텍스트	파
	텍스트색상	초록
솔_버튼	텍스트	솔
	텍스트색상	분홍
라_버튼	텍스트	라
	텍스트색상	청록
시_버튼	텍스트	시
	텍스트색상	주황
도2_버튼	텍스트	도
	텍스트색상	자홍색
소리1	소리 미디어 파일 업로드	p1.mp3, p2.mp3, p3.mp3, p4.mp3, p5.mp3, p6.mp3, p7.mp3, p8.mp3

낮은 도부터 **높은 도**의 건반 음을 나타내는 버튼 컴포넌트의 **공통속성**은 아래 [표 2-6]과 같다.

표 2-6 건반 음 버튼 컴포넌트 공통속성

컴포넌트 이름	속성	속성 값
도1_버튼, 레_버튼, 미_버튼, 파_버튼, 솔_버튼, 라_버튼, 시_버튼, 도2_버튼	배경색	흰색
	글꼴굵게	체크
	글꼴크기	20
	높이	부모 요소에 맞추기
	너비	부모 요소에 맞추기
	텍스트정렬	가운데:1

블록 코딩

피아노 앱은 건반 모양의 버튼을 클릭할 때 건반에 해당하는 음이 재생되는 앱이다. 코드는 간단하지만, 피아노 외의 다른 악기로 변형하여 다양한 악기 연주가 가능한 앱으로 확장할 수 있으니 잘 배워서 활용해보자.

사용할 블록 미리보기

[표 2-7]은 이번 장에서 사용되는 주요 블록에 대한 설명이다.

표 2-7 피아노 앱에서 사용되는 주요 블록

블록	설명
언제 도1_버튼 .클릭했을때 실행	피아노 건반(도1_버튼)을 클릭했을 때 동작하는 이벤트 블록
지정하기 소리1 . 소스 값	미디어 서버에 업로드한 소리1.소스 파일을 지정하는 블록
" "	소리1.소스 값으로 사용될 미디어 서버에 업로드된 소스 파일명을 쓰는 텍스트 입력 블록
호출 소리1 .재생하기	소리1.재생하기 함수 블록

이벤트 처리

❶ 도1_버튼을 클릭했을 때 낮은 도 음 소리내기

아래 블록은 낮은 도 음의 소리를 낼 도1_버튼을 클릭했을 때의 동작 이벤트 블록이다.

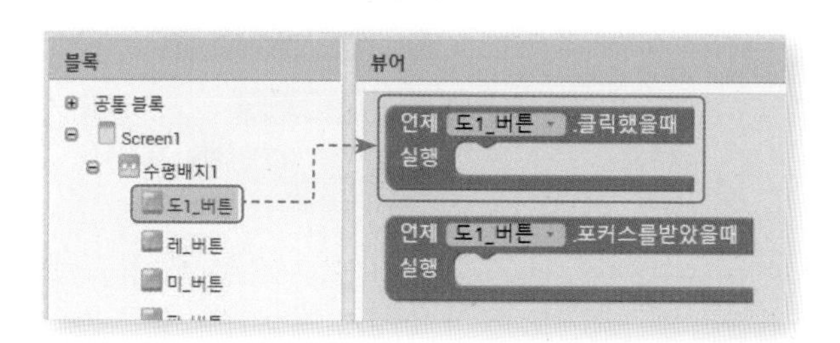

도1_버튼 이벤트 블록 안에서 소리 소스를 지정한 후, 재생하는 동작을 아래 그림과 같이 작성한다. 이때, 소리 소스를 지정하는 방법은 미디어 서버에 업로드한 소리 파일의 파일명을 텍스트 블록에 써주면 된다. 낮은 도의 음은 'p1.mp3'이기 때문에 빈 텍스트 블록에 'p1.mp3'를 써준다. 미디어 서버에 업로드할 미디어 파일은 영문(대소문자), 숫자 그리고 '_'만 쓸 수 있다.

미디어 서버에 업로드할 파일명에 특수문자나 괄호문자를 쓰면 오류가 난다. 파일명에 주의해야 한다.

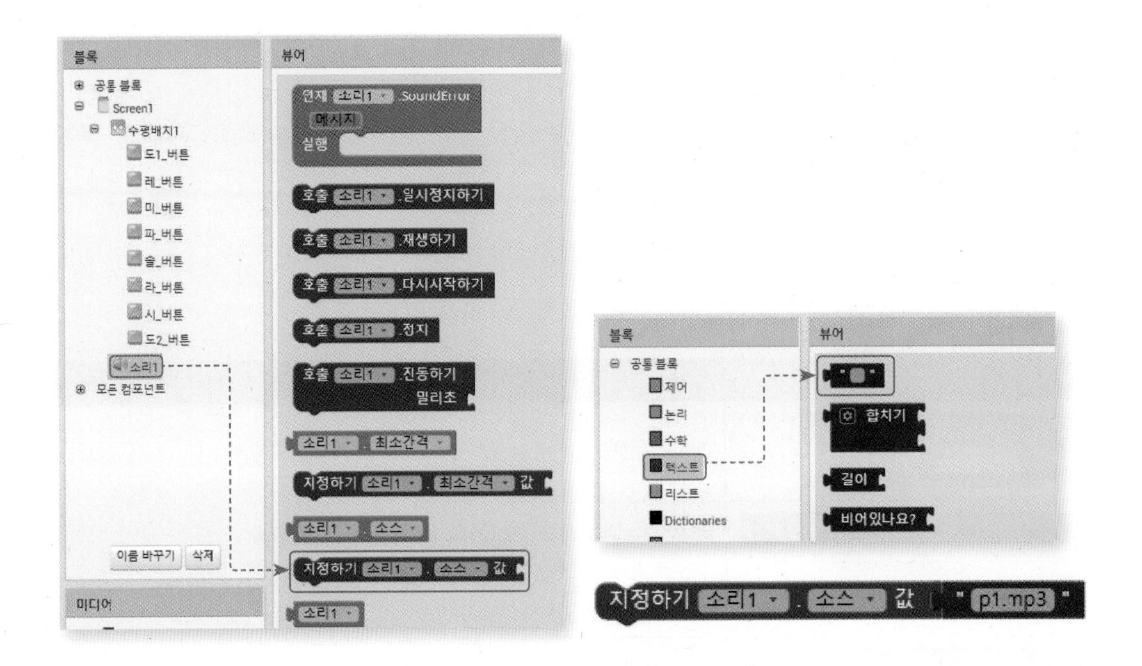

소리 소스 지정 후, 지정한 소리를 소리1.재생하기 블록으로 재생한다.

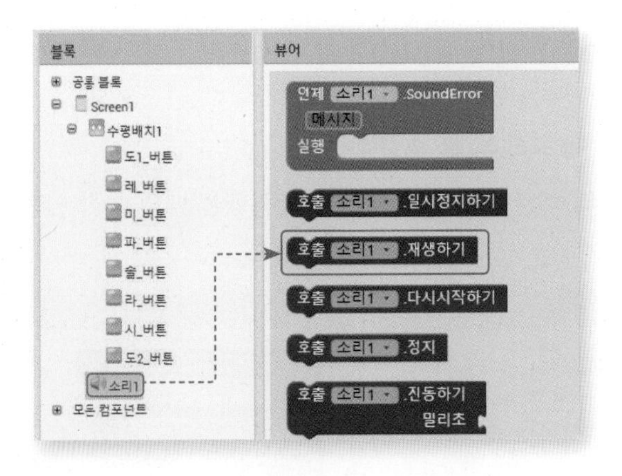

아래는 도1_버튼을 클릭했을 때 낮은 도 음의 소리가 재생되는 블록코드다. 나머지 모든 버튼도 동일하게 코딩한다.

```
언제 도1_버튼 .클릭했을때
실행  지정하기 소리1 . 소스 값 " p1.mp3 "
      호출 소리1 .재생하기
```

최종 완성 블록

피아노 앱의 완성된 블록코드이다. 코드를 완성하고 실행해보자.

```
언제 도1_버튼 .클릭했을때
실행 지정하기 소리1 . 소스 값 " p1.mp3 "
     호출 소리1 .재생하기

언제 레_버튼 .클릭했을때
실행 지정하기 소리1 . 소스 값 " p2.mp3 "
     호출 소리1 .재생하기

언제 미_버튼 .클릭했을때
실행 지정하기 소리1 . 소스 값 " p3.mp3 "
     호출 소리1 .재생하기

언제 파_버튼 .클릭했을때
실행 지정하기 소리1 . 소스 값 " p4.mp3 "
     호출 소리1 .재생하기

언제 솔_버튼 .클릭했을때
실행 지정하기 소리1 . 소스 값 " p5.mp3 "
     호출 소리1 .재생하기

언제 라_버튼 .클릭했을때
실행 지정하기 소리1 . 소스 값 " p6.mp3 "
     호출 소리1 .재생하기

언제 시_버튼 .클릭했을때
실행 지정하기 소리1 . 소스 값 " p7.mp3 "
     호출 소리1 .재생하기

언제 도2_버튼 .클릭했을때
실행 지정하기 소리1 . 소스 값 " p8.mp3 "
     호출 소리1 .재생하기
```

완성된 앱

다음은 완성된 피아노 앱이다. 간단한 연주는 충분하니 내가 만든 피아노 앱으로 연주해보자.

2.3 생각해보기

앞에서 배웠던 '나만의 그림판'을 이용해서 아래 보이는 앱과 같이 [노랑버튼], [청록색버튼]과 캔버스 배경색을 바꾸기 위한 [배경버튼]을 추가한다.

기능

1. [노랑버튼]과 [청록색버튼]을 누르면 해당 색이 캔버스 페인트색으로 설정된다.
2. [배경버튼]을 누르면 캔버스의 페인트 색으로 배경버튼의 배경색과 캔버스의 배경색이 변한다.

나만의 앱 만들기

학습목차

학습목표

1. 이벤트 블록과 웹뷰어 블록을 이용하여 웹 브라우저 기능을 만들 수 있다.
2. 텍스트 블록을 이용하여 문자열을 지정하고 합할 수 있다.
3. 음성인식 블록을 활용하여 음성을 글자로 변환할 수 있다.
4. 음성변환 블록을 이용하여 글자를 음성으로 변환할 수 있다.

3.1 나만의 웹사이트 만들기

미리보기

이번 장에서는 나만의 웹사이트를 만들어본다. 나만의 웹사이트 앱은 접속하고자 하는 URL을 입력하거나 즐겨찾기 사이트 버튼을 클릭하면 해당 웹사이트로 이동한다. 아래쪽에는 웹 브라우저처럼 뒤로가기, 앞으로가기, 홈 버튼, 새로고침 기능을 제공한다.

디자이너 설계

다음 그림은 나만의 웹사이트의 디자이너 화면이다. 팔레트 그룹에서 적절한 컴포넌트를 가져와 뷰어에 배치한 후, 컴포넌트 이름 바꾸기와 속성을 설정한다. 프로젝트명은 **ch03_Website**로 한다.

컴포넌트 구성

디자이너 화면에서 컴포넌트를 뷰어에 배치하는 과정을 살펴보자. 가장 먼저 주소를 입력하는 텍스트박스와 이동 버튼을 만들기 위해 [레이아웃] 팔레트에서 수평배치 컴포넌트를 가져다 뷰어에 배치한다. 수평배치 컴포넌트 속성에서 [너비: 부모 요소에 맞추기]로 설정한 후, [사용자 인터페이스] 팔레트에서 레이블, 텍스트박스, 버튼 컴포넌트를 드래그하여 수평배치 안으로 배치한다.

사용자가 즐겨찾는 사이트를 버튼으로 배치하기 위해 [레이아웃] 팔레트에서 수평배치 컴포넌트를 아래에 하나 더 배치하고 속성에서 [너비: 부모 요소에 맞추기]로 설정한다. [사용자 인터페이스] 팔레트에서 [버튼] 컴포넌트를 드래그하여 수평배치 안으로 배치하고 [너비: 부모 요소에 맞추기]로 설정한다. 이와 같은 방식으로 버튼 3개를 더 드래그하여 수평배치 안에 추가한다.

[사용자 인터페이스] 팔레트에서 [웹뷰어] 컴포넌트를 수평배치 아래로 드래그하면 지구 모형이 나타난다. 웹뷰어 컴포넌트는 웹 브라우저 기능을 한다.

웹 브라우저의 뒤로가기, 앞으로 가기, 홈 버튼, 새로고침 화면을 배치하기 위해 웹뷰어 아래 수평배치 컴포넌트를 추가한다. 수평배치 속성에서 [너비: 부모 요소에 맞추기]로 설정한다. [버튼] 컴포넌트를 드래그하여 수평배치 안으로 배치하고 [높이: 50픽셀], [너비: 50픽셀]로 설정한다. 이와 같은 방식으로 버튼 3개를 더 드래그하여 수평배치 안에 추가한다.

나만의 웹사이트 프로젝트에서 사용되는 컴포넌트들의 이름과 기능은 [표 3-1]을 참고하여 아래와 같이 컴포넌트 이름을 변경한다.

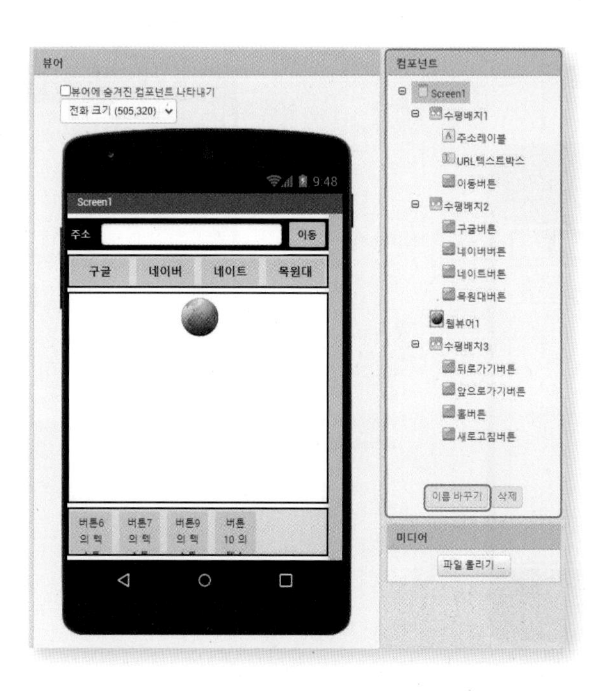

표 3-1 나만의 웹사이트에 필요한 컴포넌트 구성

컴포넌트	팔레트 그룹	컴포넌트 이름	기능설명
수평배치	레이아웃	수평배치1	URL 입력 수평 배치
레이블	사용자 인터페이스	주소레이블	'주소' 제목을 표시
텍스트박스	사용자 인터페이스	URL텍스트박스	웹사이트 주소 입력하는 곳
버튼	사용자 인터페이스	이동 버튼	URL 이동
수평배치	레이아웃	수평배치2	즐겨찾기 사이트 수평배치
버튼	사용자 인터페이스	구글버튼	구글 웹사이트로 이동
버튼	사용자 인터페이스	네이버버튼	네이버 웹사이트로 이동
버튼	사용자 인터페이스	네이트버튼	네이트 웹사이트로 이동
버튼	사용자 인터페이스	목원대버튼	목원대 웹사이트로 이동
웹뷰어	사용자 인터페이스	웹뷰어1	웹사이트 출력
수평배치	레이아웃	수평배치3	웹 브라우저 기능 수평배치
버튼	사용자 인터페이스	뒤로가기버튼	이전 페이지로 이동
버튼	사용자 인터페이스	앞으로가기버튼	다음 페이지로 이동
버튼	사용자 인터페이스	홈 버튼	웹뷰어 홈 URL로 이동
버튼	사용자 인터페이스	새로고침버튼	현재 페이지 새로고침

컴포넌트 속성

컴포넌트의 배치와 이름 바꾸기가 끝났다면 각 컴포넌트의 속성을 설정해야 한다. 변경하고자 하는 컴포넌트를 선택한 후, 속성 부분에서 설정한다. 컴포넌트들의 속성은 [표 3-2]와 같다. 버튼에 이미지를 적용하고자 하는 경우 [미디어] 팔레트에서 [파일 올리기]를 선택하여 사용하고자 하는 이미지를 미리 등록해 놓는다.

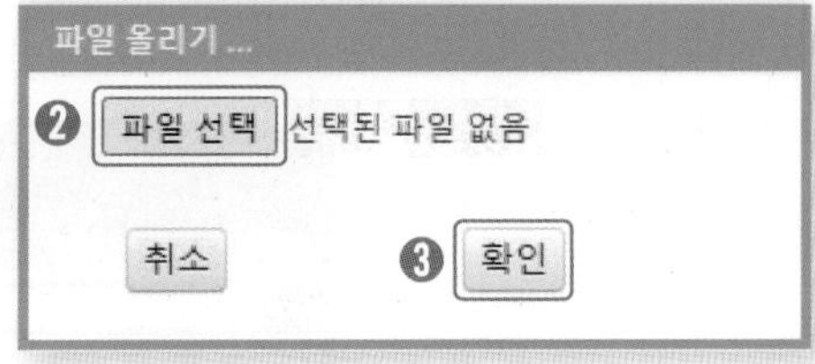

표 3-2 나만의 웹사이트에 사용된 컴포넌트 속성

컴포넌트 이름	속성	속성 값
Screen1	제목	나만의 웹사이트
수평배치1	수직정렬	가운데:2
	배경색	검정
	너비	부모 요소에 맞추기
주소레이블	글꼴굵게	체크
	텍스트	주소
	텍스트색상	흰색
URL텍스트박스	너비	부모 요소에 맞추기
	힌트	URL을 입력하세요
이동 버튼	글꼴굵게	체크
	텍스트	이동
수평배치2	너비	부모 요소에 맞추기
구글버튼	글꼴굵게	체크
	너비	부모 요소에 맞추기
	글꼴크기	16
	텍스트	구글
네이버버튼	글꼴굵게	체크
	너비	부모 요소에 맞추기
	글꼴크기	16
	텍스트	네이버
네이트버튼	글꼴굵게	체크
	너비	부모 요소에 맞추기
	글꼴크기	16
	텍스트	네이트

컴포넌트 이름	속성	속성 값
목원대버튼	글꼴굵게	체크
	너비	부모 요소에 맞추기
	글꼴크기	16
	텍스트	목원대
웹뷰어1	홈URL	http:// www.google.com
수평배치3	너비	부모 요소에 맞추기
	수평정렬	가운데:3
뒤로가기버튼	높이	50픽셀
	너비	50픽셀
	이미지	back.jpg
	텍스트	
앞으로가기버튼	높이	50픽셀
	너비	50픽셀
	이미지	front.jpg
	텍스트	
홈 버튼	높이	50픽셀
	너비	50픽셀
	이미지	home.jpg
	텍스트	
새로고침버튼	높이	50픽셀
	너비	50픽셀
	이미지	refresh.jpg
	텍스트	

아래 그림은 최종적으로 완성된 나만의 웹사이트 디자이너 화면이다.

블록 코딩

나만의 웹사이트 앱은 사용자가 URL을 입력하고 이동 버튼을 클릭하거나 구글, 네이버, 네이트, 목원대 버튼을 클릭하면 해당 웹사이트를 웹뷰어로 보여주는 앱이다. 뒤로가기, 앞으로가기, 홈 버튼, 새로고침 기능도 제공한다.

사용할 블록 미리보기

이번 장에서 사용되는 주요 블록에 대한 설명이다.

표 3-3 나만의 웹사이트에 사용되는 주요 블록

블록	설명
언제 구글버튼 .클릭했을때 실행	구글버튼을 클릭했을 때 동작하는 이벤트 블록
호출 웹뷰어1 .URL로이동하기 url	지정된 해당 URL로 이동하는 블록
호출 웹뷰어1 .뒤로가기	현재 페이지의 이전 페이지로 이동하는 블록
호출 웹뷰어1 .앞으로가기	현재 페이지의 다음 페이지로 이동하는 블록
호출 웹뷰어1 .Reload	현재 페이지를 새로고침하는 블록
호출 웹뷰어1 .홈페이지로이동하기	웹뷰어의 홈 URL 속성에 지정된 URL로 이동하는 블록
" "	텍스트 문자를 포함하는 블록으로, url 소스 값으로 이동할 웹사이트 주소를 쓰는 텍스트 입력 블록
합치기	연결된 텍스트 블록을 합치는 블록
URL텍스트박스 . 텍스트	텍스트박스에 입력된 값을 가져오는 블록

이벤트 처리

❶ 이동 버튼을 클릭했을 때

사용자가 URL 텍스트박스에 웹사이트 주소를 입력하고 이동 버튼을 클릭하면 해당 웹사이트로 이동하기 위해 [이동 버튼]의 [클릭했을 때] 이벤트를 선택한다. URL로 이동하기 위해 [웹뷰어1]의 [URL로 이동하기] 블록을 가져온다.

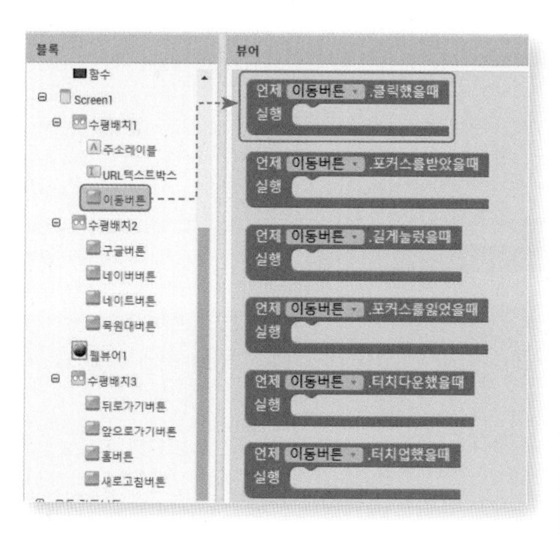

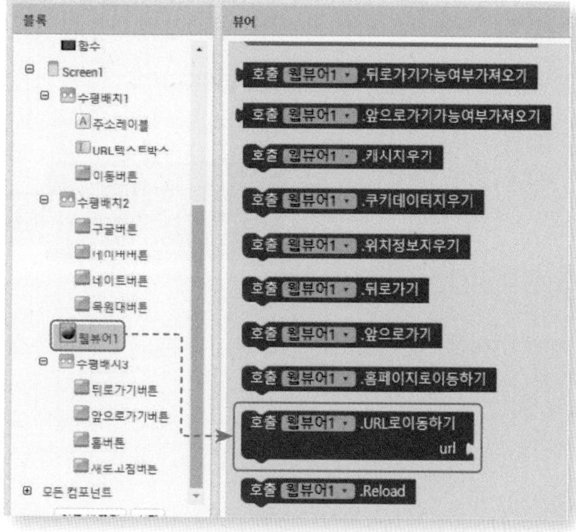

url 값은 프로토콜(http://)로 시작하는 웹 주소를 전달해야한다. 사용자가 프로토콜을 입력하지 않아도 자동으로 입력될 수 있도록 [공통블록]의 [텍스트]에서 [" "] 블록을 가져와 "http://"를 입력한다. 사용자가 입력한 주소 값은 [URL텍스트박스]의 [텍스트] 블록으로 가져온 후, [텍스트]에서 [합치기] 블록을 이용해 "http://" 문자열 블록과 연결하여 하나의 웹사이트 주소로 만든다.

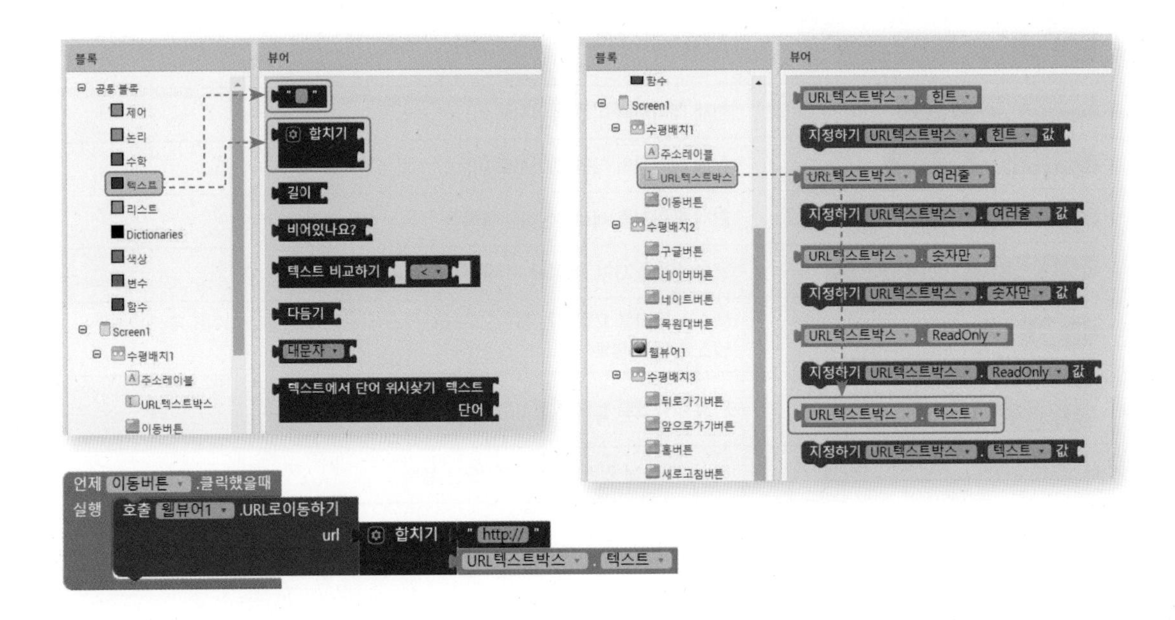

❷ 구글버튼을 클릭했을 때

구글버튼 기능도 이동 버튼 기능과 동일하다. 다만 사용자로부터 따로 주소를 받지 않기 때문에 [텍스트]의 [" "]블록에 직접 웹사이트 주소를 입력한다. 웹사이트 주소를 입력할 때는 htpp:// 프로토콜을 포함하여 입력한다.

구글버튼을 클릭하면 구글 사이트로 이동하기 위해 [구글버튼]의 [클릭했을 때] 이벤트를 선택한다. URL로 이동하기에 위해 [웹뷰어1]의 [URL로 이동하기] 블록을 가져온다. [텍스트]의 [" "] 블록에 http://www.google.com을 입력한다.

언제 구글버튼 .클릭했을때
실행 호출 웹뷰어1 .URL로이동하기
url " http://www.google.com "

네이버버튼, 네이트버튼, 목원대버튼도 URL 주소만 변경하고 구글버튼과 동일한 방법으로 블록코딩 한다.

❸ 뒤로가기 버튼을 클릭했을 때

뒤로가기 버튼을 클릭하면 현재 페이지의 이전 페이지로 이동한다. [뒤로가기버튼]의 [클릭했을 때] 이벤트를 선택한다. [웹뷰어1]의 [뒤로가기] 블록을 가져온다.

❹ 앞으로가기 버튼을 클릭했을 때

앞으로가기 버튼을 클릭하면 현재 페이지의 다음 페이지로 이동한다. [앞으로가기버튼]의 [클릭했을 때] 이벤트를 선택한다. [웹뷰어1]의 [앞으로가기] 블록을 가져온다.

❺ 홈 버튼을 클릭했을 때

홈 버튼을 클릭하면 웹뷰어의 홈 URL로 이동한다. [홈 버튼]의 [클릭했을 때] 이벤트를 선택한다. [웹뷰어1]의 [앞으로가기] 블록을 가져온다.

❻ 새로고침 버튼을 클릭했을 때

새로고침 버튼을 클릭하면 현재 페이지를 새로고침한다. [새로고침 버튼]의 [클릭했을 때] 이벤트를 선택한다. [웹뷰어1]의 [Reload] 블록을 가져온다.

최종 완성 블록

언제 이동버튼 .클릭했을때
실행 호출 웹뷰어1 .URL로이동하기
url 합치기 " http:// "
URL텍스트박스 . 텍스트

언제 구글버튼 .클릭했을때
실행 호출 웹뷰어1 .URL로이동하기
url " http://www.google.com "

언제 네이버버튼 .클릭했을때
실행 호출 웹뷰어1 .URL로이동하기
url " http://www.naver.com "

언제 네이트버튼 .클릭했을때
실행 호출 웹뷰어1 .URL로이동하기
url " http://www.nate.com "

언제 목원대버튼 .클릭했을때
실행 호출 웹뷰어1 .URL로이동하기
url " http://www.mokwon.ac.kr "

언제 앞으로가기버튼 .클릭했을때
실행 호출 웹뷰어1 .앞으로가기

언제 뒤로가기버튼 .클릭했을때
실행 호출 웹뷰어1 .뒤로가기

언제 홈버튼 .클릭했을때
실행 호출 웹뷰어1 .홈페이지로이동하기

언제 새로고침버튼 .클릭했을때
실행 호출 웹뷰어1 .Reload

완성된 앱

다음은 '나만의 웹사이트'의 최종 완성 화면이다. 특정 웹사이트는 에뮬레이터에서 보안 문제로 접속이 되지 않으므로, AI 컴패니언이나 *.apk 앱을 만들어 실행해보자.

3.2 말하는 My Pet

미리보기

말하는 My Pet 앱은 이미지 컴포넌트와 보이지 않는 음성인식, 음성변환 컴포넌트를 이용하여 만들어본다. My Pet 앱은 사용자가 버튼을 클릭하고 말을 하면 음성을 인식하여 글로 변환하고, 인식된 글자를 다시 음성으로 읽어준다. 프로젝트명은 **ch03_MyPet**으로 한다.

디자이너 설계

말하는 My Pet 앱을 만들기 위한 화면 설계는 다음 그림과 같다. 이미지 버튼 컴포넌트를 이용해 강아지 이미지를 표시하고 버튼을 누르면 음성 인식을 시작한다.

컴포넌트 구성

스크린에 강아지 이미지를 표시하기 위해 가장 먼저 [사용자 인터페이스] 팔레트에서 [이미지] 컴포넌트를 가져다 놓고, 인식된 글자를 나타내기 위해 [텍스트박스] 컴포넌트를 가져온다. 버튼을 누르면 음성 인식이 시작되도록 [버튼] 컴포넌트를 가져다 놓는다.

음성을 글로 변환하기 위해 [미디어] 팔레트에서 [음성인식] 컴포넌트를 드래그하여 뷰어에 가져다 놓고, 글자를 음성으로 변환하기 위해 [미디어] 팔레트에서 [음성변환] 컴포넌트를 가져온다. 음성인식과 음성변환 컴포넌트는 보이지 않는 컴포넌트 영역에 배치된다.

컴포넌트 배치가 다 끝났다면 각 컴포넌트 이름은 다음 [표 3-4]와 같이 변경한다.

표 3-4 말하는 My Pet에 필요한 컴포넌트 구성

컴포넌트	팔레트 그룹	컴포넌트 이름	기능설명
이미지1	사용자 인터페이스	이미지1	강아지 이미지를 가져오기
텍스트박스	사용자 인터페이스	인식결과텍스트박스	음성인식 결과 보여주기
버튼	사용자 인터페이스	음성인식버튼	버튼을 누르면 음성인식 하기
음성인식	미디어	음성인식1	음성을 인식하는 기능
음성변환	미디어	음성변환1	글자를 음성으로 변환

컴포넌트 이름 변경이 모두 끝났다면 강아지 이미지 파일을 업로드 해야 한다. [미디어] 팔레트에서 [파일 올리기] 버튼을 클릭하여 puppy.jpg 파일을 서버에 업로드한다. 단, 앱 인벤터에 업로드하는 이미지 파일의 크기는 5MB로 제한되어 있다.

컴포넌트 속성

컴포넌트의 배치와 이름 바꾸기가 끝났다면, 각 컴포넌트의 속성을 [표 3-5]와 같이 설정한다.

표 3-5 말하는 My Pet에 사용된 컴포넌트 속성

컴포넌트 이름	속성	속성 값
Screen1	배경색	사용자지정:#fcffd7ff
	제목	MyPet
이미지1	사진	puppy.jpg
	사진크기맞추기	체크
인식결과텍스트박스	너비	부모 요소에 맞추기
	여러줄	체크
	힌트	
음성인식버튼	글꼴굵게	체크
	글꼴크기	18
	너비	부모 요소에 맞추기
	텍스트	누른 후 말하세요

블록 코딩

말하는 My Pet은 버튼을 클릭하면 음성인식이 시작되고, 사용자가 말을 하면 음성을 인식하여 인식 결과를 글자로 표시한 후, 표시된 글자를 다시 읽어주는 앱이다.

사용할 블록 미리보기

이번 장에서 사용되는 주요 블록에 대한 설명이다.

표 3-6 말하는 My Pet에 사용되는 주요 블록

블록	설명
언제 음성인식버튼 .클릭했을때 실행	음성인식버튼을 클릭했을 때 이벤트 동작
호출 음성인식1 .텍스트가져오기	음성인식을 시작한 후, 입력된 음성을 글로 변환해주는 블록
언제 음성인식1 .텍스트가져온후에 결과 partial 실행	음성인식 텍스트를 가져온 후에 실행하는 이벤트 동작
음성인식1 . 결과	음성인식 텍스트 결과를 가져오는 블록
호출 음성변환1 .말하기 메시지	지정된 메시지를 음성으로 변환해서 말해주는 블록

이벤트 처리

❶ 음성인식버튼을 클릭했을 때

음성인식버튼을 클릭하면 음성인식이 시작되기 위해 [음성인식1] 블록에서 [텍스트 가져오기] 블록을 설정한다.

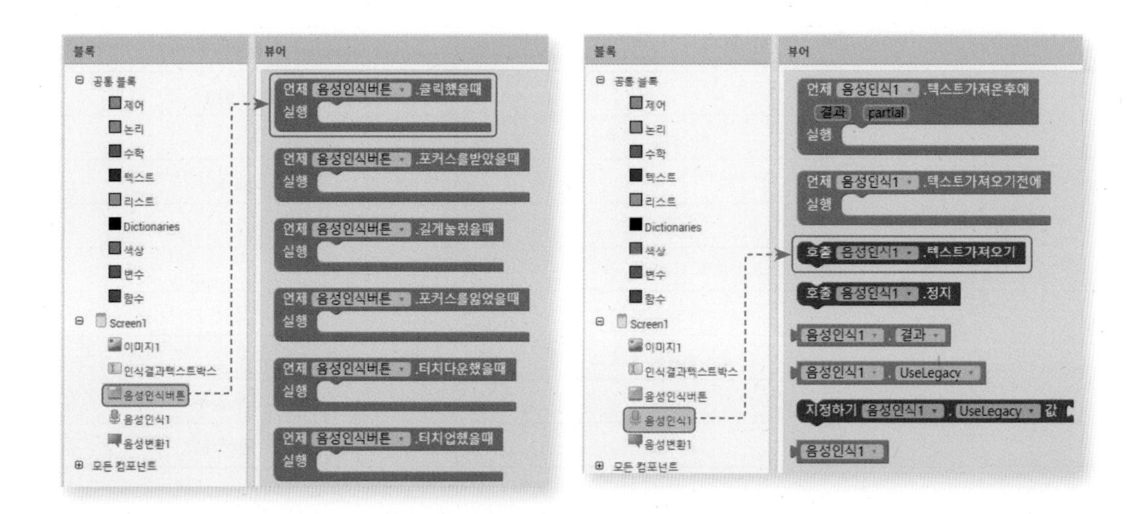

아래는 [음성인식버튼]을 클릭했을 때 실행되는 음성인식이 시작되는 블록코드이다.

❷ 음성인식 텍스트를 가져온 후에

음성인식 후 인식 결과를 텍스트박스에 나타내고, 텍스트박스에 있는 글자를 다시 음성으로 변환하기 위한 처리 과정은 다음과 같다. [음성인식1] 블록에서 [텍스트가져온 후에]이벤트를 블록을 가져온 후, [인식결과텍스트박스]에 [음성인식1]의 [결과]를 지정한다.

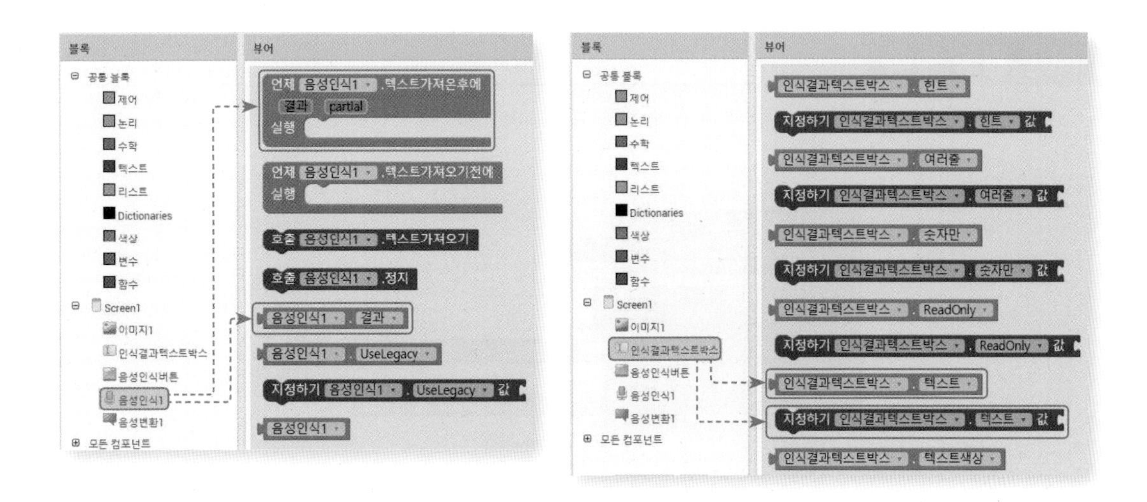

[인식된결과텍스트박스]의 [텍스트]는 음성변환 메시지로 설정한다.

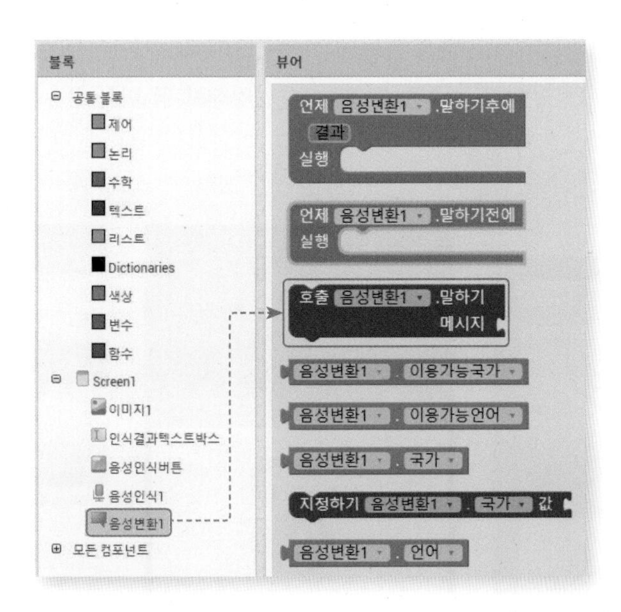

아래는 [음성인식 텍스트 가져온 후에] 실행되는 블록코드이다.

```
언제 음성인식1 .텍스트가져온후에
  결과  partial
실행  지정하기 인식결과텍스트박스 . 텍스트 값  음성인식1 . 결과
      호출 음성변환1 .말하기
                     메시지  인식결과텍스트박스 . 텍스트
```

최종 완성 블록

말하는 My Pet 앱의 완성된 블록코드이다.

```
언제 음성인식버튼 .클릭했을때
실행  호출 음성인식1 .텍스트가져오기

언제 음성인식1 .텍스트가져온후에
결과  partial
실행  지정하기 인식결과텍스트박스 . 텍스트 값  음성인식1 . 결과
      호출 음성변환1 .말하기
                      메시지  인식결과텍스트박스 . 텍스트
```

완성된 앱

다음은 '말하는 My Pet 앱'의 최종 완성 화면이다. 음성인식과 변환 기능은 에뮬레이터에서 동작하지 않으므로, AI 컴패니언이나 *.apk 앱을 만들어 실행해보자. 버튼을 누른 후 말을 해보고 인식된 결과가 화면에 잘 나오는지 확인한다. 또한 인식된 결과가 음성으로 잘 변환되는지도 확인한다.

3.3 생각해보기

앞에서 배웠던 '말하는 My Pet'을 이용하여 아래 보이는 앱과 같이 음성인식된 후 강아지 사진을 변경해보고 글자색을 바꾸는 기능을 추가해본다.

기능

1. 음성인식 텍스트를 가져온 후에 강아지 이미지를 'dog.jpg'파일로 변경하고, 텍스트박스의 글자색상을 원하는 색으로 변경해본다.
2. 음성인식 버튼을 클릭하면 강아지 이미지는 원래 있었던 'puppy.jpg'로 설정한다.

수학, 논리 블록을 이용한 다양한 계산기 앱 만들기

학습목차

학습목표

1. 논리 블록과 수학 블록을 이용하여 간단한 계산기를 만들 수 있다.
2. 표형식배치로 가로, 세로 크기를 지정하여 컴포넌트를 배치할수 있다.
3. 수학 블록을 활용하여 단위를 변환할 수 있다.

4.1 간단한 계산기

미리보기

이번 장에서는 간단한 계산기를 만들어본다. 두 수를 입력하고 연산 버튼을 누르면 계산결과가 나온다. 진법 변환 기능도 제공하며 C 버튼을 누르면 입력된 숫자와 계산결과를 초기화한다.

디자이너 설계

다음 그림은 간단한 계산기의 디자이너 화면이다. 팔레트 그룹에서 적절한 컴포넌트를 가져와 뷰어에 배치한 후, 컴포넌트 이름 바꾸기와 속성을 설정한다. 프로젝트명은 **ch04_MyCalc**로 한다.

컴포넌트 구성

디자이너 화면에서 컴포넌트를 뷰어에 배치하는 과정을 살펴보자. 가장 먼저 상단의 제목을 만들기 위해 [레이아웃] 팔레트에서 수평배치 컴포넌트를 가져다 뷰어에 배치한다. 수평배치 컴포넌트 속성에서 [너비: 부모 요소에 맞추기]로 설정한 후, [사용자 인터페이스] 팔레트에서 레이블 컴포넌트를 드래그하여 수평배치 안으로 배치한다.

숫자를 입력 받기 위해 [수평배치] 컴포넌트를 아래에 하나 더 배치하고 속성에서 [너비: 부모 요소에 맞추기]로 설정한다. [사용자 인터페이스] 팔레트에서 텍스트박스와 레이블 컴포넌트를 드래그하여 수평배치 안으로 배치한다.

연산자를 배치하기 위해 [수평배치] 컴포넌트를 수평배치2 아래에 배치하고 속성에서 [너비: 부모 요소에 맞추기]로 설정한다. 9개 연산자를 3개씩 배치하기 위해 [레이아웃] 팔레트에서 [표형식배치] 컴포넌트를 수평배치 안으로 드래그한 후 속성에서 [열:3], [행:3]으로 설정한다. 총 9개의 [버튼] 컴포넌트를 드래그하여 표형식배치안에 배치한다. 연산자 배치가 끝나면 2개의 [레이블] 컴포넌트를 [수평배치3] 아래에 드래그하여 배치한다.

간단한 계산기 앱에서 사용되는 컴포넌트들의 이름과 기능은 [표4-1]을 참고하여 컴포넌트 이름을 변경한다.

표 4-1 간단한 계산기에 필요한 컴포넌트 구성

컴포넌트	팔레트 그룹	컴포넌트 이름	기능설명
수평배치	사용자 인터페이스	수평배치1	제목 레이블 컴포넌트 배치
레이블	사용자 인터페이스	제목레이블	앱 상단의 제목 표시
수평배치	레이아웃	수평배치2	피연산자 배치
텍스트박스	사용자 인터페이스	숫자1	입력받는 숫자
레이블	사용자 인터페이스	연산자	선택된 연산자 표시
텍스트박스	사용자 인터페이스	숫자2	입력받는 숫자
수평배치	레이아웃	수평배치3	연산자 배치
수평배치	사용자 인터페이스	표형식배치1	3행 3열로 연산자 배치
버튼	사용자 인터페이스	더하기버튼	더하기 선택 버튼
버튼	사용자 인터페이스	빼기버튼	빼기 선택 버튼
버튼	사용자 인터페이스	나머지버튼	나머지 선택 버튼
버튼	사용자 인터페이스	곱하기버튼	곱하기 선택 버튼
버튼	사용자 인터페이스	나누기버튼	나누기 선택 버튼
버튼	사용자 인터페이스	제곱버튼	제곱 선택 버튼
버튼	사용자 인터페이스	이진수버튼	이진수 선택 버튼
버튼	사용자 인터페이스	십육진수버튼	십육진수 선택 버튼
레이블	사용자 인터페이스	계산결과레이블	계산결과 제목 표시
레이블	사용자 인터페이스	결과레이블	연산결과 표시

컴포넌트 속성

컴포넌트의 배치와 이름 바꾸기가 끝났다면 각 컴포넌트의 속성을 설정해야 한다. 변경하고자 하는 컴포넌트를 선택한 후, 속성을 설정한다. 컴포넌트들의 속성은 [표 4-2]와 같다.

표 4-2 간단한 계산기에 사용된 컴포넌트 속성

컴포넌트 이름	속성	속성 값
Screen1	제목	나만의 계산기
수평배치1	수직정렬	가운데:2
	높이	70픽셀
	너비	부모 요소에 맞추기
레이블	글꼴굵게	체크
	글꼴크기	25
	너비	부모 요소에 맞추기
	텍스트	계산기
	텍스트색상	흰색
수평배치2	수평정렬	가운데:3
	수직정렬	가운데:2
	높이	70px
	너비	부모 요소에 맞추기
숫자1	글꼴크기	20
	너비	120픽셀
	힌트	숫자
	숫자만	체크
연산자	글꼴굵게	체크
	글꼴크기	25
	텍스트	OP
	텍스트색상	흰색
숫자2	글꼴크기	20
	너비	120픽셀
	힌트	숫자
	숫자만	체크

컴포넌트 이름	속성	속성 값
수평배치3	수평정렬	가운데:3
	너비	부모 요소에 맞추기
표형식배치1	열	3
	행	3
더하기버튼	텍스트	+
빼기버튼	텍스트	-
나머지버튼	텍스트	%
곱하기버튼	텍스트	*
나누기버튼	텍스트	/
제곱버튼	텍스트	^
이진수버튼	텍스트	2진수
십육진수버튼	텍스트	16진수
초기화버튼	텍스트	C
계산결과 레이블	글꼴굵게	체크
	글꼴크기	25
	너비	부모 요소에 맞추기
	텍스트	계산결과
	텍스트정렬	가운데:1
	텍스트색상	흰색
결과레이블	글꼴굵게	체크
	글꼴크기	30
	너비	부모 요소에 맞추기
	텍스트	
	텍스트정렬	가운데:1
	텍스트색상	노랑

연산자 버튼 컴포넌트의 **공통속성**은 아래 표와 같다.

컴포넌트 이름	속성	속성 값
이진수버튼, 십육진수버튼	글꼴굵게	체크
	글꼴크기	15
	높이	50픽셀
	너비	70픽셀

컴포넌트 이름	속성	속성 값
더하기버튼, 빼기버튼, 나머지버튼, 곱하기버튼, 나누기버튼, 제곱버튼, 초기화버튼	글꼴굵게	체크
	글꼴크기	20
	높이	50픽셀
	너비	70픽셀

아래 그림은 최종적으로 완성된 간단한 계산기 디자이너 화면이다.

블록 코딩

간단한 계산기 앱은 숫자를 입력하고 연산버튼을 누르면 계산결과가 나온다. 이러한 연산을 수행하기 위해서는 [공통블록]의 제어, 논리, 수학 블록이 필요하다. 제어 블록은 조건에 따라 수행할 명령어를 선택할 수 있도록 동작의 흐름을 제어하는 명령 블록들로 구성되어 있다. 논리 블록은 논리적 판단이 필요한 명령 블록들로 구성되어 있으며 논리 값은 참과 거짓으로 판단한다. 수학 블록은 사칙연산, 최댓값, 최솟값, 반올림 값 등을 구하는 명령 블록들로 구성되어 있다.

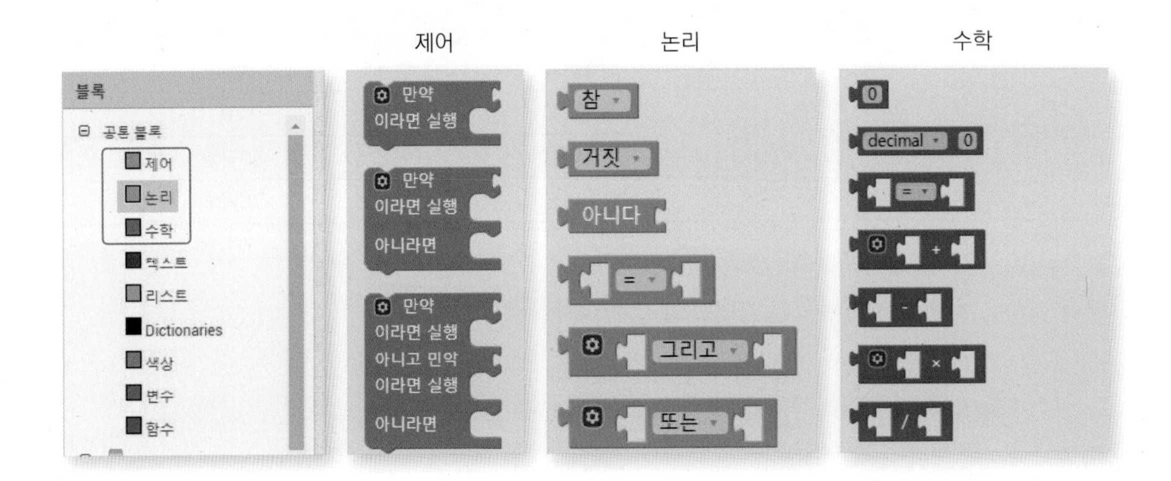

사용할 블록 미리보기

이번 장에서 사용되는 주요 블록에 대한 설명이다.

표 4-3 간단한 계산기에 사용되는 주요 블록

블록	설명
만약 / 이라면 실행 / 아니라면	조건이 대한 만족 여부에 따라 실행 나누기 연산시 나누려는 수가 0인지 여부에 따라 조건문 처리
=	나누기 연산 시 나누는 값이 0인지 판단
참 거짓	진법 변환 시 숫자 2는 안 보이도록 거짓으로 설정 숫자 연산 시 숫자 2는 보이도록 참으로 설정
+ - × /	더하기, 빼기, 곱하기, 나누기 연산 실행
진법 바꾸기 10진수를 2진수로	진수 바꾸기 연산 실행
몫 ÷ 나머지 ÷	몫과 나머지 구하는 연산 실행

이벤트 처리

간단한 계산기 앱은 진법 계산을 할 때는 피연산자가 한 개만 필요하므로 [숫자2] 텍스트박스를 숨겨 놓고 나머지 연산을 할 때는 보이기를 활성화한다.

❶ 더하기버튼을 클릭했을 때

더하기 연산은 피연산자 2개가 필요하므로 [숫자2] 텍스트박스의 보이기를 활성화하기 위해 [숫자2]의 보이기여부 값 블록과 [논리]에서 참 블록을 가져와 아래 블록과 같이 지정한다.

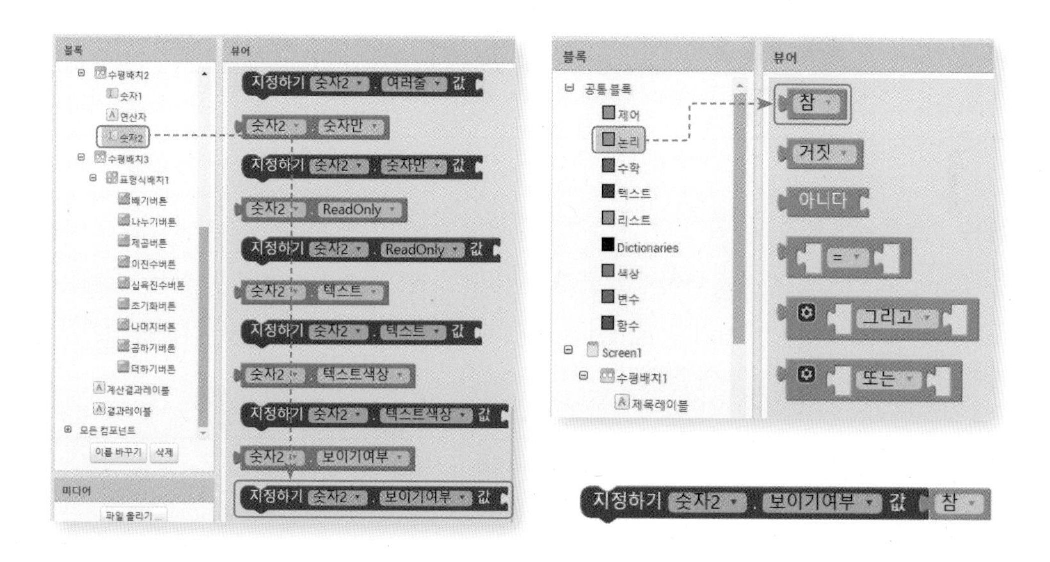

'+' 기호를 [연산자] 레이블에 출력하고, 두 수의 값을 가져와 더하기 연산을 수행한 후 연산 결과를 [결과레이블]에 출력한다.

지정하기 연산자 . 텍스트 값 " + "
지정하기 결과레이블 . 텍스트 값 숫자1 . 텍스트 + 숫자2 . 텍스트

위에 생성한 블록들은 [더하기버튼.클릭했을때] 블록 안으로 가져다 놓으면 더하기 버튼의 코드가 다음과 같이 완성된다.

언제 더하기버튼 .클릭했을때
실행 지정하기 숫자2 . 보이기여부 값 참
지정하기 연산자 . 텍스트 값 " + "
지정하기 결과레이블 . 텍스트 값 숫자1 . 텍스트 + 숫자2 . 텍스트

빼기, 나머지, 곱하기, 제곱 버튼도 더하기 버튼과 동일하게 작업한다. 단, [연산자]의 텍스트와 [결과레이블]의 텍스트는 각 버튼에 맞게 변경한다. 연산은 각 기능에 맞게 [공통블록]-수학에서 블록을 가져와 사용한다.

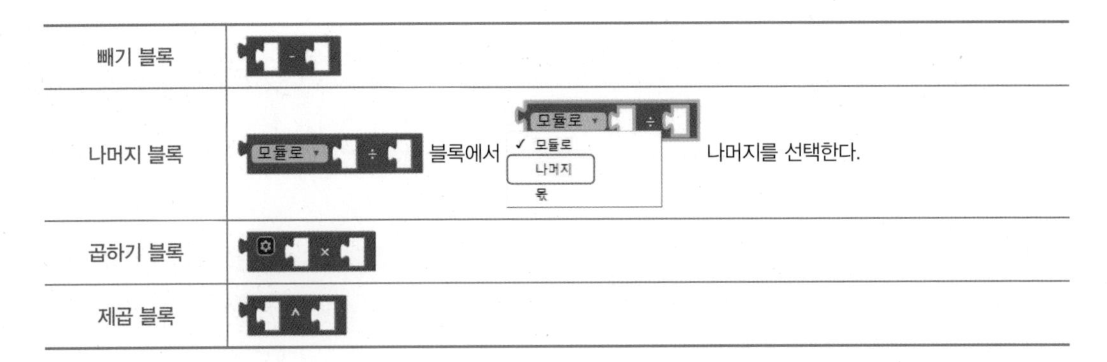

빼기 블록	-
나머지 블록	모듈로 ÷ 블록에서 ✓ 모듈로 / 나머지 / 몫 나머지를 선택한다.
곱하기 블록	×
제곱 블록	^

❷ 2진수 버튼을 클릭했을 때

2진수와 16진수 버튼의 원리도 더하기 버튼과 동일하다. 단, [숫자2]는 진법 변환을 할 때는 필요가 없으므로 숨기기 위해 [숫자2]의 보이기를 [거짓]으로 한다. [연산자]의 텍스트와 [결과레이블]의 텍스트는 각 버튼에 맞게 변경한다.

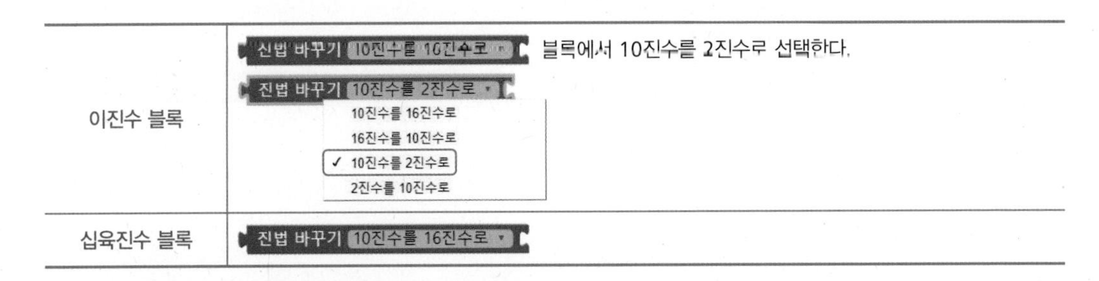

이진수 블록	진법 바꾸기 10진수를 16진수로 블록에서 10진수를 2진수로 선택한다. 진법 바꾸기 10진수를 2진수로 10진수를 16진수로 / 16진수를 10진수로 / ✓ 10진수를 2진수로 / 2진수를 10진수로
십육진수 블록	진법 바꾸기 10진수를 16진수로

```
언제 이진수버튼 .클릭했을때
실행 지정하기 숫자2 . 보이기여부 값 거짓
     지정하기 연산자 . 텍스트 값 " bin "
     지정하기 결과레이블 . 텍스트 값 진법 바꾸기 10진수를 2진수로 숫자1 . 텍스트
```

❸ 나누기 버튼을 클릭했을 때

나누기 버튼도 더하기 버튼과 동일하지만, 나머지는 나누려는 수가 0인 경우 오류가 발생한다. 따라서 나머지 연산을 할 때는 조건문을 이용하여 [숫자2]에 들어있는 값이 0인지를 확인하고, 0이면 "나누는 수는 0이 아닌 수를 입력해야 합니다"라는 메시지를 출력하고, 0이 아니면 몫을 구해준다.

먼저 조건문을 만들기 위해 [공통블럭]-제어에서 만약~이라면 실행~아니라면 블록을 가져온다. [숫자2]의 값이 0인지 확인하기 위해 [공통블럭]-논리에서 비교 블록을 가져와 [숫자2]의 텍스트 값이 0인지를 비교한다.

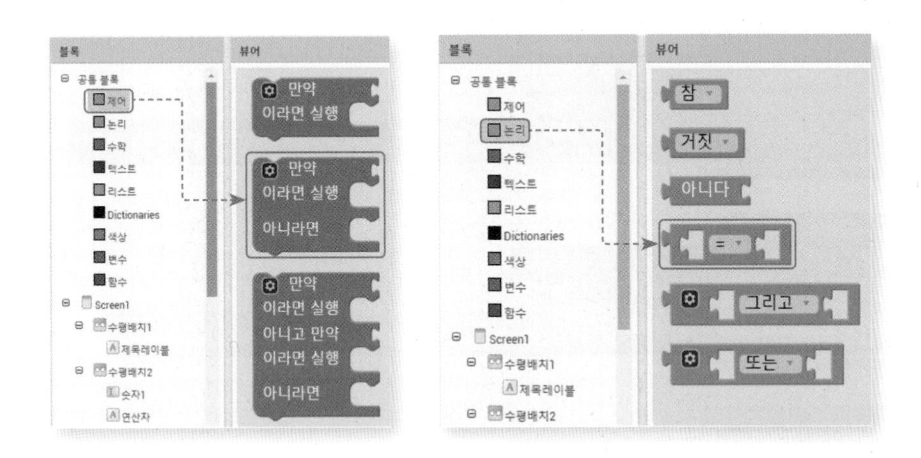

나누기 버튼은 아래 코드와 같이 조건문에 따라 실행결과가 달라진다. 조건을 만족하면 결과레이블에 메시지를 출력하고, 조건을 만족하지 않으면 [연산자]의 텍스트는 "/"로 [결과레이블]의 텍스트는 몫을 구하는 블록을 설정한다.

```
언제 나누기버튼 .클릭했을때
실행 지정하기 숫자2 . 보이기여부 값 참
     만약 숫자2 . 텍스트 = "0"
     이라면 실행 지정하기 결과레이블 . 텍스트 값 "나누는 수는 0이 아닌 수를 입력해야 합니다."
     아니라면 지정하기 연산자 . 텍스트 값 "/"
              지정하기 결과레이블 . 텍스트 값 몫 숫자1 . 텍스트 ÷ 숫자2 . 텍스트
```

❹ 초기화 버튼을 클릭했을 때

초기화 버튼을 누르면 모든 정보를 초기화하기 위해 숫자와 연산결과는 빈 문자열을 지정하고, [숫자2]는 보이기를 참으로 설정하고 연산자는 "OP"로 설정한다.

```
언제 초기화버튼 .클릭했을때
실행 지정하기 숫자2 . 보이기여부 값 참
     지정하기 숫자1 . 텍스트 값 " "
     지정하기 숫자2 . 텍스트 값 " "
     지정하기 결과레이블 . 텍스트 값 " "
     지정하기 연산자 . 텍스트 값 "OP"
```

최종 완성 블록

아래는 '간단한 계산기' 앱의 최종 완성 블록코드이다.

```
언제 더하기버튼 .클릭했을때
실행 지정하기 숫자2 . 보이기여부 값 참
     지정하기 연산자 . 텍스트 값 " + "
     지정하기 결과레이블 . 텍스트 값 숫자1 . 텍스트 + 숫자2 . 텍스트
```

```
언제 빼기버튼 .클릭했을때
실행 지정하기 숫자2 . 보이기여부 값 참
     지정하기 연산자 . 텍스트 값 " - "
     지정하기 결과레이블 . 텍스트 값 숫자1 . 텍스트 - 숫자2 . 텍스트
```

```
언제 나머지버튼 .클릭했을때
실행 지정하기 숫자2 . 보이기여부 값 참
     지정하기 연산자 . 텍스트 값 " % "
     지정하기 결과레이블 . 텍스트 값 나머지 숫자1 . 텍스트 ÷ 숫자2 . 텍스트
```

```
언제 곱하기버튼 .클릭했을때
실행 지정하기 숫자2 . 보이기여부 값 참
     지정하기 연산자 . 텍스트 값 " * "
     지정하기 결과레이블 . 텍스트 값 숫자1 . 텍스트 × 숫자2 . 텍스트
```

```
언제 나누기버튼 .클릭했을때
실행 지정하기 숫자2 . 보이기여부 값 참
     만약 숫자2 . 텍스트 = " 0 "
     이라면 실행 지정하기 결과레이블 . 텍스트 값 " 나누는 수는 0이 아닌 수를 입력해야 합니다. "
     아니라면 지정하기 연산자 . 텍스트 값 " / "
             지정하기 결과레이블 . 텍스트 값 몫 숫자1 . 텍스트 ÷ 숫자2 . 텍스트
```

```
언제 제곱버튼 .클릭했을때
실행 지정하기 숫자2 . 보이기여부 값 참
     지정하기 연산자 . 텍스트 값 " ^ "
     지정하기 결과레이블 . 텍스트 값 숫자1 . 텍스트 ^ 숫자2 . 텍스트
```

```
언제 이진수버튼 .클릭했을때
실행 지정하기 숫자2 . 보이기여부 값 거짓
     지정하기 연산자 . 텍스트 값 " bin "
     지정하기 결과레이블 . 텍스트 값 진법 바꾸기 10진수를 2진수로 숫자1 . 텍스트
```

```
언제 십육진수버튼 .클릭했을때
실행 지정하기 숫자2 . 보이기여부 값 거짓
     지정하기 연산자 . 텍스트 값 " hex "
     지정하기 결과레이블 . 텍스트 값 진법 바꾸기 10진수를 16진수로 숫자1 . 텍스트
```

```
언제 초기화버튼 .클릭했을때
실행 지정하기 숫자2 . 보이기여부 값 참
     지정하기 숫자1 . 텍스트 값 "  "
     지정하기 숫자2 . 텍스트 값 "  "
     지정하기 결과레이블 . 텍스트 값 "  "
     지정하기 연산자 . 텍스트 값 " OP "
```

완성된 앱

다음은 '간단한 계산기' 앱의 최종 완성 화면이다. 숫자를 입력하고 연산 버튼과 진법 변환 버튼을 눌러 계산결과가 정확히 잘 나오는지 확인한다. 초기화 버튼도 잘 동작하는지 확인한다.

4.2 단위 계산기

미리보기

이번 장에서는 간단한 단위 계산기를 만들어본다. 단위 계산기는 변환할 숫자를 입력하고 변환할 단위 버튼을 선택하면 결과 값이 나온다. 길이, 데이터 양, 부피, 무게 변환 기능을 제공한다.

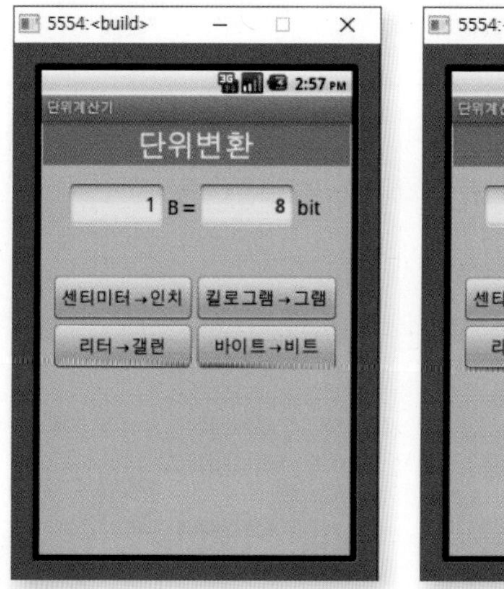

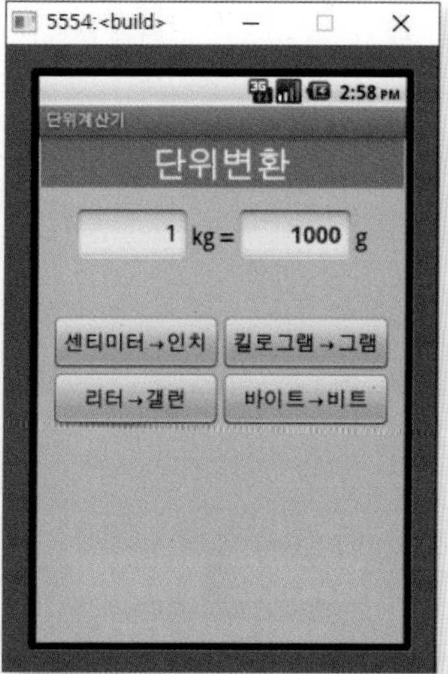

디자이너 설계

단위 계산기 앱을 만들기 위한 화면 설계는 다음 그림과 같다. 텍스트박스와 버튼 컴포넌트를 이용해 숫자를 입력 받고 변환 단위 버튼을 클릭하면 단위를 변환한다. 프로젝트명은 **ch04_UnitCalc**로 한다.

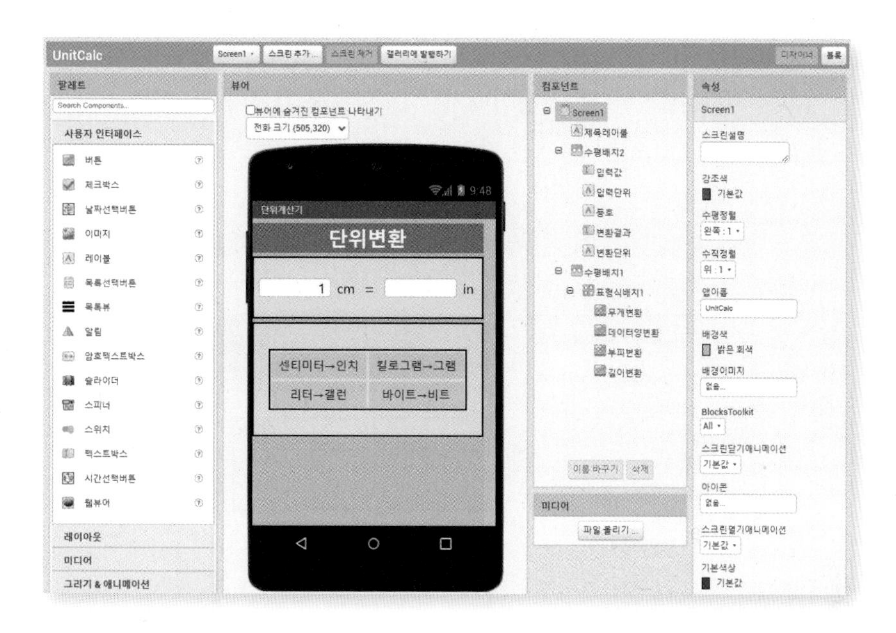

컴포넌트 구성

제목을 표시하기 위해 [사용자 인터페이스] 팔레트에서 [레이블] 컴포넌트를 가져온다. 레이블 아래 [수평배치] 컴포넌트를 배치하고 속성에서 [너비: 부모 요소에 맞추기]로 설정한다. 수평배치 안에 입력할 숫자, 입력단위, 등호, 변환 결과, 변환 단위를 표시하기 위해 먼저 [텍스트박스]를 수평배치 안으로 가져온 후, 속성에서 [너비]는 100픽셀로 지정한다. 그 다음 2개의 [레이블]을 가져와 하나는 [텍스트] 속성을 "cm"로 입력하고, 또 다른 하나는 [텍스트] 속성을 "="으로 지정한다. 결과를 표시하기 위해 [텍스트박스]를 수평배치 안으로 가져오고 속성에서 [너비]는 100픽셀로 지정한다. 변환 단위를 표시하기 위해 [레이블]을 수평배치 안으로 가져온다.

단위 변환 버튼을 표시하기 위해 [수평배치] 컴포넌트를 수평배치1 아래에 배치하고 속성에서 [너비: 부모 요소에 맞추기]로 설정한다. [표형식배치] 컴포넌트를 가져와 수평배치2 안으로 드래그한다. 표형식배치 안에 [버튼] 컴포넌트 4개를 가져와 배치한다.

컴포넌트 배치가 다 끝났다면 각 컴포넌트 이름은 다음 [표4-4]와 같이 변경한다.

표 4-4 단위 계산기에 필요한 컴포넌트 구성

컴포넌트	팔레트 그룹	컴포넌트 이름	기능설명
레이블	사용자 인터페이스	제목레이블	제목 표시
수평배치	사용자 인터페이스	수평배치1	입력값과 변환값 표시
텍스트박스	사용자 인터페이스	입력값	입력 받는 숫자
레이블	사용자 인터페이스	입력단위	입력 단위 표시
레이블	사용자 인터페이스	등호	= 표시
텍스트박스	사용자 인터페이스	변환결과	변환 결과 표시
레이블	사용자 인터페이스	변환단위	변환 단위 표시
수평배치	레이아웃	수평배치2	단위변환 배치
수평배치	사용자 인터페이스	표형식배치1	2행 2열로 단위변환 버튼 배치
버튼	사용자 인터페이스	무게변환	무게변환 선택 버튼
버튼	사용자 인터페이스	데이터양변환	데이터양변환 선택 버튼
버튼	사용자 인터페이스	부피변환	부피변환 선택 버튼
버튼	사용자 인터페이스	길이변환	길이변환 선택 버튼

컴포넌트 속성

컴포넌트의 배치와 이름 바꾸기가 끝났다면, 각 컴포넌트의 속성을 [표 4-5]와 같이 설정한다.

표 4-5 단위 계산기에 사용된 컴포넌트 속성

컴포넌트 이름	속성	속성 값
Screen1	배경색	밝은 회색
	제목	단위계산기
제목레이블	배경색	회색
	글꼴굵게	체크
	글꼴크기	25
	너비	부모 요소에 맞추기
	텍스트	단위변환
	텍스트정렬	가운데:1
	텍스트색상	흰색
수평배치1	수평정렬	가운데:3
	수직정렬	가운데:2
	높이	50픽셀
	너비	부모 요소에 맞추기
입력값	글꼴크기	20
	너비	100픽셀
	숫자만	체크
	텍스트	1
	텍스트정렬	오른쪽:2
입력단위	글꼴크기	20
	텍스트	cm
등호	글꼴크기	25
	텍스트	=

컴포넌트 이름	속성	속성 값
변환결과	글꼴굵게	체크
	글꼴크기	20
	너비	100픽셀
	텍스트정렬	오른쪽:2
	텍스트색상	빨강
변환단위	글꼴크기	25
	텍스트	in
수평배치2	수평정렬	가운데:3
	수직정렬	가운데:2
	높이	150픽셀
	너비	부모 요소에 맞추기
표형식배치1	열	2
	행	2
무게변환	글꼴크기	18
	텍스트	킬로그램 → 그램
데이터양변환	글꼴크기	18
	텍스트	바이트 → 비트
부피변환	글꼴크기	18
	텍스트	리터 → 갤런
길이변환	글꼴크기	18
	텍스트	센티미터 → 인치

블록 코딩

단위 계산기는 숫자를 입력하고 단위변환 버튼을 선택하면 변환한 결과를 알려주는 앱이다. 단위 변환 기능은 길이, 데이터 양, 부피, 무게 변환 기능을 제공한다. 단위 변환은 아래 [표 4-6]을 참고하여 블록을 작성한다.

표 4-6 단위 변환

단위	입력 단위	단위 변환
길이 변환	1센티미터(cm)	0.393701인치(in)
데이터양 변환	1바이트(B)	8비트(bit)
부피 변환	1리터(L)	0.264172갤런(gal)
무게 변환	1킬로그램(kg)	1000그램(g)

사용할 블록 미리보기

이번 장에서 사용되는 주요 블록에 대한 설명이다.

표 4-7 단위 계산기에 사용되는 주요 블록

블록	설명
언제 길이변환 .클릭했을때 실행	단위변환버튼을 클릭했을 때 이벤트 동작
×	단위를 변환하기 위해 곱하기 연산
0	입력한 숫자를 값으로 사용
지정하기 변환결과 . 텍스트 값 지정하기 입력단위 . 텍스트 값 지정하기 변환단위 . 텍스트 값	변환결과, 입력단위, 변환단위를 지정하기 위해 사용

이벤트 처리

❶ 길이변환 버튼을 클릭했을 때

길이변환 버튼을 클릭하면 센티미터를 인치로 변환해준다. 센티미터를 인치로 변환하기 위해 입력된 값에 0.393701을 곱해준다.

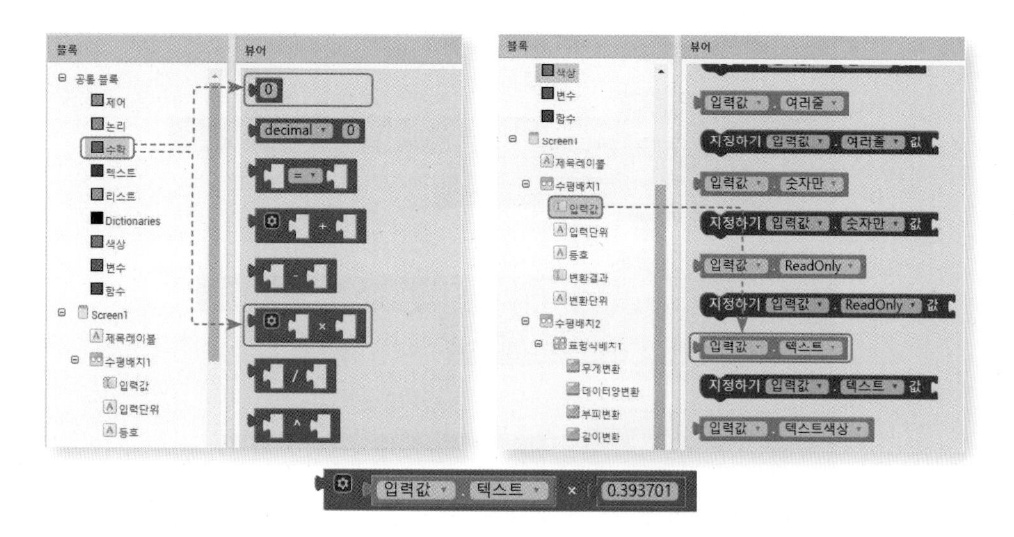

입력단위는 cm로 변환단위는 in로 변경하여 표시한다.

```
언제 길이변환 .클릭했을때
실행 지정하기 변환결과 . 텍스트 값 입력값 . 텍스트 × 0.393701
     지정하기 입력단위 . 텍스트 값 " cm "
     지정하기 변환단위 . 텍스트 값 " in "
```

나머지 부피, 무게, 데이터양변환 버튼도 [표 4-6]을 참고하여 동일하게 작업한다.

최종 완성 블록

단위 계산기 앱의 완성된 블록코드이다.

```
언제 길이변환 .클릭했을때
실행 지정하기 변환결과 . 텍스트 값 입력값 . 텍스트 × 0.393701
     지정하기 입력단위 . 텍스트 값 " cm "
     지정하기 변환단위 . 텍스트 값 " in "

언제 부피변환 .클릭했을때
실행 지정하기 변환결과 . 텍스트 값 입력값 . 텍스트 × 0.264172
     지정하기 입력단위 . 텍스트 값 " L "
     지정하기 변환단위 . 텍스트 값 " gal "

언제 무게변환 .클릭했을때
실행 지정하기 변환결과 . 텍스트 값 입력값 . 텍스트 × 1000
     지정하기 입력단위 . 텍스트 값 " kg "
     지정하기 변환단위 . 텍스트 값 " g "

언제 데이터양변환 .클릭했을때
실행 지정하기 변환결과 . 텍스트 값 입력값 . 텍스트 × 8
     지정하기 입력단위 . 텍스트 값 " B "
     지정하기 변환단위 . 텍스트 값 " bit "
```

완성된 앱

다음은 '단위 계산기 앱'의 최종 완성 화면이다. 변환할 숫자를 입력하고 변환할 단위 버튼을 선택하면 결과값이 잘 변경되어 나오는지 확인한다.

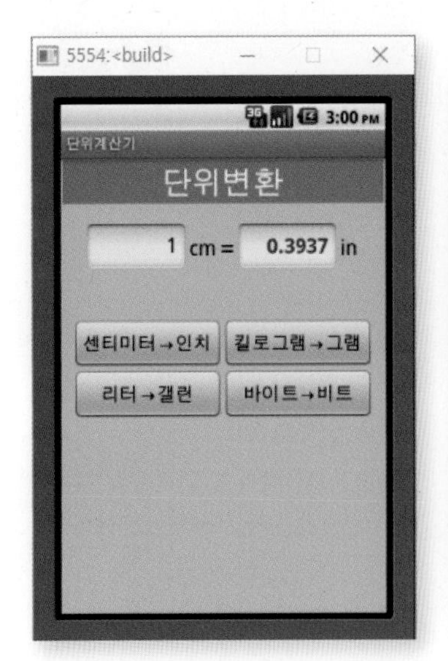

4.3 생각해보기

앞에서 배웠던 '단위 계산기 앱'을 이용하여 아래 두 기능을 추가해본다.

기능

1. 넓이 변환과 속도 변환 버튼을 추가하고 각 기능을 완성해본다.
    - 1제곱미터는 0.3025평이다.
    - 1m/s는 3.6km/h이다.

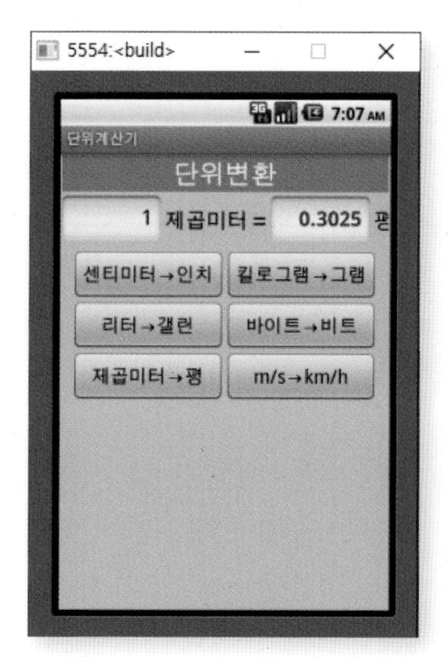

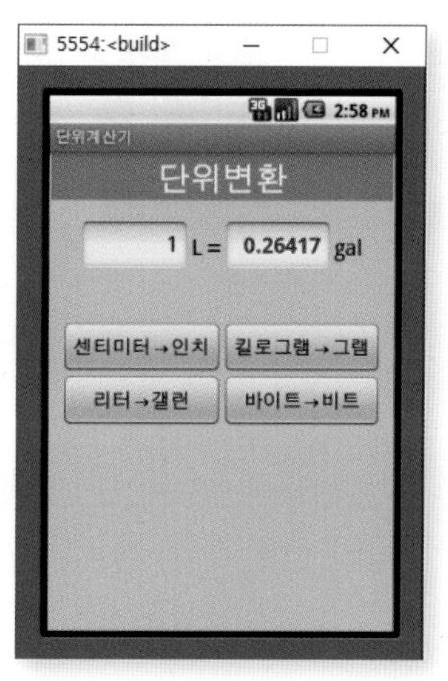

2. BMI 계산 기능을 추가해본다. BMI(Body Mass Index)는 체질량 지수를 말하며 키와 몸무게를 가지고 비만도를 판단하는 계산법이다. 아래 식을 적용하여 BMI지수를 계산한 후 판정결과를 확인한다.

- **BMI=몸무게/(키 * 키)**
- **단, 키의 단위는 m이며 1cm는 0.01m이다.**

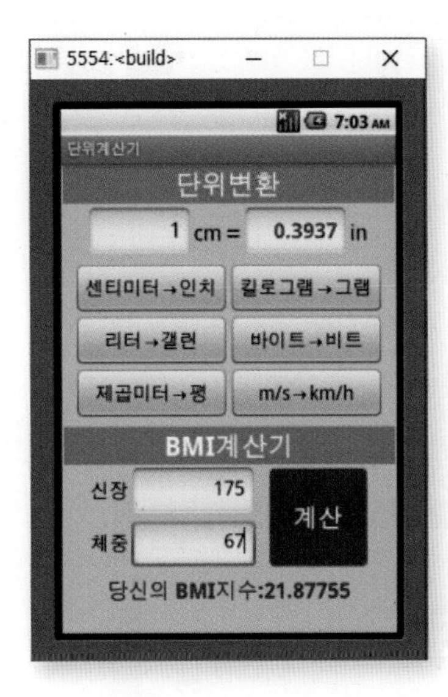

BMI지수	판정
18.5 미만	저체중
18.5~23미만	정상
23~25미만	과체중
25~30미만	비만
30이상	고도비만

제어문을 이용한 앱 만들기

학습목차

학습목표

1. 조건문과 반복문의 개념을 이해한다.
2. 조건문 블록을 사용하여 성적처리 앱을 만들 수 있다.
3. 반복문 블록을 사용하여 구구단 앱을 만들 수 있다.

5.1 조건문

프로그래밍에서 조건문은 조건을 판단하여 결과에 따라 수행할 명령을 선택할 수 있다. 이때 조건은 참(True) 또는 거짓(False)으로 결과를 판단한다. 아래 그림의 기본형 조건문은 조건문의 기본 구조를 나타낸 것이다. A를 실행한 후 조건을 판단하여 결과가 참이면 B1을 실행하고, 결과가 거짓이면 B2를 실행한 다음 C를 실행하는 것이다. 만약 판단해야 할 조건이 여러 개일 경우에는 다중 선택형 조건문을 사용한다.

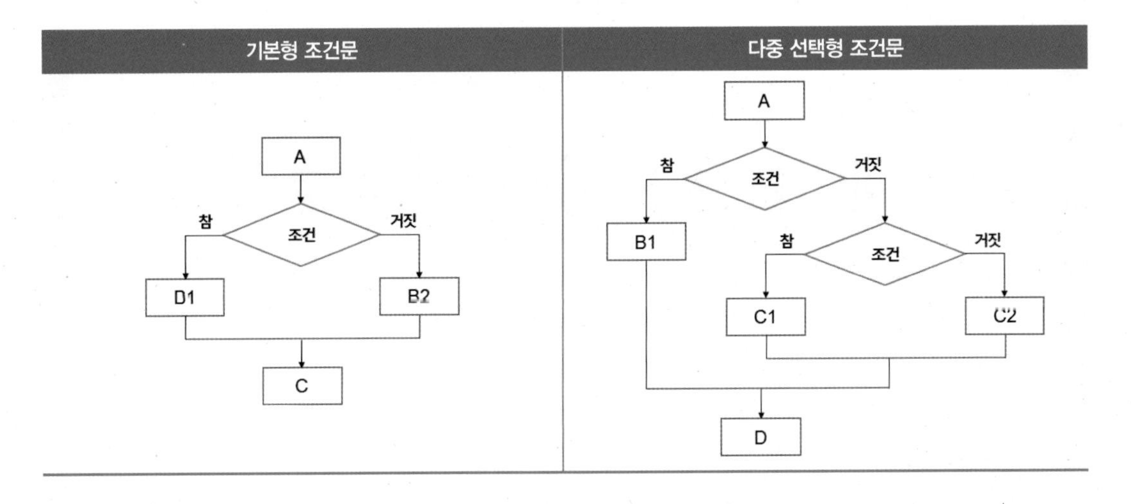

조건문에서 참이나 거짓으로 결과를 판단할 때 '관계 연산자'와 '논리 연산자'를 사용한다.

관계 연산자

관계 연산자는 비교하는 두 값이 큰지, 작은지, 크거나 같은지, 작거나 같은지 등을 판단하여 참이나 거짓으로 결과를 알려주는 연산자이다.

표 5-1 관계 연산자

의미	관계 연산자	예제		앱 인벤터 관계 연산자 블록	
		수식	결과	공통블록-수학	공통블록-논리
A가 B보다 크다	A > B	10 > 5	참	= ▾	= ▾
A가 B보다 작다	A < B	10 < 5	거짓	✓ = ≠ < ≤ > ≥ 1	✓ = ≠
A가 B보다 크거나 같다	A ≥ B	15 ≥ 15	참		
A가 B보다 작거나 같다	A ≤ B	15 ≤ 10	거짓		
A와 B가 같다	A = B	10 = 10	참		
A와 B가 같지 않다	A ≠ B	10 ≠ 10	거짓		

논리 연산자

논리 연산자는 수식을 논리적으로 연결하여 참과 거짓을 판단할 때 사용한다. 논리 연산자는 그리고(and), 또는(or), 아니다(not)로 세 가지가 있으며 결과를 참과 거짓으로 판단한다.

표 5-2 논리 연산자

A	B	A 그리고 B	A 또는 B	아니다 A	앱 인벤터 논리 연산자 블록
					공통블록-논리
참	참	참	참	거짓	참 ▾ 거짓 ▾
참	거짓	거짓	참	거짓	그리고 ▾
거짓	참	거짓	참	참	또는 ▾
거짓	거짓	거짓	거짓	참	아니다

앱 인벤터의 조건문 블록

앱 인벤터의 조건문 블록은 [공통블록] → [제어]에서 확인할 수 있으며, 조건문 블록은 아래와 같이 세 가지 블록을 제공한다.

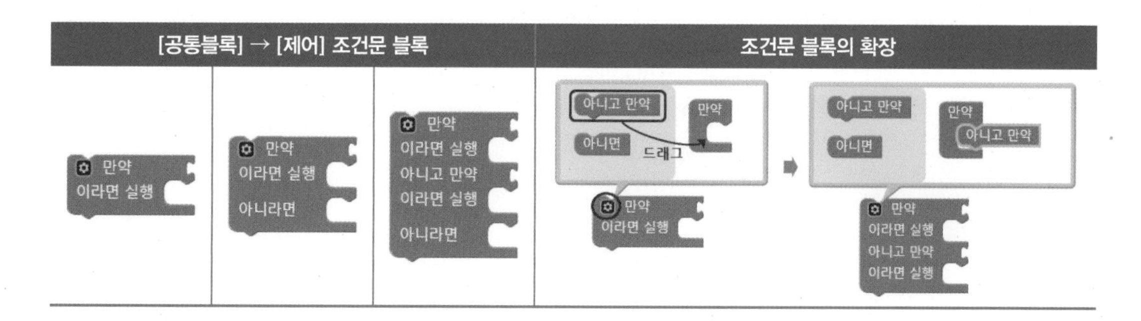

5.2 성적처리 앱

미리보기

조건문 블록을 사용하여 성적처리 앱을 만든다. 아래 그림과 같이 세 과목의 점수를 입력하고 확인 버튼을 클릭하면 평균점수가 60점 이상일 경우 "합격" 그렇지 않을 경우 "불합격"을 화면에 표시한다.

디자이너 설계

프로젝트명을 **ch05_PassOrFail**로 작성하고, 컴포넌트의 Screen1 제목을 **"성적처리앱"**으로 변경한다. 팔레트 그룹에서 적절한 컴포넌트를 가져와 뷰어에 배치한 후, 컴포넌트 이름 바꾸기와 속성을 설정한다. 다음은 성적처리 앱 디자이너의 화면이다.

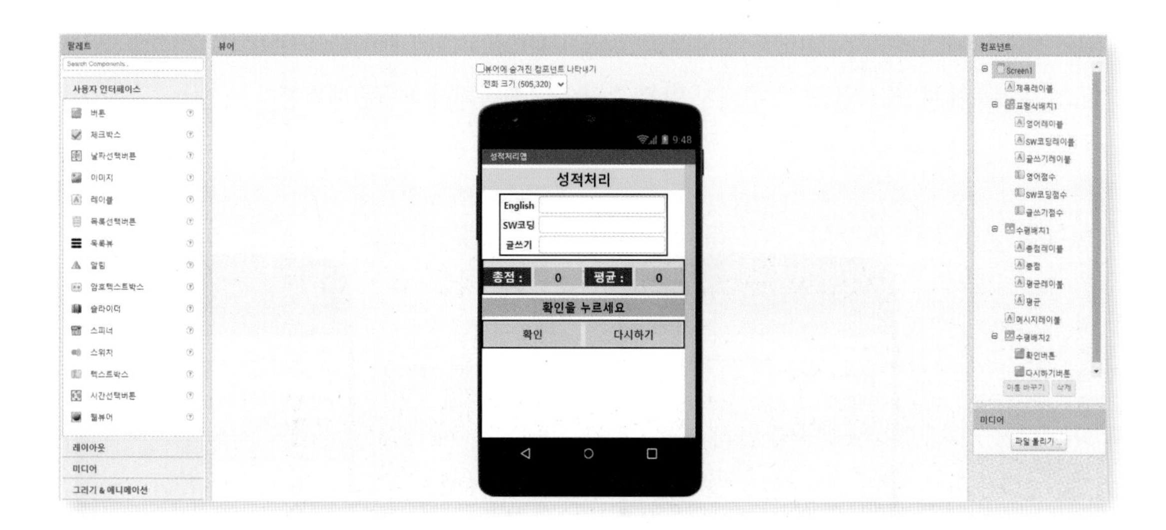

컴포넌트 구성

디자이너 화면에서 컴포넌트를 뷰어에 배치하는 과정을 살펴보자. 가장 먼저 상단의 Screen1의 속성을 [수평정렬: 가운데]로 설정한다. 제목을 만들기 위해 [사용자 인터페이스] 팔레트에서 [레이블]을 뷰어에 배치한다. 레이블의 속성을 [너비: 부모 요소에 맞추기]로 설정한다. 그리고 [레이아웃] 팔레트에서 [표형식배치]를 뷰어의 레이블 아래에 배치한다. 표형식배치1의 속성을 2행 3열로 변경한다. 아래 그림과 같이 [사용자 인터페이스] 팔레트에서 [레이블]과 [텍스트박스]를 뷰어의 표형식배치1 안에 순서대로 배치한다.

[레이아웃] 팔레트에서 [수평배치]를 뷰어의 표형식배치1 아래에 배치한다. 그리고 [사용자인터페이스] 팔레트에서 [레이블]을 수평배치 안에 수평으로 연속해서 4개를 배치한다.

[사용자 인터페이스] 팔레트에서 [레이블]을 수평배치1 아래에 배치한다. [레이아웃] 팔레트에서 [수평배치]를 레이블 아래에 배치한다. 배치한 수평배치2 안에 [버튼]을 수평으로 2개 배치한다.

성적처리 앱에서 사용되는 컴포넌트들의 구성은 [표 5-3]과 같다.

표 5-3 성적처리 앱에 필요한 컴포넌트 구성

컴포넌트	팔레트 그룹	컴포넌트 이름	기능설명
레이블	사용자 인터페이스	제목레이블	제목 표시
표형식배치	레이아웃	표형식배치1	과목명과 점수입력 박스를 표형식으로 배치
레이블	사용자 인터페이스	영어레이블	English 과목명 표시
레이블		SW코딩레이블	SW코딩 과목명 표시
레이블		글쓰기레이블	글쓰기 과목명 표시
텍스트박스		영어점수	English 점수 입력
텍스트박스		SW코딩점수	SW코딩 점수 입력
텍스트박스		글쓰기점수	글쓰기 점수 입력
수평배치	레이아웃	수평배치1	총점과 평균 레이블을 수평 배치
레이블	사용자 인터페이스	총점레이블	총점 레이블 표시
레이블		총점	총점 점수 표시
레이블		평균레이블	평균 레이블 표시
레이블		평균	평균 점수 표시
레이블		메시지레이블	합격, 불합격 여부 표시
수평배치	레이아웃	수평배치2	확인 버튼과 다시하기 버튼을 수평 배치
버튼	사용자 인터페이스	확인버튼	확인 버튼으로 결과를 표시
버튼		다시하기버튼	다시하기 버튼으로 결과를 초기화

컴포넌트 속성

컴포넌트 창에서 각 컴포넌트의 속성은 [표 5-4]와 같이 수정한다.

표 5-4 컴포넌트 속성 수정하기

컴포넌트 이름	속성	속성 값
Screen1	수평정렬	가운데:3
	제목	성적처리 앱
제목레이블	배경색	노랑
	글꼴굵게	활성화
	글꼴크기	25
	너비	부모 요소에 맞추기
	텍스트	성적 처리
표형식배치1	열	2
	높이/너비	자동
	행	3
영어레이블	글꼴굵게	활성화
	글꼴크기	16
	너비	부모 요소에 맞추기
	텍스트	English
	텍스트정렬	가운데:1
SW코딩레이블	글꼴굵게	활성화
	글꼴크기	16
	너비	부모 요소에 맞추기
	텍스트	SW코딩
	텍스트정렬	가운데:1
글쓰기레이블	글꼴굵게	활성화
	글꼴크기	16
	너비	부모 요소에 맞추기
	텍스트	글쓰기
	텍스트정렬	가운데:1
영어점수	글꼴크기	16
	너비	200픽셀
	힌트	삭제
	텍스트정렬	가운데:1
SW코딩점수	글꼴크기	16
	너비	200픽셀
	힌트	삭제
	텍스트정렬	가운데:1
글쓰기점수	글꼴크기	16
	너비	200픽셀
	힌트	삭제
	텍스트정렬	가운데:1
수평배치1	수평정렬	가운데:3
	수직정렬	가운데:2
	높이	50픽셀
	너비	부모 요소에 맞추기
총점레이블	배경색	어두운 회색
	글꼴굵게	활성화
	글꼴크기	20
	너비	부모 요소에 맞추기
	텍스트	총점 :
	텍스트정렬	가운데:1
	텍스트색상	흰색
총점	배경색	밝은 회색
	글꼴굵게	활성화
	글꼴크기	20
	너비	부모 요소에 맞추기
	텍스트	0
	텍스트정렬	가운데:1
평균레이블	배경색	어두운 회색
	글꼴굵게	활성화
	글꼴크기	20
	너비	부모 요소에 맞추기
	텍스트	평균 :
	텍스트정렬	가운데:1
	텍스트색상	흰색
평균	배경색	밝은 회색
	글꼴굵게	활성화
	글꼴크기	20
	너비	부모 요소에 맞추기
	텍스트	0
	텍스트정렬	가운데:1

컴포넌트 이름	속성	속성 값
메시지레이블	배경색	주황
	글꼴굵게	활성화
	글꼴크기	20
	너비	부모 요소에 맞추기
	텍스트	확인을 누르세요
	텍스트정렬	가운데:1
수평배치2	너비	부모 요소에 맞추기

컴포넌트 이름	속성	속성 값
확인버튼	글꼴굵게	활성화
	글꼴크기	18
	너비	부모 요소에 맞추기
	텍스트	확인
	텍스트정렬	가운데:1
다시하기버튼	글꼴굵게	활성화
	글꼴크기	18
	너비	부모 요소에 맞추기
	텍스트	다시하기
	텍스트정렬	가운데:1

아래 그림은 최종적으로 완성된 디자이너 화면이다.

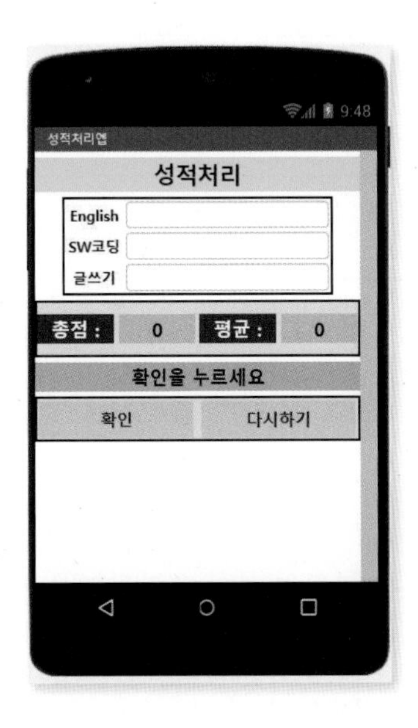

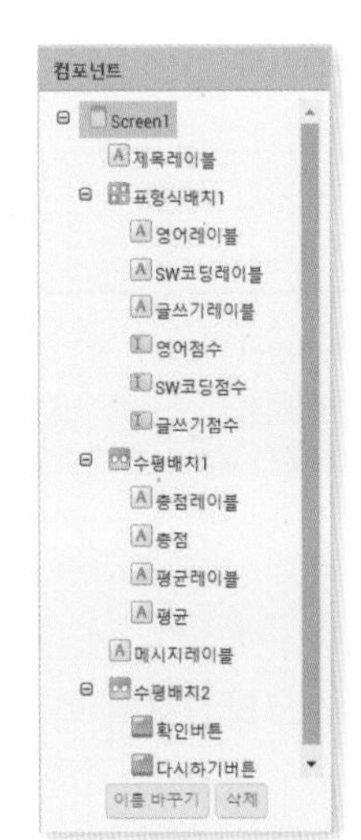

블록 코딩

블록 편집화면에서 블록 코딩을 작성한다.

사용할 블록 미리보기

다음은 성적처리 앱에서 사용되는 주요 블록에 대한 설명이다.

표 5-5 성적처리 앱에서 사용되는 주요 블록

블록	설명
+	두 수를 더한 값을 구한다.
또는	만약 하나 이상의 값이 참이면 결과로 참을 반환한다.
만약 / 이라면 실행 / 아니라면	**만약**의 조건문의 결과가 참이면 **이라면 실행** 명령을 실행하고, 거짓이면 **아니라면** 명령을 실행한다.
<	관계 연산자로 두 숫자를 비교한다.
소수로 나타내기 숫자 / 자릿수	숫자를 지정한 자릿수만큼 소수로 표시한다.

이벤트 처리

❶ 총점 구하기

영어점수, 글쓰기점수, SW코딩점수의 텍스트를 모두 더하여 총점의 텍스트로 지정한다.

```
지정하기 총점 . 텍스트 값 ( 영어점수 . 텍스트 + SW코딩점수 . 텍스트 + 글쓰기점수 . 텍스트 )
```

❷ 평균 구하기

영어점수, 글쓰기점수, SW코딩점수의 텍스트를 모두 더한 값을 3으로 나누어 평균의 텍스트로 지정한다.

```
지정하기 평균 . 텍스트 값 ( 영어점수 . 텍스트 + SW코딩점수 . 텍스트 + 글쓰기점수 . 텍스트 ) / 3
```

❸ 확인 버튼을 클릭했을 때 총점과 평균 표시하기

[블록]의 확인 버튼을 누르면 나타나는 '언제 [확인버튼].클릭했을 때' 블록을 이용하여 이벤트 처리기를 만든다.

```
언제 확인버튼 .클릭했을때
실행 지정하기 총점 . 텍스트 값 영어점수 . 텍스트 + SW코딩점수 . 텍스트 + 글쓰기점수 . 텍스트
     지정하기 평균 . 텍스트 값 영어점수 . 텍스트 + SW코딩점수 . 텍스트 + 글쓰기점수 . 텍스트 / 3
```

❹ 평균을 소수점 1자리로 변경하여 표시하기

평균 값을 구하는 블록을 수정하여 '소수로 나타내기' 블록으로 소수점 1자리까지 표시하도록 자릿수를 1로 지정한다.

```
지정하기 평균 . 텍스트 값 소수로 나타내기 숫자 영어점수 . 텍스트 + SW코딩점수 . 텍스트 + 글쓰기점수 . 텍스트 / 3
                                  자릿수 1
```

```
언제 확인버튼 .클릭했을때
실행 지정하기 총점 . 텍스트 값 영어점수 . 텍스트 + SW코딩점수 . 텍스트 + 글쓰기점수 . 텍스트
     지정하기 평균 . 텍스트 값 소수로 나타내기 숫자 영어점수 . 텍스트 + SW코딩점수 . 텍스트 + 글쓰기점수 . 텍스트 / 3
                                       자릿수 1
```

❺ 합격 또는 불합격 판정하기

조건문 블록에서 평균 텍스트의 값이 60점 이상인지 비교하여 결과가 참이라면 "합격", 60점 미만으로 결과가 거짓일 때는 "불합격"으로 메시지 레이블에 표시한다.

```
만약 평균 . 텍스트 ≥ 60
이라면 실행 지정하기 메시지레이블 . 텍스트 값 " 합격 "
아니라면 지정하기 메시지레이블 . 텍스트 값 " 불합격 "
```

작성한 조건문 블록을 언제 '[확인버튼].클릭했을 때' 이벤트 블록 안에 넣어 블록을 완성한다.

```
언제 확인버튼 .클릭했을때
실행 지정하기 총점 . 텍스트 값 영어점수 . 텍스트 + SW코딩점수 . 텍스트 + 글쓰기점수 . 텍스트
     지정하기 평균 . 텍스트 값 소수로 나타내기 숫자 영어점수 . 텍스트 + SW코딩점수 . 텍스트 + 글쓰기점수 . 텍스트 / 3
                                       자릿수 1
     만약 평균 . 텍스트 ≥ 60
     이라면 실행 지정하기 메시지레이블 . 텍스트 값 " 합격 "
     아니라면 지정하기 메시지레이블 . 텍스트 값 " 불합격 "
```

❻ 다시하기 버튼을 클릭했을 때 값 초기화하기

다시하기 버튼을 클릭하면 영어점수, SW코딩점수, 글쓰기점수에 입력된 값을 모두 지우고, 총점과 평균을 0으로 초기화한다. 그리고 메시지 레이블에 "확인을 누르세요" 메시지를 표시한다.

```
언제 다시하기버튼 .클릭했을때
실행 지정하기 영어점수 . 텍스트 값 " "
     지정하기 SW코딩점수 . 텍스트 값 " "
     지정하기 글쓰기점수 . 텍스트 값 " "
     지정하기 총점 . 텍스트 값 " 0 "
     지정하기 평균 . 텍스트 값 " 0 "
     지정하기 메시지레이블 . 텍스트 값 " 확인을 누르세요 "
```

최종 완성 블록

아래는 '성적처리' 앱의 최종 완성 블록코드이다.

```
언제 확인버튼 .클릭했을때
실행 지정하기 총점 . 텍스트 값 ( 영어점수 . 텍스트 + SW코딩점수 . 텍스트 + 글쓰기점수 . 텍스트 )
     지정하기 평균 . 텍스트 값 소수로 나타내기 숫자 ( ( 영어점수 . 텍스트 + SW코딩점수 . 텍스트 + 글쓰기점수 . 텍스트 ) / 3 )
                                   자릿수 1
     만약 평균 . 텍스트 ≥ 60
     이라면 실행 지정하기 메시지레이블 . 텍스트 값 " 합격 "
     아니라면   지정하기 메시지레이블 . 텍스트 값 " 불합격 "

언제 다시하기버튼 .클릭했을때
실행 지정하기 영어점수 . 텍스트 값 " "
     지정하기 SW코딩점수 . 텍스트 값 " "
     지정하기 글쓰기점수 . 텍스트 값 " "
     지정하기 총점 . 텍스트 값 " 0 "
     지정하기 평균 . 텍스트 값 " 0 "
     지정하기 메시지레이블 . 텍스트 값 " 확인을 누르세요 "
```

완성된 앱

다음은 '성적처리' 앱의 최종 완성 화면이다.

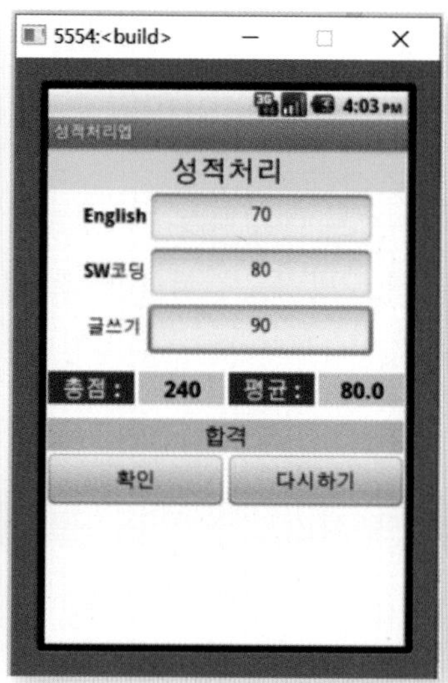

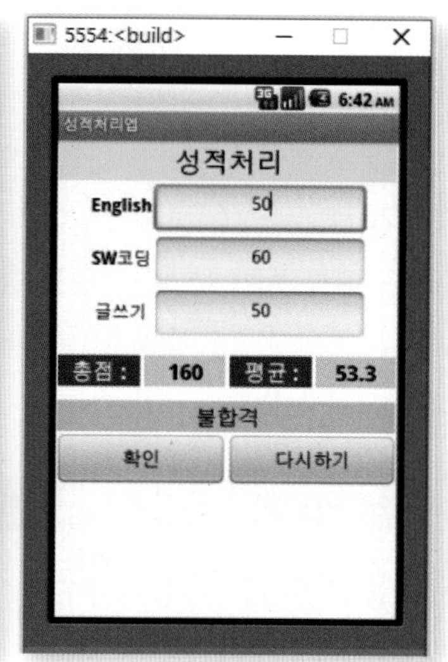

5.3 반복문

반복문은 일련의 명령을 반복적으로 수행할 수 있도록 하는 문장 구조를 말한다. 반복 블록은 프로그램의 흐름을 제어하는 또 다른 방식으로 반복 블록을 이용하면 특정 명령을 반복하여 실행할 수 있다. 예를 들어 구구단 2단을 출력하는 방법을 살펴보면 다음과 같이 반복적으로 수행되는 구조를 알 수 있다. 2단의 A에 해당하는 값이 1부터 9까지 순차적으로 증가하고, 2에 A 값을 곱한 값이 B 값으로 산출된다.

구구단 2단 출력 예시	구구단 2단의 반복 구조
2 x 1 = 2 2 x 2 = 4 2 x 3 = 6 2 x 4 = 8 … 2 x 9 = 18	2 x A = B

반복문을 사용하여 구구단 2단을 출력하는 과정을 그림으로 표현하면 다음과 같다. A를 1로 ①초기값을 설정하고, 반복문을 실행할지 ②조건식을 판단하여 A 값이 9보다 작거나 같다면 ③반복할 명령을 실행하여 2×A=B에 해당하는 값을 출력한다. ④초기값 A를 증가하고 다시 ②조건식을 판단하여 반복문을 계속 실행할지 결정한다. 최종적으로 A 값이 10이 되어 ②조건식의 결과가 거짓이 되면 반복문을 중지한다.

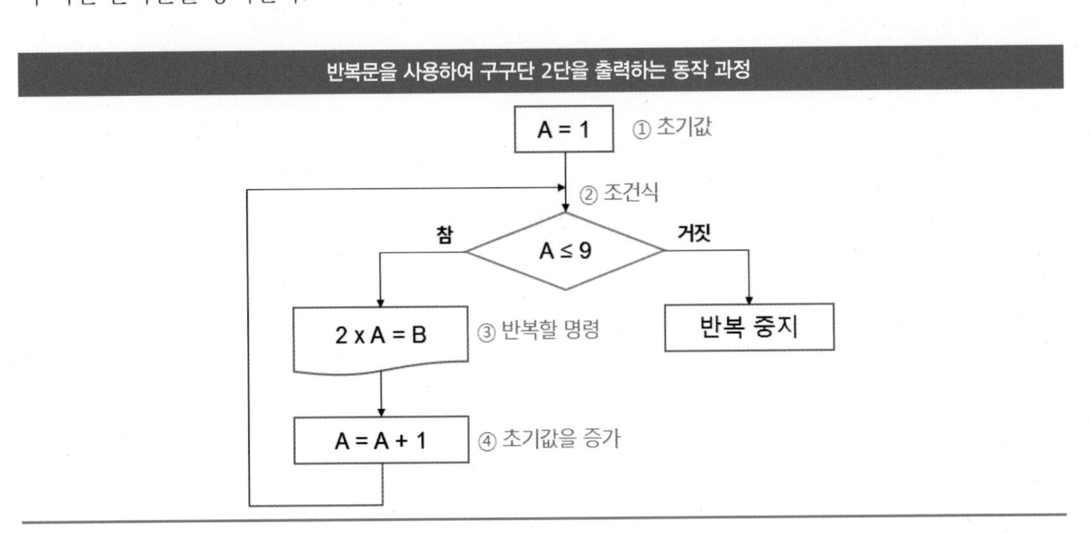

앱 인벤터의 반복문 블록

일반적으로 프로그래밍 언어에서 사용하는 반복문 구조에는 for 문과 while 문이 있다. 반복문을 실행하려면 ①**초기값**, ②**조건식**, ③**반복할 명령**, ④**초기값 증감**하는 명령문이 필요한데 반복문에 따라 사용하는 형식이 조금 차이가 있다. 다음은 프로그래밍 언어의 for 문과 while 문의 구조와 앱 인벤터에서의 반복문 블록을 나타낸 것이다. 앱 인벤터의 반복문 블록은 [공통블록] → [제어]에서 다음과 같은 블록을 제공하고 있다.

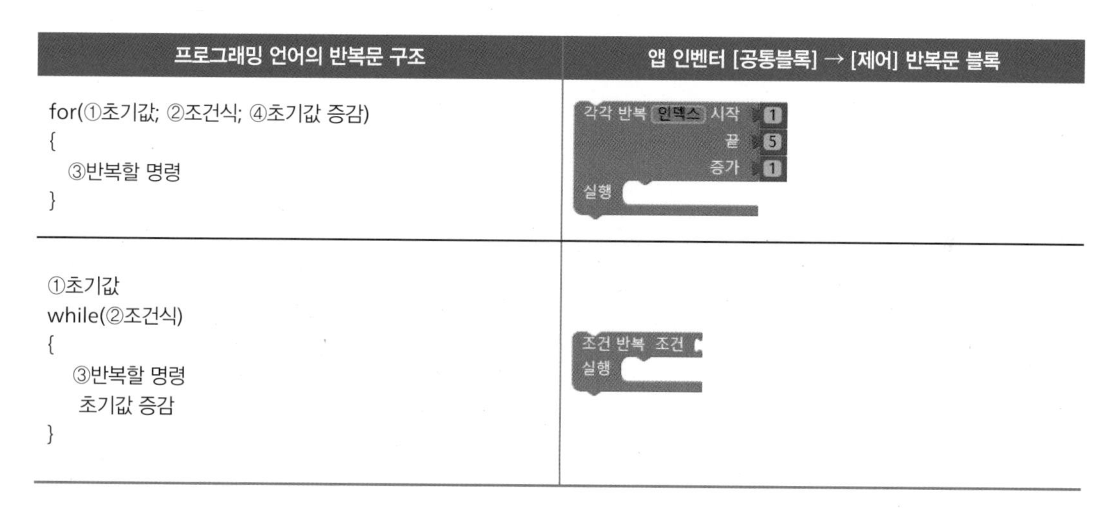

프로그래밍 언어의 반복문 구조	앱 인벤터 [공통블록] → [제어] 반복문 블록

for(①초기값; ②조건식; ④초기값 증감)
{
③반복할 명령
}
	각각 반복 인덱스 시작 1
	끝 5
	증가 1
	실행

①초기값
while(②조건식)
{
③반복할 명령
초기값 증감
}
	조건 반복 조건
	실행

앱 인벤터의 반복문 블록을 사용하여 구구단 2단을 출력하기 위해서 인덱스 값을 설정하려면 다음과 같이 설정하면 된다.

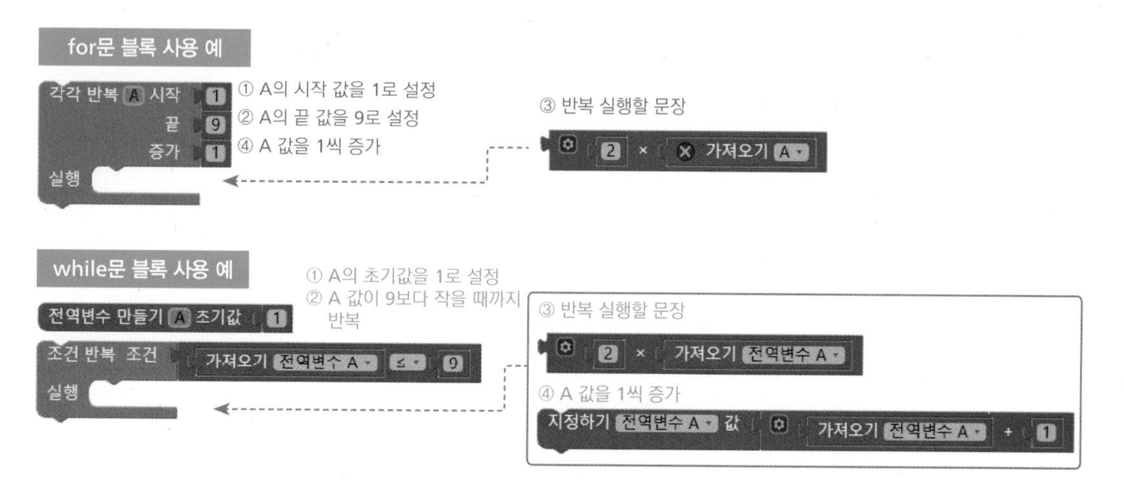

5.4 구구단 앱

미리보기

반복문을 사용하여 구구단 앱을 만든다. 아래 그림과 같이 버튼을 누르면 구구단을 전체 출력하거나 해당 단을 선택하여 출력한다.

디자이너 설계

프로젝트명을 **ch05_Gugudan**으로 작성하고, 컴포넌트의 Screen1의 제목을 **"구구단 앱"**으로 변경한다. 팔레트 그룹에서 적절한 컴포넌트를 가져와 뷰어에 배치한 후, 컴포넌트 이름 바꾸기와 속성을 설정한다. 다음은 구구단 앱의 디자이너 화면이다.

컴포넌트 구성

디자이너 화면에서 컴포넌트를 뷰어에 배치하는 과정을 살펴보자. 가장 먼저 제목을 만들기 위해 [사용자 인터페이스] 팔레트에서 [레이블]을 뷰어에 배치한다. 레이블의 속성을 [너비: 부모 요소에 맞추기]로 설정한다. 그리고 [레이아웃] 팔레트에서 [버튼]을 뷰어의 레이블 아래에 배치한다. 버튼의 속성을 [너비: 부모 요소에 맞추기]로 설정한다. [레이아웃] 팔레트에서 [수평배치]를 버튼 아래에 배치한다. 수평배치의 속성을 [너비: 부모 요소에 맞추기]로 설정한다.

수평배치 안에 [레이아웃] 팔레트에서 [텍스트박스], [레이블], [버튼]을 수평으로 연속하여 배치한다. 수평배치 아래에 [사용자 인터페이스] 팔레트에서 [레이블]을 2개 배치한다.

구구단 앱 프로젝트에서 사용되는 컴포넌트들의 구성은 [표 5-6]과 같다.

표 5-6 구구단 앱에 필요한 컴포넌트 구성

컴포넌트	팔레트 그룹	컴포넌트 이름	기능설명
레이블	사용자 인터페이스	제목레이블	제목 표시
버튼	사용자 인터페이스	전체출력버튼	구구단 전체 출력
수평배치	레이아웃	수평배치1	입력박스와 레이블, 버튼을 수평으로 배치
텍스트박스	사용자 인터페이스	입력박스	출력을 원하는 구구단 입력
레이블	사용자 인터페이스	단레이블	"단"을 표시
버튼	사용자 인터페이스	선택출력버튼	선택한 구구단을 출력
레이블	사용자 인터페이스	구구단레이블	출력된 구구단의 제목 표시
레이블	사용자 인터페이스	출력레이블	구구단을 화면에 표시

컴포넌트 속성

각 컴포넌트의 속성은 [표 5-7]과 같이 수정한다.

표 5-7 컴포넌트 속성 수정하기

컴포넌트 이름	속성	속성 값
Screen1	스크롤가능여부	활성화
	제목	구구단 앱
제목레이블	배경색	주황
	글꼴굵게	활성화
	글꼴크기	25
	너비	부모 요소에 맞추기
	텍스트	구구단 출력
전체출력버튼	글꼴크기	16
	너비	부모 요소에 맞추기
	텍스트	구구단 전체 출력
	텍스트정렬	가운데:1
수평배치1	수평정렬	가운데:3
	수직정렬	가운데:2
	너비	부모 요소에 맞추기
입력박스	글꼴크기	16
	힌트	삭제
	텍스트정렬	가운데:1

컴포넌트 이름	속성	속성 값
단레이블	글꼴굵게	활성화
	글꼴크기	16
	텍스트	단
	텍스트정렬	가운데:1
선택출력버튼	글꼴크기	16
	너비	부모 요소에 맞추기
	텍스트	선택 출력
	텍스트정렬	가운데:1
구구단레이블	배경색	노랑
	글꼴굵게	활성화
	글꼴크기	18
	너비	부모 요소에 맞추기
	텍스트	구구단
출력레이블	글꼴크기	18
	높이	부모 요소에 맞추기
	너비	부모 요소에 맞추기
	텍스트	삭제

아래 그림은 최종적으로 완성된 디자이너 화면이다.

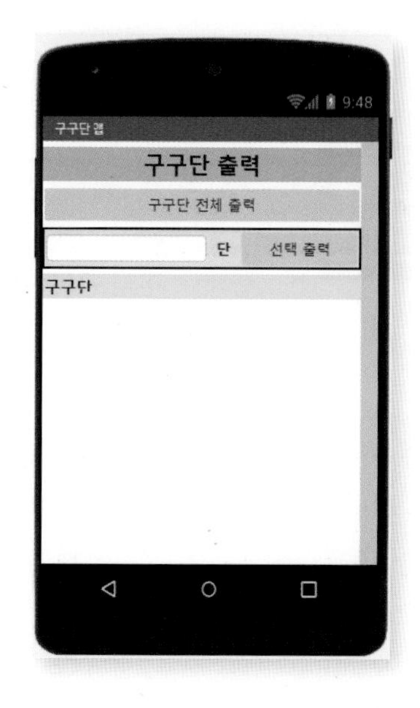

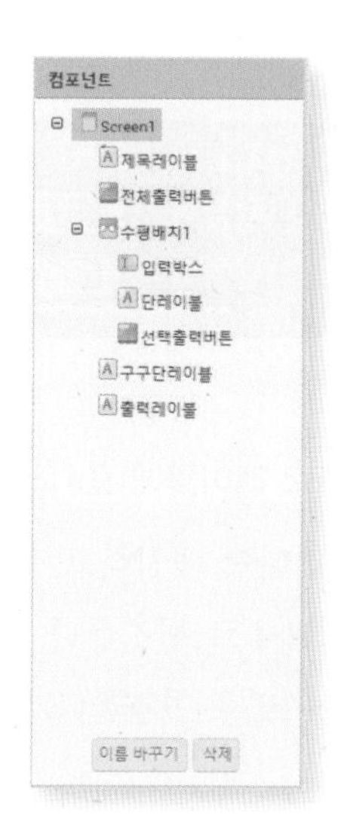

블록 코딩

블록 편집 화면에서 블록 코딩을 작성한다.

사용할 블록 미리보기

다음은 구구단 앱에서 사용되는 주요 블록에 대한 설명이다.

표 5-8 구구단 앱에서 사용되는 주요 블록

블록	설명
각각 반복 인덱스 시작 1 끝 5 증가 1 실행	시작 값부터 끝 값까지 증가 값만큼 반복하며 실행한다.
합치기	텍스트들을 합쳐서 하나의 문자열로 만든다.

이벤트 처리

❶ 전체출력버튼을 클릭했을 때 구구단 레이블 표시하기

전체출력버튼을 클릭했을 때 구구단레이블에 "2~9단" 텍스트를 지정한다. 그리고 출력 레이블에 텍스트를 모두 지운다.

```
언제 전체출력버튼 .클릭했을때
실행 지정하기 구구단레이블 . 텍스트 값 " 2~9단 "
     지정하기 출력레이블 . 텍스트 값 " "
```

❷ 2단부터 9단까지 출력 레이블에 표시하기

2개의 반복 블록을 중첩하여 배치하고, 바깥쪽 반복 블록은 시작 값을 2, 끝 값을 9, 증가 값을 1로 지정하고, 인덱스를 '숫자1'로 변경한다. 안쪽 반복 블록은 시작 값을 1, 끝 값을 9, 증가 값을 1로 지정하고, 인덱스를 '숫자2'로 변경한다.

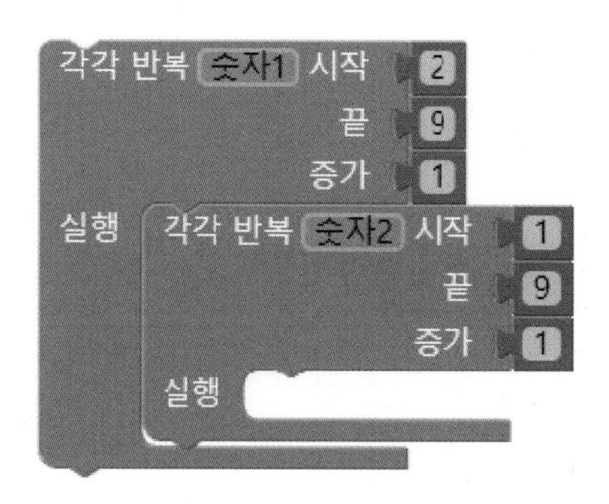

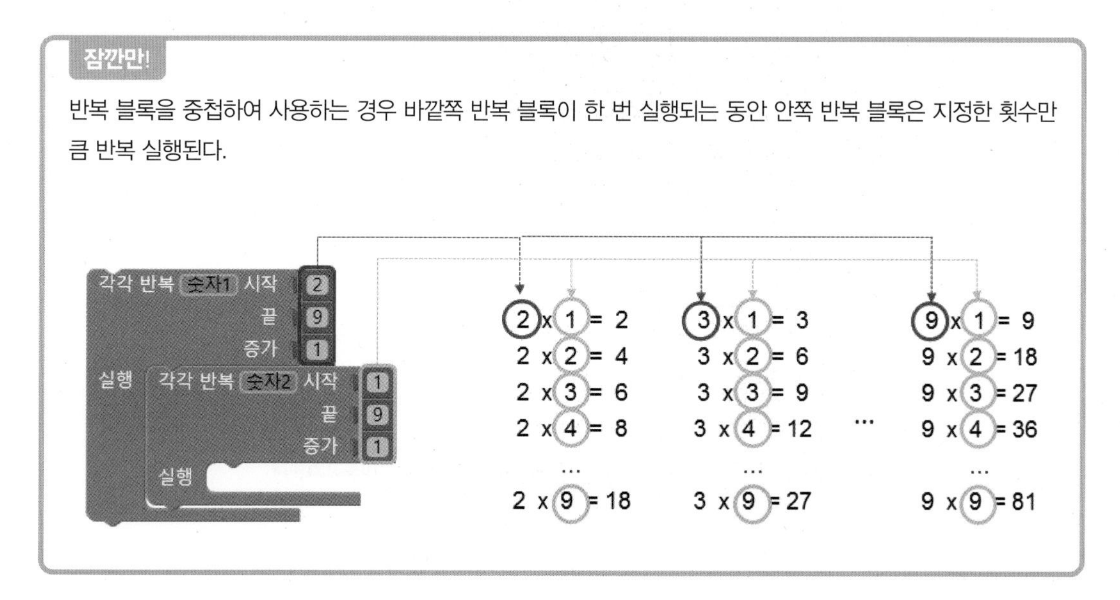

반복문이 실행되는 동안에 출력 레이블에 구구단을 표시하기 위해 텍스트의 합치기 블록을 사용하여 출력 문자열을 만든다.

각각 반복 숫자1 시작 2
끝 9
증가 1
실행 각각 반복 숫자2 시작 1
끝 9
증가 1
실행 지정하기 출력레이블 . 텍스트 값 합치기 출력레이블 . 텍스트
가져오기 숫자1
" x "
가져오기 숫자2
" = "
가져오기 숫자1 × 가져오기 숫자2
" ₩n "

❸ 전체출력버튼을 클릭했을 때 2단부터 9단까지 출력 레이블에 구구단 표시하기

작성한 블록을 전체출력버튼을 클릭했을 때 이벤트를 처리하도록 다음과 같이 블록을 완성한다.

❹ 선택출력버튼을 클릭했을 때 구구단 레이블에 입력한 단을 제목으로 표시하기

선택출력버튼을 클릭했을 때 구구단 레이블에 입력한 단을 표시한다.

❺ 입력박스에 숫자를 입력하고 키보드 화면 숨기기

입력박스에 숫자를 입력한 후, 선택출력버튼을 클릭했을 때 키보드가 화면을 가리지 않도록 키보드 화면 숨기기 처리를 한다.

❻ 선택한 단만 출력 레이블에 출력하기

반복 블록의 시작 값을 1, 끝 값을 9, 증가 값을 1로 지정하고, 인덱스를 '숫자'로 변경한다.

1부터 9까지 반복문이 실행되는 동안에 출력 레이블에 선택한 구구단을 표시하기 위해 텍스트의 합치기 블록을 사용하여 출력 문자열을 만든다.

각각 반복 숫자1 시작 2
끝 9
증가 1
실행 각각 반복 숫자2 시작 1
끝 9
증가 1
실행 지정하기 출력레이블 . 텍스트 값 합치기 출력레이블 . 텍스트
가져오기 숫자1
" x "
가져오기 숫자2
" = "
가져오기 숫자1 × 가져오기 숫자2
" \n "

❼ 선택출력버튼을 클릭했을 때 입력한 단을 출력 레이블에 표시하기

선택출력버튼을 클릭했을 때 이벤트를 처리하도록 다음과 같이 블록을 완성한다. 그리고 입력박스의 텍스트 값을 지우도록 블록을 추가한다.

각각 반복 숫자 시작 1
끝 9
증가 1
실행 지정하기 출력레이블 . 텍스트 값 합치기 출력레이블 . 텍스트
입력박스 . 텍스트
" x "
가져오기 숫자
" = "
입력박스 . 텍스트 × 가져오기 숫자
" \n "

최종 완성 블록

아래는 '구구단' 앱의 최종 완성 블록코드이다.

```
언제 전체출력버튼 .클릭했을때
실행 지정하기 구구단레이블 . 텍스트 값 " 2~9단 "
     지정하기 출력레이블 . 텍스트 값 " "
     각각 반복 숫자1 시작 2
                    끝 9
                  증가 1
     실행 각각 반복 숫자2 시작 1
                          끝 9
                        증가 1
          실행 지정하기 출력레이블 . 텍스트 값 합치기 출력레이블 . 텍스트
                                                  가져오기 숫자1
                                                  " x "
                                                  가져오기 숫자2
                                                  " = "
                                                  가져오기 숫자1 × 가져오기 숫자2
                                                  " \n "

언제 선택출력버튼 .클릭했을때
실행 호출 입력박스 .키보드화면숨기기
     지정하기 구구단레이블 . 텍스트 값 합치기 입력박스 . 텍스트
                                          " 단 "
     지정하기 출력레이블 . 텍스트 값 " "
     각각 반복 숫자 시작 1
                  끝 9
                증가 1
     실행 지정하기 출력레이블 . 텍스트 값 합치기 출력레이블 . 텍스트
                                            입력박스 . 텍스트
                                            " x "
                                            가져오기 숫자
                                            " = "
                                            입력박스 . 텍스트 × 가져오기 숫자
                                            " \n "
     지정하기 입력박스 . 텍스트 값 " "
```

완성된 앱

다음은 '구구단' 앱의 최종 완성 화면이다.

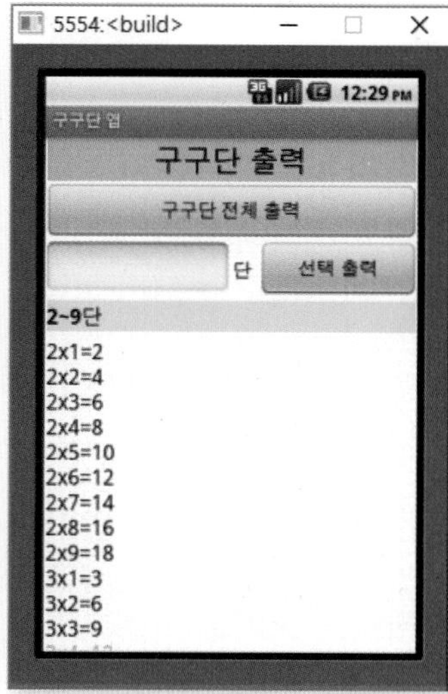

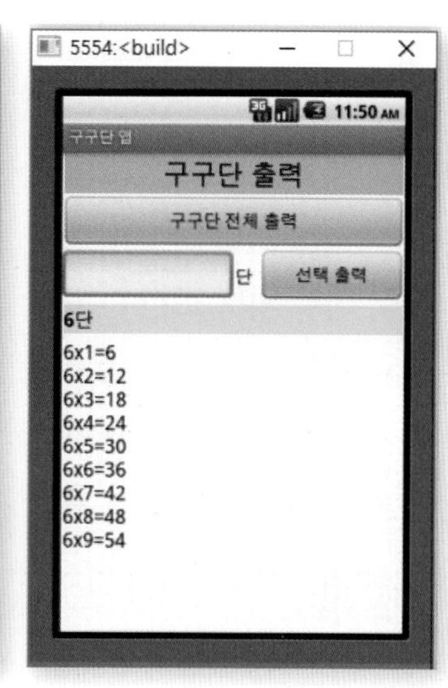

5.5 생각해보기

앞에서 작성했던 '성적처리 앱'을 변형하여 다음의 조건에 따라 합격 여부를 표시하도록 수정한다.

합격 여부 처리 조건

- 세 과목의 평균 점수가 60점 이상이면 "합격"으로 메시지를 표시하고, 60점 미만인 경우에는 "불합격"으로 메시지를 표시한다.
- 세 과목 중 한 과목이라도 40점 미만인 과목이 있으면 "과락"으로 표시한다.

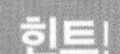

세 과목 중 한 과목이라도 40점 미만인 과목이 있는지 비교하는 경우에는 [공통블록] → [논리] 블록을 사용하면 된다. 비교 항목이 모자라는 경우에는 아래와 같이 블록을 수정하여 사용한다.

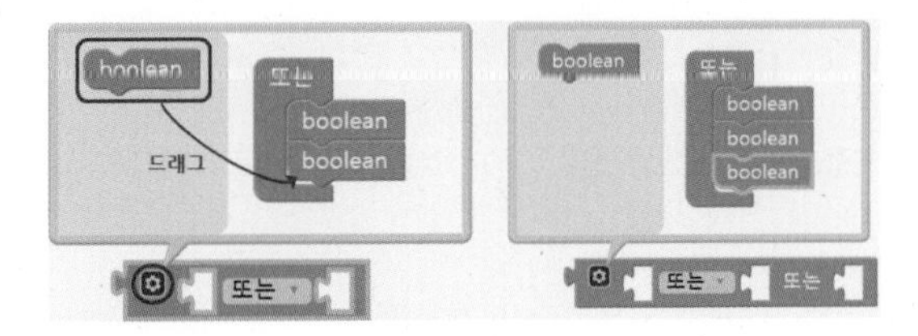

수정한 앱을 실행하면 다음과 같다.

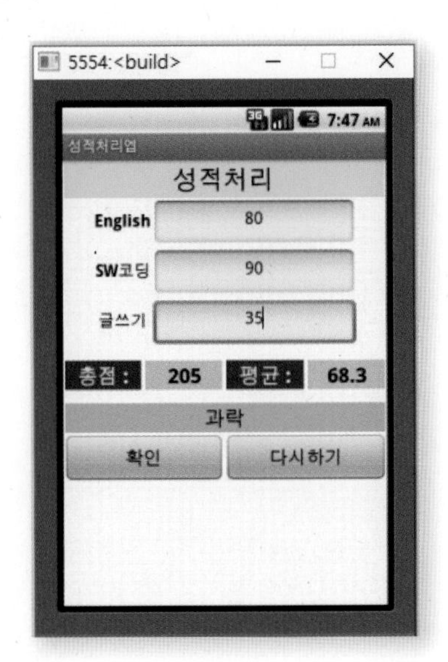

센서를 이용한 앱 만들기

학습목차

학습목표

1. 가속도센서와 방향센서에 대해 이해한다.
2. 가속도센서를 이용하여 주사위 게임 앱을 만들 수 있다.
3. 방향센서를 이용하여 미로 게임 앱을 만들 수 있다.

6.1 주사위 게임

미리보기

이번 장에서는 가속도센서를 이용하여 주사위 게임 앱을 만든다. 아래 그림과 같이 스마트폰을 흔들면 주사위가 선택되고, 두 주사위의 숫자를 비교하여 승패 결과를 화면에 표시한다.

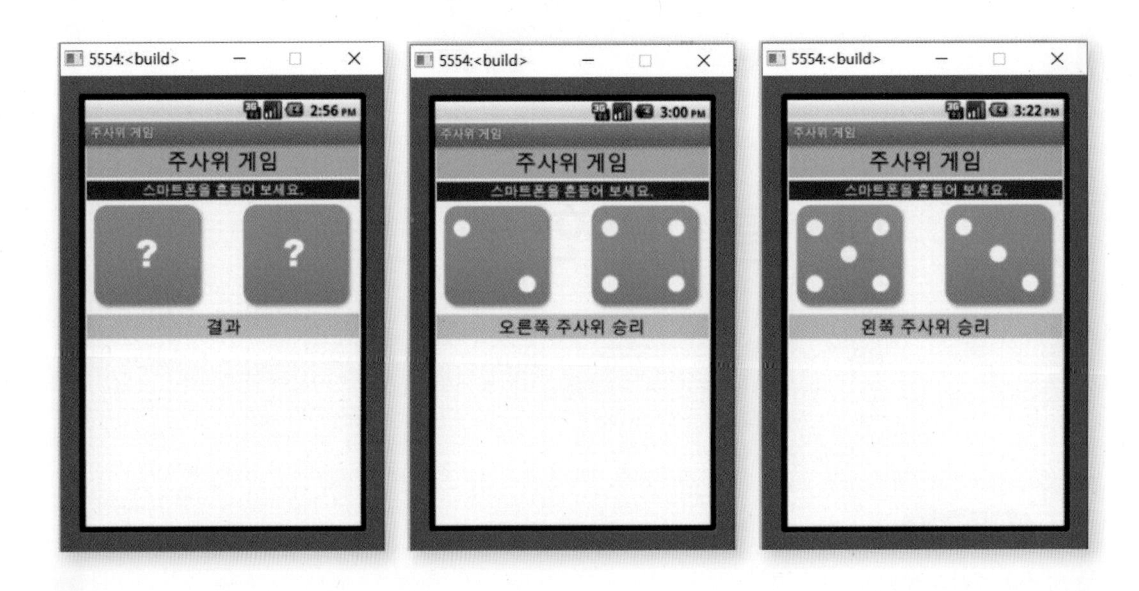

디자이너 설계

팔레트 그룹에서 적절한 컴포넌트를 가져와 뷰어에 배치한 후, 컴포넌트 이름 바꾸기와 속성 설정을 한다. 프로젝트명을 **ch06_DiceGame**으로 작성하고, 컴포넌트의 Screen1의 제목을 **"주사위 게임"**으로 변경한다. 다음은 주사위 게임의 디자이너 화면이다.

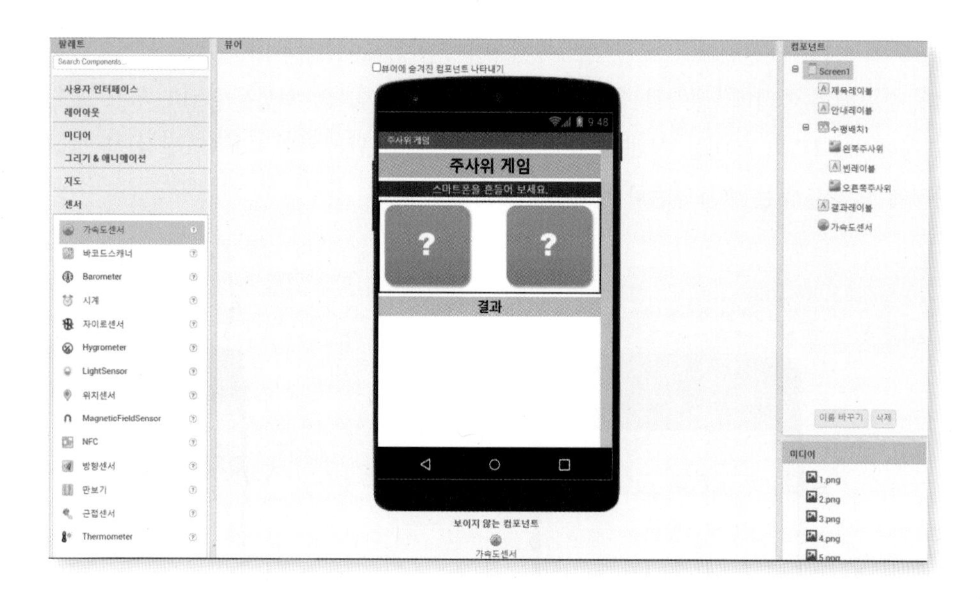

컴포넌트 구성

디자이너 화면에서 컴포넌트를 뷰어에 배치하는 과정을 살펴보자. 제목을 만들기 위해 [사용자 인터페이스] 팔레트에서 [레이블]을 뷰어에 배치하고, 레이블의 속성을 [너비: 부모 요소에 맞추기]로 설정한다. 그리고 [사용자 인터페이스] 팔레트에서 [레이블]을 제목 레이블 아래에 배치한다. [레이아웃] 팔레트에서 [수평배치]를 버튼 아래에 배치한다. 수평배치의 속성을 [너비: 부모 요소에 맞추기]로 설정한다.

수평배치 안에 [사용자 인터페이스] 팔레트에서 [이미지], [레이블], [이미지]를 수평으로 순서대로 배치한다. 수평배치 아래에 [레이블]을 추가로 배치하고, 레이블의 속성을 [너비: 부모 요소에 맞추기]로 설정한다. 그리고 레이블 아래의 뷰어 영역에 [센서] 팔레트의 [가속도센서]를 드래그한다. 뷰어 영역에 보이지 않는 컴포넌트로 가속도센서가 등록된다.

주사위 게임 프로젝트에서 사용되는 컴포넌트들의 구성은 [표 6-1]과 같다.

표 6-1 주사위 게임에 필요한 컴포넌트 구성

컴포넌트	팔레트 그룹	컴포넌트 이름	기능설명
레이블	사용자 인터페이스	제목레이블	제목 출력
레이블	사용자 인터페이스	안내레이블	게임 안내 메시지 출력
수평배치	레이아웃	수평배치1	주사위를 수평으로 배치
이미지	사용자 인터페이스	왼쪽주사위	왼쪽 주사위 이미지 출력
레이블	사용자 인터페이스	빈레이블	빈 공간 여백 기능
이미지	사용자 인터페이스	오른쪽주사위	오른쪽 주사위 이미지 출력
레이블	사용자 인터페이스	결과레이블	주사위 게임의 결과 출력
가속도센서	센서	가속도센서	스마트폰의 흔들림 감지

컴포넌트 속성

각 컴포넌트의 속성을 [표 6-2]와 같이 수정한다.

표 6-2 컴포넌트 이름과 속성 수정하기

컴포넌트 이름	속성	속성 값
제목레이블	배경색	주황
	글꼴굵게	활성화
	글꼴크기	25
	너비	부모 요소에 맞추기
	텍스트	주사위 게임
안내레이블	배경색	어두운 회색
	글꼴크기	16
	너비	부모 요소에 맞추기
	텍스트	스마트폰을 흔들어 보세요.
	텍스트정렬	가운데:1
	텍스트색상	흰색
수평배치1	수평정렬	가운데:3
	수직정렬	가운데:2
	너비	부모 요소에 맞추기

컴포넌트 이름	속성	속성 값
왼쪽주사위	높이	120픽셀
	너비	부모 요소에 맞추기
	사진	blank_dice.png
빈레이블	너비	20픽셀
오른쪽주사위	높이	120픽셀
	너비	부모 요소에 맞추기
	사진	blank_dice.png
결과레이블	배경색	밝은 회색
	글꼴굵게	활성화
	글꼴크기	20
	너비	부모 요소에 맞추기
	텍스트	결과
	텍스트정렬	가운데:1
가속도센서	활성화	활성화

주사위 이미지를 사용하기 위해서 총 7개의 이미지 파일을 미디어에 업로드한다. 앱 초기화면으로 이미지 컴포넌트에 'blank_dice.png'파일을 사진 속성에 설정한다. 아래 그림은 최종적으로 완성된 디자이너 화면이다.

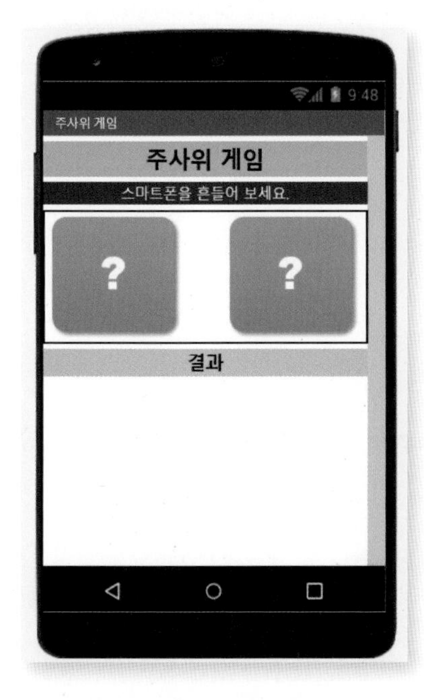

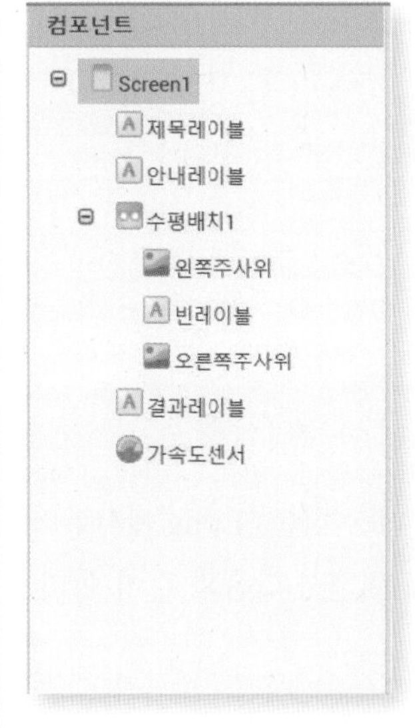

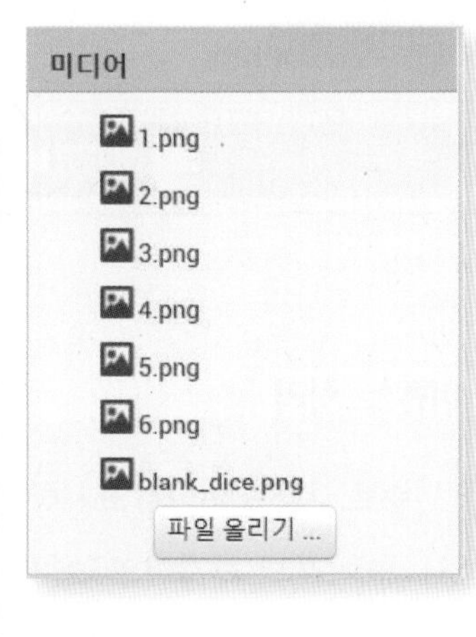

블록 코딩

블록 편집 화면에서 블록 코딩을 작성한다. 왼쪽 주사위 이미지와 오른쪽 주사위 이미지를 비교하여 결과를 화면에 표시한다.

사용할 블록 미리보기

다음은 이번 장에서 사용되는 주요 블록에 대한 설명이다.

표 6-3 주사위 게임 앱에서 사용되는 주요 블록

블록	설명
언제 가속도센서 .흔들렸을때 실행	가속도센서가 흔들렸을 때 이벤트를 처리한다.
임의의 정수 시작 1 끝 100	난수를 생성한다.
지정하기 왼쪽주사위 . 사진 값	주사위 컴포넌트의 사진 속성에 값을 지정한다.
합치기	텍스트를 합치기 한다.
" "	텍스트 값을 지정한다.
만약 이라면 실행 아니고 만약 이라면 실행 아니라면	주사위의 파일명을 비교하는 조건문을 처리한다.
텍스트 비교하기 <	텍스트의 크기를 비교한다.

이벤트 처리

❶ 난수로 주사위 이미지 표시하기

주사위의 1부터 6 사이의 숫자를 표현하는 '1.png'에서부터 '6.png' 파일까지 6개 이미지 파일 중 하나의 이미지를 난수로 선정하기 위해서 다음과 같이 이미지를 지정한다.

지정하기 왼쪽주사위 . 사진 값 합치기 임의의 정수 시작 1 끝 6
" .png "

지정하기 오른쪽주사위 . 사진 값 합치기 임의의 정수 시작 1 끝 6
" .png "

❷ 조건문을 이용하여 주사위 숫자 비교하기

2개의 주사위 숫자를 비교하기 위해 각 주사위의 이미지로 설정된 파일명을 텍스트 비교하기 블록을 이용하여 크기를 비교한다. 파일명을 비교하여 만약 왼쪽 주사위 파일명이 큰 경우 "왼쪽 주사위 승리", 아니고 만약 오른쪽 주사위 파일명이 큰 경우 "오른쪽 주사위 승리", 아니고 2개의 파일명이 같다면 "무승부"로 결과 레이블에 표시한다.

❸ 가속도센서 이벤트 처리 만들기

[블록]의 가속도센서를 누르면 나타나는 '언제 [가속도센서].흔들렸을때 실행' 블록을 이용하여 이벤트 처리기를 만든다. 그리고 앞서 작성한 블록을 실행 블록으로 지정한다.

언제 가속도센서 .흔들렸을때
실행

최종 완성 블록

아래는 '주사위 게임' 앱의 최종 완성 블록코드이다.

```
언제 가속도센서 .흔들렸을때
실행 지정하기 왼쪽주사위 . 사진 값  합치기  임의의 정수 시작 1 끝 6
                                          " .png "
     지정하기 오른쪽주사위 . 사진 값  합치기  임의의 정수 시작 1 끝 6
                                          " .png "
     만약  텍스트 비교하기  왼쪽주사위 . 사진  >  오른쪽주사위 . 사진
     이라면 실행  지정하기 결과레이블 . 텍스트 값 " 왼쪽 주사위 승리 "
     아니고 만약  텍스트 비교하기  왼쪽주사위 . 사진  <  오른쪽주사위 . 사진
     이라면 실행  지정하기 결과레이블 . 텍스트 값 " 오른쪽 주사위 승리 "
     아니라면  지정하기 결과레이블 . 텍스트 값 " 무승부 "
```

완성된 앱

다음은 '주사위 게임' 앱의 최종 완성 화면이다.

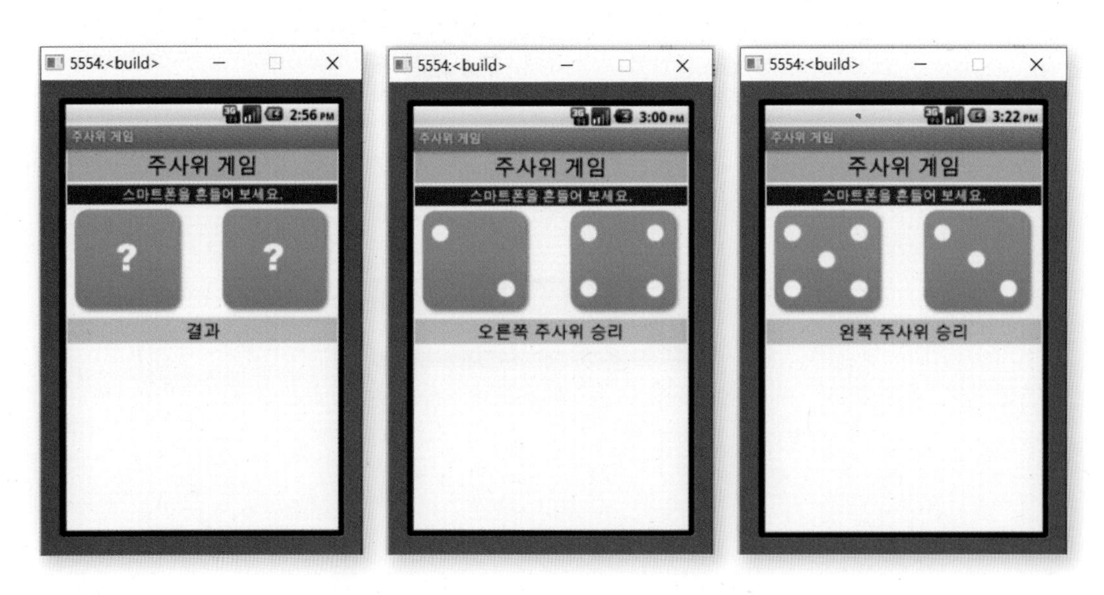

잠깐만!

센서 동작 실행은 에뮬레이터에서는 실행이 안 되므로 AI 컴패니언이나 스마트폰을 USB 케이블로 연결하여 테스트해야 한다.

6.2 물고기 먹이주기

방향센서는 스마트폰이 기울어져 있는지 혹은 지면과 얼마나 수평인지 알 수 있는 센서이다. 방향센서를 통해 사용자가 보고 있는 화면이 세로 방향인지 가로 방향인지 알 수 있으며, 공이나 이미지를 방향센서로 움직일 수 있다.

미리보기

방향센서를 이용하여 물고기 먹이주기 앱을 만든다. 아래 그림과 같이 스마트폰을 기울여서 물고기가 영양소를 먹으면 점수가 올라가고 바이러스를 먹으면 점수가 내려가도록 한다.

디자이너 설계

프로젝트명을 **ch06_FeedingFish**로 작성하고, 컴포넌트의 Screen1의 제목을 "물고기 먹이주기 앱"으로 변경한다. 팔레트 그룹에서 적절한 컴포넌트를 가져와 뷰어에 배치한 후, 컴포넌트 이름 바꾸기와 속성을 설정한다. 다음은 물고기 먹이주기 앱의 디자이너 화면이다.

컴포넌트 구성

디자이너 화면에서 컴포넌트를 뷰어에 배치하는 과정을 살펴보자. 제목을 만들기 위해 [사용자 인터페이스] 팔레트에서 [레이블]을 뷰어에 배치하고, 레이블의 속성을 [너비: 부모 요소에 맞추기]로 설정한다. 그리고 [그리기 & 애니메이션] 팔레트에서 [캔버스]를 레이블 아래에 배치한다. [그리기 & 애니메이션] 팔레트에서 [공]을 캔버스 안에 2개 배치한다. 그리고 [이미지스프라이트]를 캔버스 안에 배치한다.

[레이아웃] 팔레트에서 [수평배치]를 캔버스 아래에 배치한다. 수평배치의 속성을 [너비: 부모 요소에 맞추기]로 설정한다. 그리고 [사용자 인터페이스] 팔레트에서 [레이블] 2개를 수평배치 안에

2개 수평으로 배치한다. [사용자 인터페이스] 팔레트에서 [버튼]을 수평배치 아래에 배치하고, 버튼의 속성을 [너비: 부모 요소에 맞추기]로 설정한다.

[센서] 팔레트에서 [방향센서]를 버튼 아래의 뷰어 영역으로 드래그한다. 그리고 [미디어] 팔레트에서 [소리]를 뷰어 영역으로 2번 드래그한다. 뷰어 아래쪽에 보이지 않는 컴포넌트로 등록된 것을 확인할 수 있다.

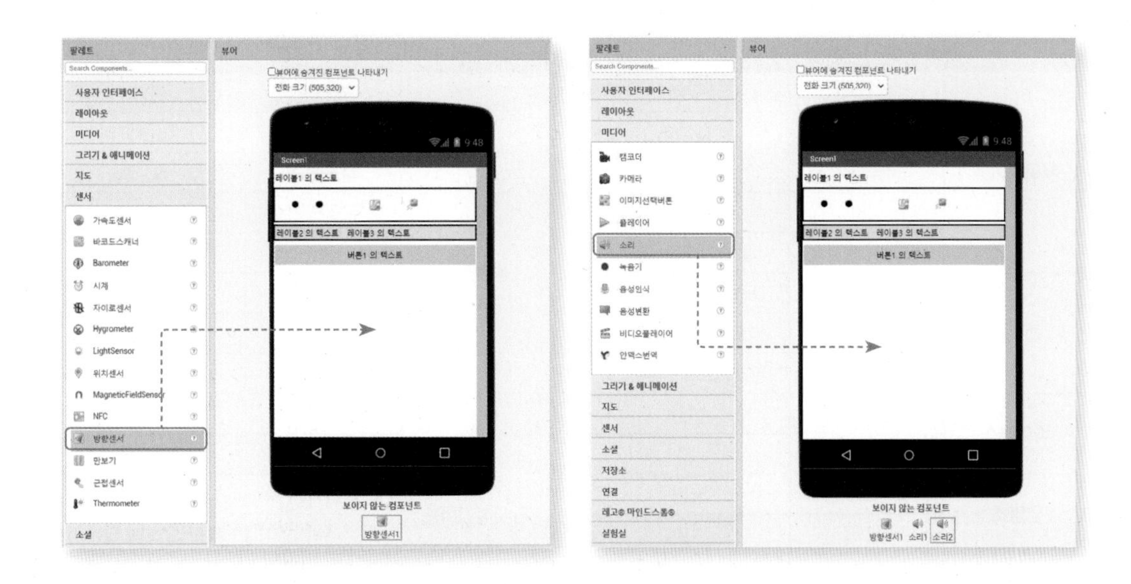

물고기 먹이주기 앱에서 사용되는 컴포넌트들의 구성은 [표 6-4]와 같다.

표 6-4 물고기 먹이주기 앱에 필요한 컴포넌트 구성

컴포넌트	팔레트 그룹	컴포넌트 이름	기능설명
레이블	사용자 인터페이스	제목 레이블	제목 출력
캔버스	그리기 & 애니메이션	캔버스	이미지스프라이트(물고기)와 공(영양소, 바이러스)이 움직이는 바닷속 화면
공	그리기 & 애니메이션	바이러스	캔버스에서 움직이는 바이러스 표시
공	그리기 & 애니메이션	영양소	캔버스에서 움직이는 영양소 표시
이미지스프라이트	그리기 & 애니메이션	물고기	캔버스에서 움직이는 물고기 표시
수평배치	레이아웃	수평배치1	생명점수 레이블을 수평배치한다.
레이블	사용자 인터페이스	생명레이블	"생명 :" 레이블을 표시
레이블	사용자 인터페이스	생명점수	생명점수를 표시
버튼	사용자 인터페이스	다시하기버튼	다시하기 버튼을 표시
방향센서	센서	방향센서	스마트폰의 기울이기를 감지
소리	미디어	영양소소리	물고기가 영양소를 먹었을 때 소리 재생
소리	미디어	바이러스소리	물고기가 바이러스를 먹었을 때 소리 재생

컴포넌트 속성

각 컴포넌트의 이름과 속성은 [표 6-5]와 같이 수정한다.

표 6-5 컴포넌트 이름과 속성 수정하기

컴포넌트 이름	속성	속성 값
제목레이블	배경색	주황
	글꼴굵게	활성화
	글꼴크기	25
	너비	부모 요소에 맞추기
	텍스트	물고기 먹이주기
캔버스	배경이미지	Underwater.png
	높이	부모 요소에 맞추기
	너비	부모 요소에 맞추기
바이러스	페인트색상	빨강
	반지름	10
영양소	페인트색상	노랑
	반지름	10
물고기	사진	fish.png
수평배치1	너비	부모 요소에 맞추기
생명레이블	글꼴굵게	활성화
	글꼴크기	20
	너비	부모 요소에 맞추기

컴포넌트 이름	속성	속성 값
생명레이블	텍스트	생명 :
	텍스트정렬	가운데:1
생명점수	글꼴굵게	활성화
	글꼴크기	20
	너비	부모 요소에 맞추기
	텍스트	0
	텍스트정렬	가운데:1
	텍스트색상	파랑
다시하기버튼	배경색	분홍
	글꼴굵게	활성화
	글꼴크기	20
	너비	부모 요소에 맞추기
	텍스트	다시하기
	텍스트정렬	가운데:1
방향센서	활성화	활성화
영양소소리	소스	beeps16.mp3
바이러스소리	소스	bells.mp3

아래 그림은 최종적으로 완성된 디자이너 화면이다.

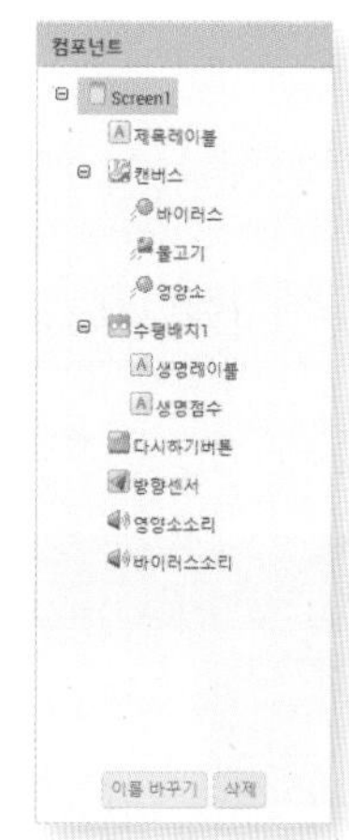

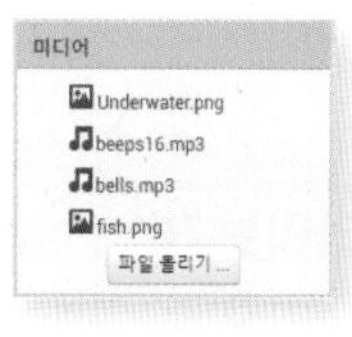

블록 코딩

블록 편집 화면에서 블록 코딩을 작성한다.

사용할 블록 미리보기

물고기 먹이주기 앱에서 사용되는 주요 블록에 대한 설명이다.

표 6-6 물고기 먹이주기 앱에서 사용되는 주요 블록

블록	설명
언제 방향센서 .방향이변경되었을때 방위각 피치 롤 실행	방향센서의 방향이 변경되었을 때 이벤트를 처리한다.
방향센서 . 각도	방향센서의 각도는 스마트폰이 기운 방향을 나타낸다. -180도에서 180도까지의 범위로 스마트폰이 가로 방향인지, 세로 방향인지 알 수 있다.
방향센서 . 크기	방향센서의 크기는 스마트폰이 기울어진 정도에 따라 0~1 사이의 값을 갖는다. 1은 스마트폰이 수직으로 세워져 있을 때이다.
바이러스 . 방향	공의 방향 값으로 0도는 화면의 오른쪽, 90도는 화면의 위쪽, 180도는 화면의 왼쪽, 270도는 화면의 아래쪽을 나타낸다.
언제 물고기 .충돌했을때 다른 실행	공 또는 이미지스프라이트에 다른 객체가 충돌했을 때 이벤트를 처리한다.
언제 바이러스 .모서리에닿았을때 모서리 실행	공 또는 이미지스프라이트가 모서리(캔버스테두리)에 닿았을 때 이벤트를 처리한다.
호출 바이러스 .튕기기 모서리	모서리에 닿았을 때 튕기게 한다.
만약 이라면 실행	조건을 판단하여 참이면 명령 블록을 실행한다.

이벤트 처리

❶ 스마트폰을 기울였을 때 물고기 움직이기

방향센서의 각도를 물고기가 움직이는 방향으로 설정하고, 방향센서의 크기에 20을 곱한 값으로 물고기의 속도를 설정한다.

❷ 스마트폰을 기울였을 때 바이러스 움직이기

바이러스가 움직이는 방향은 바이러스의 방향에 임의의 정수를 더한 값으로 설정하고, 속도도 임의의 정수로 설정한다.

❸ 방향센서의 방향이 변경되었을 때 이벤트 처리하기

방향센서의 방향이 변경되었을 때 이벤트 블록에 위에 작성한 블록을 조립한다.

언제 방향센서 .방향이변경되었을때
방위각 피치 롤
실행 지정하기 물고기 . 방향 값 방향센서 . 각도
지정하기 물고기 . 속도 값 방향센서 . 크기 × 20
지정하기 바이러스 . 방향 값 바이러스 . 방향 + 임의의 정수 시작 -10 끝 10
지정하기 바이러스 . 속도 값 임의의 정수 시작 10 끝 20

❹ 바이러스가 모서리에 닿았을 때 튕기게 하기

바이러스가 모서리(캔버스의 테두리)에 닿았을 때 튕기게 한다. 이때 모서리 값을 입력해준다.

언제 바이러스 .모서리에닿았을때
모서리
실행

언제 바이러스 .모서리에닿았을때
모서리
실행 호출 바이러스 .튕기기
모서리 가져오기 모서리

❺ 물고기가 영양소를 먹었을 때 생명점수를 1점 증가하기

물고기가 충돌했을 때 충돌한 개체(다른)가 영양소일 때 영양소소리를 재생하고, 생명점수 텍스트를 1점 증가시킨다.

❻ 영양소를 임의의 위치에 나타내기

물고기가 영양소를 먹었을 때 영양소를 다른 임의의 위치로 이동하여 나타내기 위해 영양소의 X 값을 임의의 정수 1부터 캔버스 너비 값 사이로 지정한다. 영양소의 Y 값을 임의의 정수 1부터 캔버스 높이 값 사이로 지정한다.

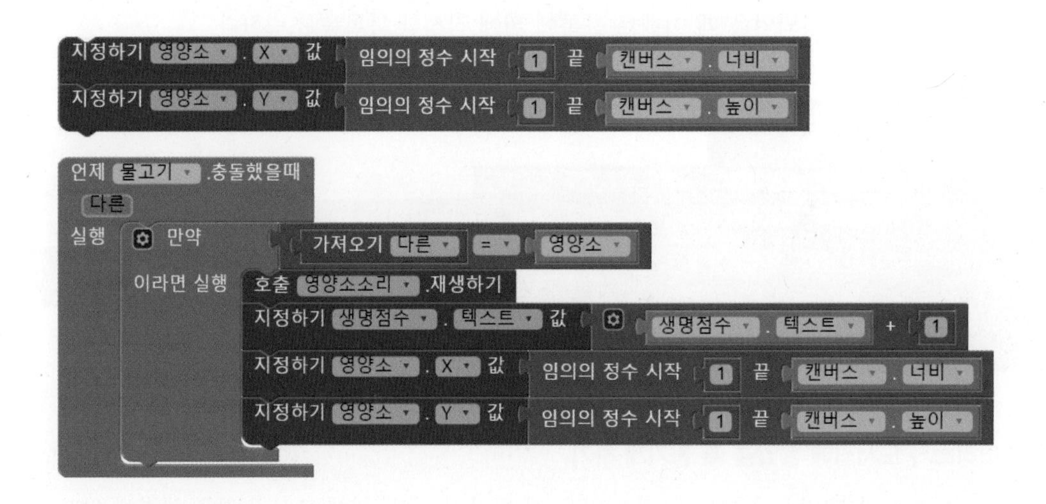

❼ 물고기가 바이러스를 먹었을 때 생명점수 3점 감소하기

물고기가 충돌했을 때 충돌한 개체(다른)가 바이러스일 때 바이러스소리를 재생하고, 생명점수 텍스트를 3점 감소시킨다.

```
언제 바이러스 .충돌했을때
  다른
실행
```

```
언제 바이러스 .충돌했을때
  다른
실행  만약 가져오기 다른 = 물고기
      이라면 실행  호출 바이러스소리 .재생하기
                   지정하기 생명점수 . 텍스트 값 생명점수 . 텍스트 - 3
```

❽ 다시하기 버튼을 클릭했을 때 생명점수 초기화하기

다시하기 버튼을 클릭했을 때 생명점수 텍스트를 0으로 지정한다.

최종 완성 블록

아래는 '물고기 먹이주기' 앱의 최종 완성 블록코드이다.

```
언제 방향센서 .방향이변경되었을때
  방위각 피치 롤
실행  지정하기 물고기 . 방향 값 방향센서 . 각도
      지정하기 물고기 . 속도 값 방향센서 . 크기 × 20
      지정하기 바이러스 . 방향 값 바이러스 . 방향 + 임의의 정수 시작 -10 끝 10
      지정하기 바이러스 . 속도 값 임의의 정수 시작 10 끝 20
```

```
언제 바이러스 .모서리에닿았을때
  모서리
실행  호출 바이러스 .튕기기
               모서리 가져오기 모서리
```

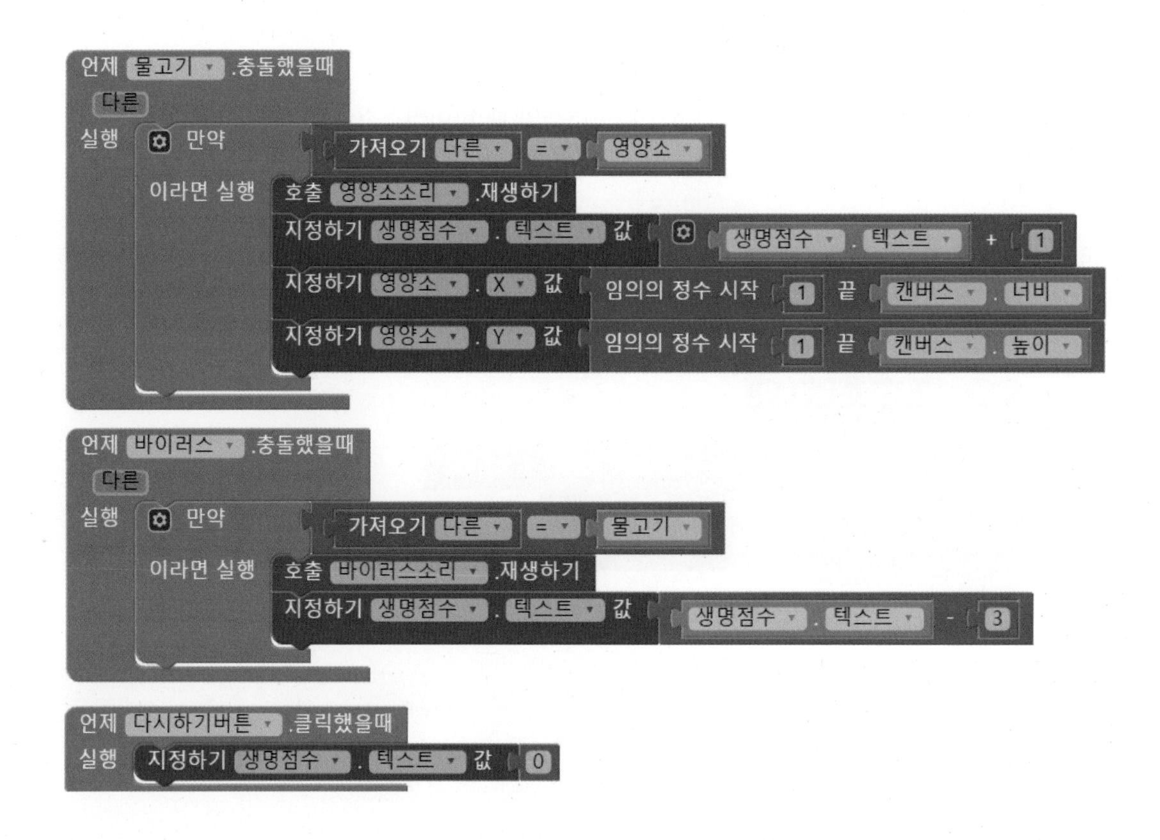

완성된 앱

다음은 '물고기 먹이주기' 앱의 최종 완성 화면이다.

6.3 생각해보기

앞에서 작성한 '주사위 게임' 앱을 다음과 같이 수정하여 게임결과의 점수를 표시한다.

기능

1. 왼쪽 주사위가 승리했을 때 왼쪽 점수를 1점 증가시키고, 오른쪽 주사위가 승리했을 때 오른쪽 점수를 1점 증가시킨다.
2. 다시하기 버튼을 클릭했을 때 2개의 주사위 이미지를 'blank_dice.png' 파일로 변경하고, 결과 레이블과 점수 레이블을 초기화한다.

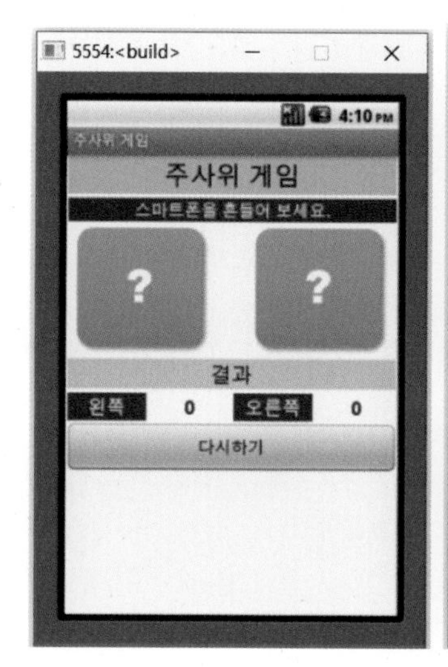

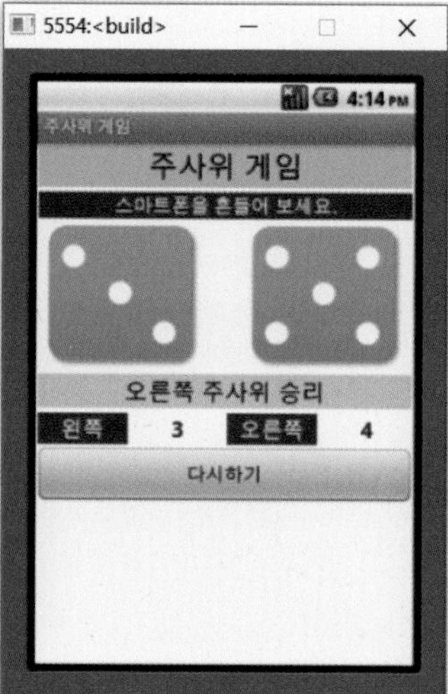

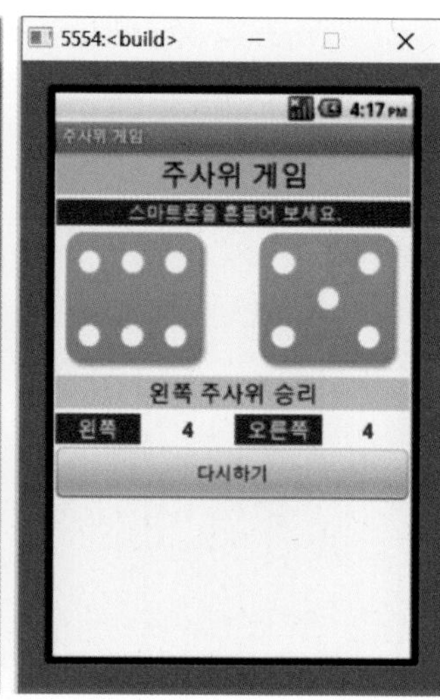

07

변수를 이용한 앱 만들기

학습목차

학습목표

1. 이미지 컴포넌트를 배치하고 미디어를 연결 및 변경할 수 있다.
2. 변수의 개념을 이해하고 전역변수에 초기값을 설정할 수 있다.
3. 임의의 정수를 생성하여 변수에 저장할 수 있다.
4. 소리 컴포넌트를 추가하고 미디어를 재생할 수 있다.

7.1 폭탄 터트리기 게임

미리보기

이번 장에서는 아래 그림과 같이 9개의 버튼 중에서 폭탄을 가지고 있는 버튼을 찾는 폭탄 터트리기 앱을 만든다. 9개의 버튼 중에서 폭탄을 가지고 있을 버튼을 정하기 위해 공통블록 수학의 임의의 정수 시작□ 끝□ 블록을 사용하고 생성된 임의의 정수를 저장하기 위해 변수의 개념을 배우게 될 것이다.

디자이너 설계

폭탄 터트리기 앱을 만들기 위해 [프로젝트]-[새 프로젝트 시작하기]에서 프로젝트 이름을 **ch07_BombGame**으로 입력한다. 프로젝트의 디자이너 완료 화면은 아래 그림과 같다. 제목 레이블 아래에 폭탄 이미지를 출력하기 위한 이미지 컴포넌트를 배치한다. 이 게임은 9개의 버튼 중에서 폭탄이 있는 버튼을 클릭했을 때 이미지 컴포넌트의 사진 속성 값이 변경되도록 할 것이다. 9개의 버튼을 가로로 배치하기 위해 레이아웃의 수평배치를 사용하고 게임시작버튼과 다시하기 버튼도 가로로 배치한다.

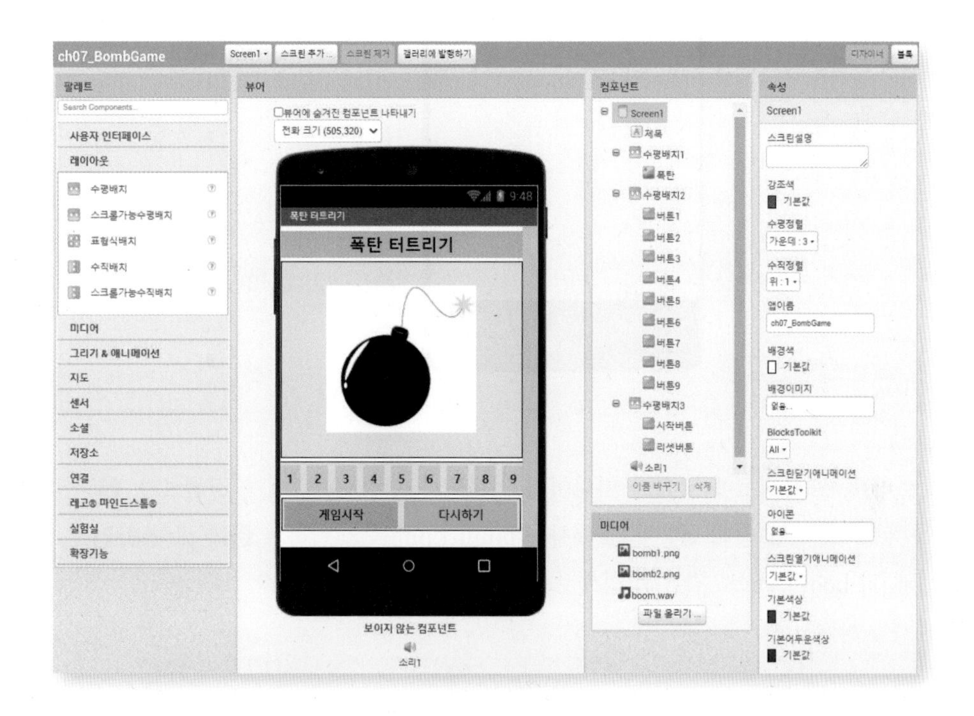

컴포넌트 구성

폭탄 터트리기 프로젝트의 디자이너 설계에 필요한 컴포넌트는 레이블, 이미지, 버튼 그리고 컴포넌트 배치를 위한 수평배치로 구성된다. 팔레트에서 컴포넌트를 선택하고 뷰어로 드래그 앤드 드롭한 후 컴포넌트 속성을 설정해보자.

아래 그림은 레이블 컴포넌트를 뷰어에 배치하고 컴포넌트 이름 바꾸기와 속성 설정 과정을 보여 준다. [너비: 부모 요소에 맞추기] 속성에서 부모 요소는 자신의 하나 위 단계를 의미하므로 레이블 컴포넌트의 너비는 부모인 Screen1의 너비에 맞추게 된다.

이미지, 소리 등 프로젝트에 필요한 미디어를 업로드하고 컴포넌트에 연결해보자. ❶과 같이 파일 올리기를 누른 후 파일 선택 버튼을 클릭하여 bomb1.png를 선택하고 ❸과 같이 확인을 클릭한다. bomb2.png과 boom.wav도 같은 방법으로 업로드한다.

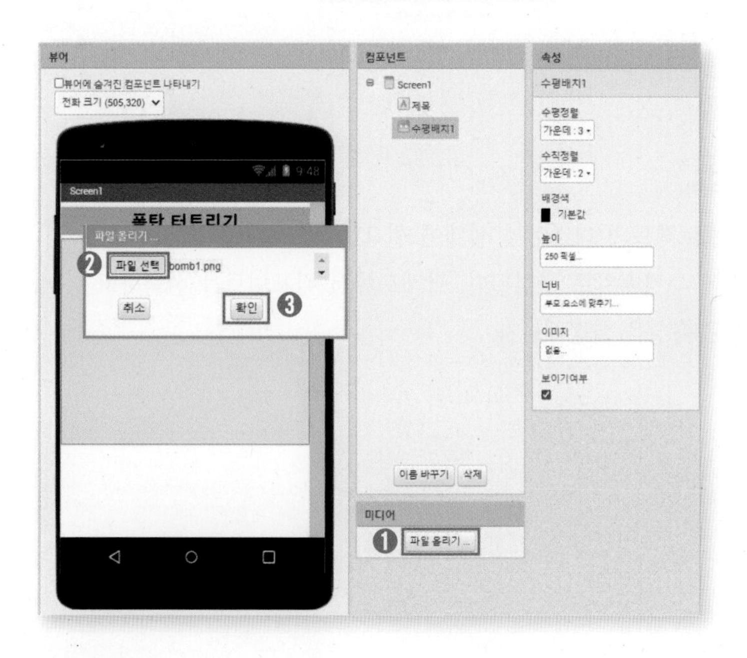

❶과 같이 이미지 컴포넌트를 추가하고 ❷와 같이 사진 속성에서 미디어를 연결한다.

소리 컴포넌트는 화면에 보이지 않는 컴포넌트이다. 미디어에 업로드된 boom.wav를 ❸과 같이 소리 컴포넌트의 소스 속성에서 연결한다.

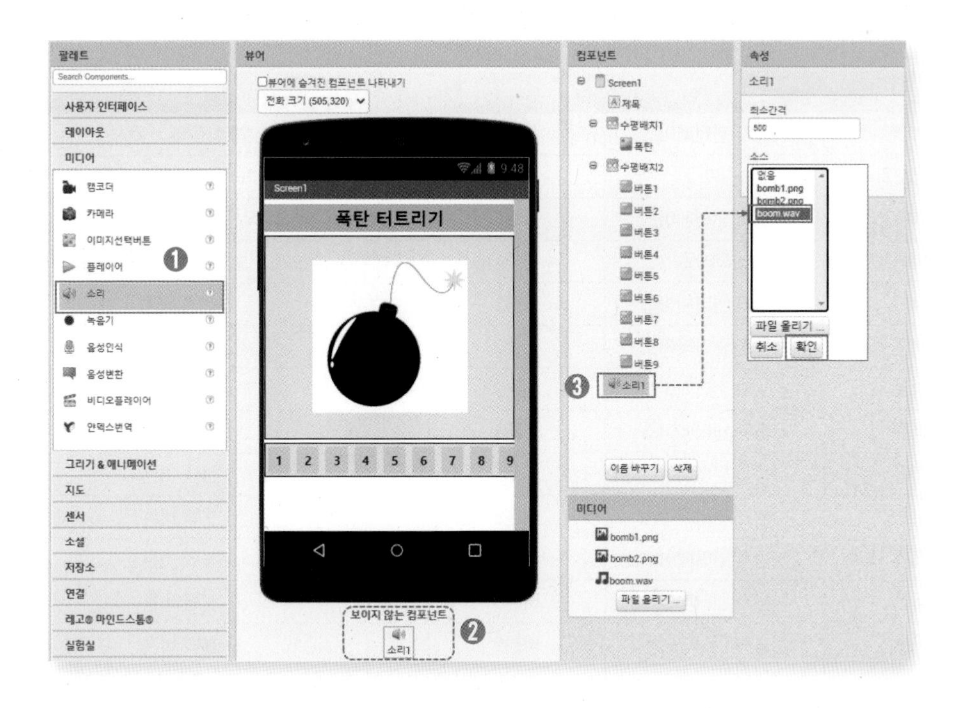

앱 인벤터의 컴포넌트 배치 방식은 기본적으로 수직배치이다. 아래 그림과 같이 버튼1~버튼9를 가로로 배치하기 위해 레이아웃의 수평배치를 추가하고 그 안에 9개의 버튼을 배치한다.

폭탄 터트리기 프로젝트에서 사용되는 컴포넌트들의 이름과 기능은 [표 7-1]과 같다.

표 7-1 폭탄 터트리기 프로젝트의 컴포넌트 구성

컴포넌트	팔레트 그룹	컴포넌트 이름	기능설명
레이블	사용자 인터페이스	제목	앱 상단의 제목
수평배치	레이아웃	수평배치1	이미지 컴포넌트 배치
이미지	사용자 인터페이스	폭탄	폭탄 이미지 출력
수평배치	레이아웃	수평배치2	9개 버튼 컴포넌트 수평배치
버튼	사용자 인터페이스	버튼1	1 선택 버튼
버튼	사용자 인터페이스	버튼2	2 선택 버튼
버튼	사용자 인터페이스	버튼3	3 선택 버튼
버튼	사용자 인터페이스	버튼4	4 선택 버튼
버튼	사용자 인터페이스	버튼5	5 선택 버튼
버튼	사용자 인터페이스	버튼6	6 선택 버튼
버튼	사용자 인터페이스	버튼7	7 선택 버튼
버튼	사용자 인터페이스	버튼8	8 선택 버튼
버튼	사용자 인터페이스	버튼9	9 선택 버튼
수평배치	레이아웃	수평배치3	게임시작버튼과 다시하기 버튼 컴포넌트 수평배치
버튼	사용자 인터페이스	시작버튼	게임시작버튼
버튼	사용자 인터페이스	리셋버튼	다시하기 버튼

컴포넌트 구성

각 컴포넌트의 속성을 [표 7-2]와 같이 설정한다.

표 7-2 폭탄 터트리기 프로젝트의 컴포넌트 속성

컴포넌트 이름	속성	속성 값
Screen1	수평정렬	가운데:3
	앱이름	ch07_BombGame
제목	배경색	주황
	글꼴굵게, 글꼴크기	체크, 25
	너비	부모 요소에 맞추기
	텍스트, 텍스트정렬	폭탄 터트리기, 가운데:1
수평배치1	수평정렬, 수직정렬	가운데:3, 가운데:2
	높이, 너비	250픽셀, 부모 요소에 맞추기
폭탄	높이, 너비	190픽셀, 200픽셀
	사진	bomb1.png
수평배치2	모든 속성	기본값
버튼1	글꼴굵게, 글꼴크기	체크, 17
	텍스트	1
버튼2	글꼴굵게, 글꼴크기	체크, 17
	텍스트	2
버튼3	글꼴굵게, 글꼴크기	체크, 17
	텍스트	3
버튼4	글꼴굵게, 글꼴크기	체크, 17
	텍스트	4
버튼5	글꼴굵게, 글꼴크기	체크, 17
	텍스트	5
버튼6	글꼴굵게, 글꼴크기	체크, 17
	텍스트	6
버튼7	글꼴굵게, 글꼴크기	체크, 17
	텍스트	7
버튼8	글꼴굵게, 글꼴크기	체크, 17
	텍스트	8
버튼9	글꼴굵게, 글꼴크기	체크, 17
	텍스트	9
수평배치3	모든 속성	기본값
시작버튼	배경색	분홍
	글꼴굵게, 글꼴크기	체크, 17
	텍스트	게임시작
리셋버튼	배경색	청록색
	글꼴굵게, 글꼴크기	체크, 17
	텍스트	다시하기

아래 그림은 폭탄 터트리기 앱의 최종 완성된 디자이너 화면이다.

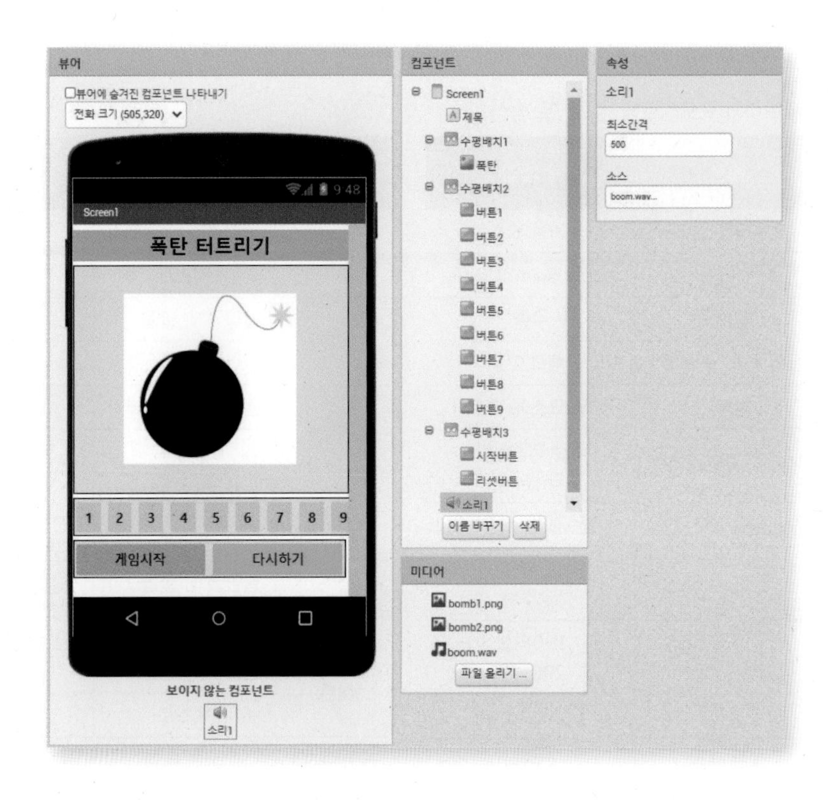

블록 코딩

폭탄 터트리기 게임은 9개의 버튼 중 폭탄이 숨어있는 버튼을 클릭했을 때 폭탄이 터지면 게임이 끝나도록 하는 앱이다. 게임시작을 클릭하고 9개의 버튼 중 하나의 폭탄이 터지도록 하는 것은 9개의 버튼 중에서 폭탄을 가지고 있을 버튼을 정하기 위해 공통블록 수학의 임의의 정수 시작□ 끝□ 블록을 사용하고 생성된 임의의 정수를 저장하기 위해 전역변수 만들기 블록을 사용한다.

사용할 블록 미리보기

다음은 이번 장에서 사용되는 주요 블록에 대한 설명이다.

표 7-3 폭탄 터트리기 게임 앱에서 사용되는 주요 블록

블록	설명
만약 / 이라면 실행	[공통블록]의 [제어] 블록으로 폭탄생성번호와 클릭한 버튼 텍스트와 비교하기 위해 사용한다.
임의의 정수 시작 1 끝 9 = 0	[공통블록]의 [수학] 블록은 9개의 버튼 중 폭탄을 갖고 있는 버튼을 정하고, 클릭한 버튼번호와 폭탄이 숨겨져 있는 버튼번호가 같은지 비교하는데 사용된다.
" "	[공통블록]의 텍스트 블록은 폭탄 사진 값을 저장하는데 사용된다.
전역변수 만들기 이름 초기값	[공통블록]의 변수 블록은 값을 저장하기 위해 사용하는 것으로 폭탄을 가지고 있을 번호를 저장하기 위한 변수이다.
호출 소리1 .재생하기	폭탄 터지는 소리 컴포넌트를 재생하는 블록이다.
언제 시작버튼 .클릭했을때 / 실행 언제 버튼1 .클릭했을때 / 실행 언제 리셋버튼 .클릭했을때 / 실행	폭탄생성번호 설정, 폭탄생성번호와 같은 버튼 찾기, 게임 초기화를 위한 이벤트 블록들이다.

변수의 개념

전역변수와 지역변수

변수는 프로그램을 작성할 때 값을 저장하기 위한 저장소 이름으로 전역변수와 지역변수가 있다. 전역변수는 블록 코딩영역에 드래그 앤 드롭으로 가져다 놓을 수 있고, 지역변수는 다른 블록에 연결하여 코딩이 가능하다.

폭탄 터트리기 앱에서 게임시작버튼을 클릭했을 때 1~9까지 9개의 버튼 중에 폭탄을 숨길 번호를 저장하기 위해 변수를 사용한다. 다음은 폭탄 터트리기 앱에서 폭탄을 가지고 있을 버튼을 정하기 위해 변수를 생성하고 초기화한 블록코드이다.

```
전역변수 만들기 폭탄생성번호 초기값 0
```

변수의 값을 가져오기나 지정하기는 변수이름 위에 마우스 포인터를 위치하면 아래 그림과 같이 나타나고 드래그 앤 드롭으로 가져오기 블록과 지정하기 블록을 선택할 수 있다.

```
전역변수 만들기 폭탄생성번호 초기값 0
    가져오기 전역변수 폭탄생성번호
    지정하기 전역변수 폭탄생성번호 값
```

다음은 시작비튼을 클릭했을 때 전역변수 폭탄생성번호에 1~9사이 임의의 수를 지정하는 코드이다.

```
언제 시작버튼 .클릭했을때
실행 지정하기 전역변수 폭탄생성번호 값 임의의 정수 시작 1 끝 9
```

전역변수 만들기와 초기값 설정은 블록의 코딩영역 빈 자리에 가져다 놓으면 되지만 지역변수 만들기와 초기값 설정은 아래 그림과 같이 반드시 다른 블록에 연결하여 코딩해야 한다. 다음은 Screen1 화면이 초기화될 때 지역변수 점수를 0으로 초기화하고 초기화 블록 안에 지역변수 점수를 1 증가하도록 지정하는 코드이다.

```
언제 Screen1 .초기화되었을때
실행 지역변수 만들기 점수 초기값 0
     실행 지정하기 점수 값 가져오기 점수 + 1
```

이벤트 처리

❶ 게임 시작하기

다음은 시작버튼(텍스트: 게임시작)을 클릭했을 때 9개의 버튼 중 하나에 폭탄을 설정하기 위해 전역변수 폭탄생성번호에 1~9 사이 임의의 수를 지정하는 블록코드이다.

언제 시작버튼 .클릭했을때
실행 지정하기 전역변수 폭탄생성번호 값 임의의 정수 시작 1 끝 9

❷ 버튼을 클릭하여 게임하기

버튼1~버튼9까지 9개 버튼을 클릭했을 때 폭탄생성번호가 현재 버튼의 텍스트와 같은지 비교한다. 폭탄을 가지고 있는 버튼이 맞으면 폭탄 터지는 이미지로 변경하고 소리 컴포넌트의 폭탄 터지는 소리 재생하기를 실행한다.

❸ 게임 초기화

다음은 리셋버튼(텍스트: 다시하기)을 클릭했을 때 폭탄생성번호 값은 **0**, 폭탄 사진 값은 **bomb1.png**로 게임을 초기화하는 블록코드이다.

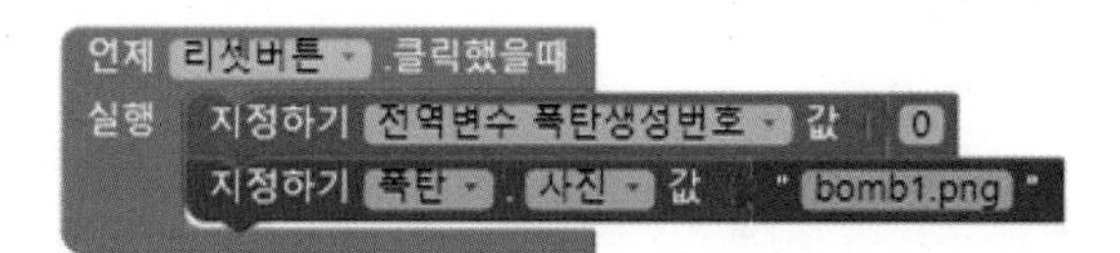

최종 완성 블록

다음은 폭탄 터트리기 프로젝트의 전체 앱 프로그램이다.

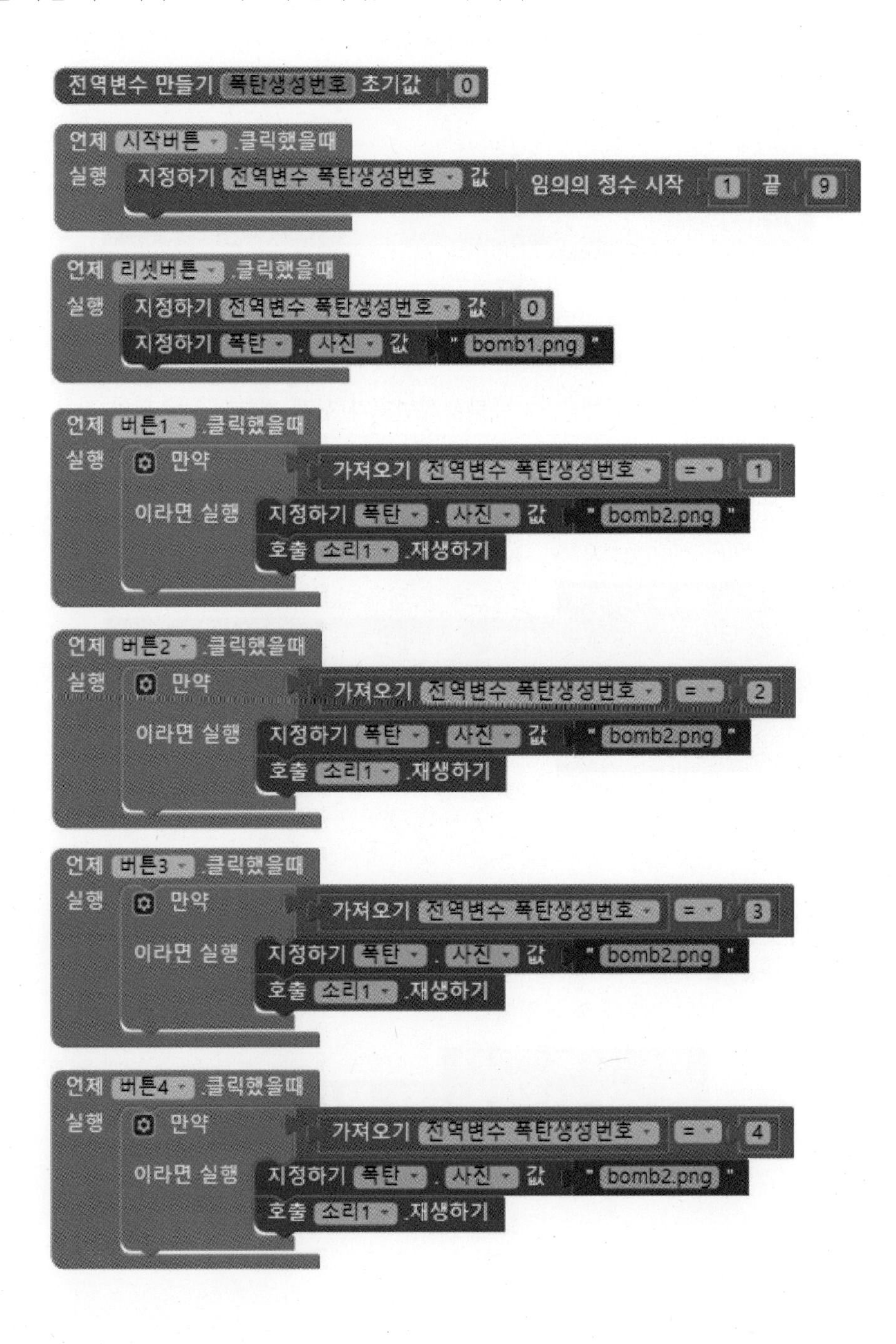

```
언제 버튼5 .클릭했을때
실행 만약 가져오기 전역변수 폭탄생성번호 = 5
  이라면 실행 지정하기 폭탄 . 사진 값 " bomb2.png "
            호출 소리1 .재생하기
```

```
언세 버튼6 .클릭했을내
실행 만약 가져오기 전역변수 폭탄생성번호 = 6
  이라면 실행 지정하기 폭탄 . 사진 값 " bomb2.png "
            호출 소리1 .재생하기
```

```
언제 버튼7 .클릭했을때
실행 만약 가져오기 전역변수 폭탄생성번호 = 7
  이라면 실행 지정하기 폭딘 . 사진 값 " bomb2.png "
            호출 소리1 .재생하기
```

```
언제 버튼8 .클릭했을때
실행 만약 가져오기 전역변수 폭탄생성번호 = 8
  이라면 실행 지정하기 폭탄 . 사진 값 " bomb2.png "
            호출 소리1 .재생하기
```

```
언제 버튼9 .클릭했을때
실행 만약 가져오기 전역변수 폭탄생성번호 = 9
  이라면 실행 지정하기 폭탄 . 사진 값 " bomb2.png "
            호출 소리1 .재생하기
```

완성된 앱

완성된 앱은 AI 컴패니언 또는 에뮬레이터를 통해 실행해 볼 수 있다. 다음은 폭탄 터트리기 앱의 완성 화면으로 에뮬레이터를 통해 실행한 화면이다.

7.2 가위-바위-보 게임

미리보기

이번 장에서는 아래 그림과 같이 가위-바위-보 게임 앱을 만든다. 가위, 바위, 보 중에서 하나를 선택할 때 앱의 선택은 임의의 정수 시작□ 끝□ 블록을 사용하여 정할 수 있다. 이번 장에서 배운 변수의 개념을 바탕으로 win인 경우 점수를 1씩 증가하여 출력되도록 하고 게임 다시하기를 하면 앱과 나의 점수를 0으로 초기화한다.

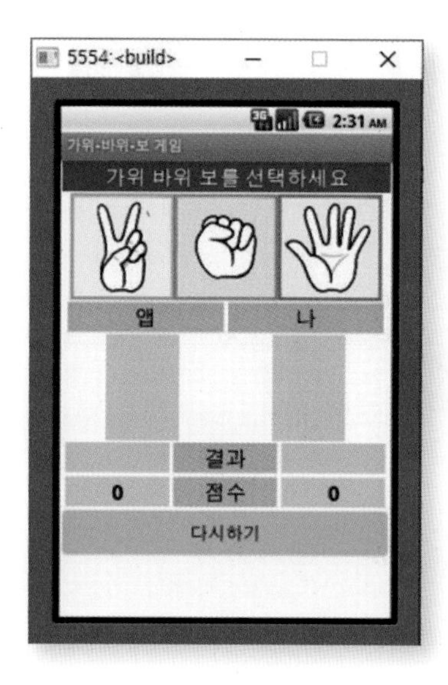

디자이너 설계

가위-바위-보 게임 앱을 만들기 위해 [프로젝트] → [새 프로젝트 시작하기]에서 프로젝트 이름을 **ch07_Rock_Paper_Scissors**로 입력한다. 프로젝트의 디자이너 완료 화면은 아래 그림과 같다. 시작메시지 레이블 아래에 가위, 바위, 보 버튼 컴포넌트를 가로로 배치한다. 이 프로젝트는 앱과 나의 가위-바위-보 게임으로 내가 가위, 바위, 보 버튼을 클릭했을 때 앱은 임의의 정수 시작□ 끝□ 블록을 사용하여 가위, 바위, 보 중에서 하나가 결정되게 할 것이다. 컴포넌트들을 가로로 배치하기 위해 레이아웃의 수평배치를 적절히 사용해보자.

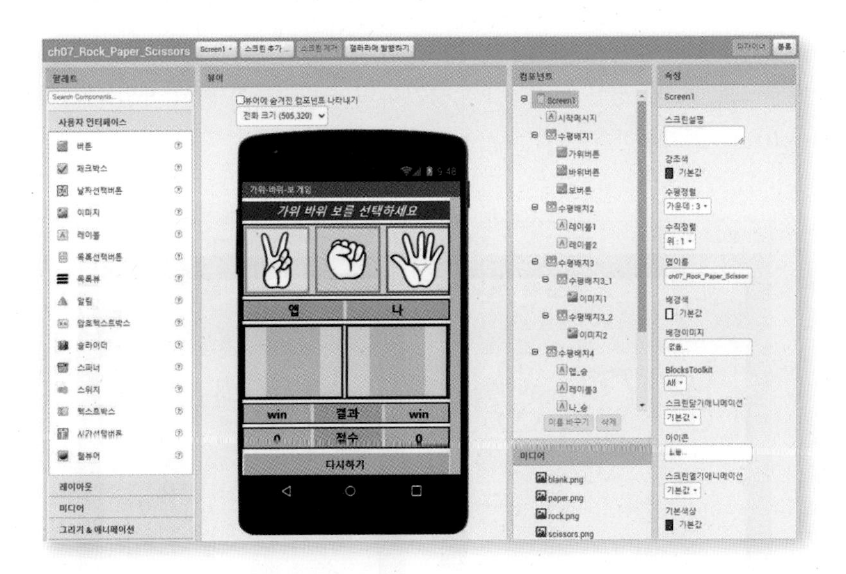

컴포넌트 구성

가위-바위-보 게임 프로젝트의 디자이너 설계에 필요한 컴포넌트는 레이블, 버튼, 이미지 그리고 컴포넌트 배치를 위한 수평배치로 구성된다. 앱 인벤터의 화면 배치 방식은 기본적으로 수직배치이므로 가위, 바위, 보 버튼, 앱과 나의 선택 이미지, 결과 출력을 위한 레이블들을 가로로 배치하기 위해 여러 개의 수평배치를 사용한다.

아래 그림은 가위, 바위, 보 3개의 버튼을 수평배치1에 가로로 배치하고 속성에서 높이, 너비, 이미지 속성 값을 설정하는 과정을 보여준다. 이미지 속성 값은 미디어에 업로드된 파일목록에서 선택한다.

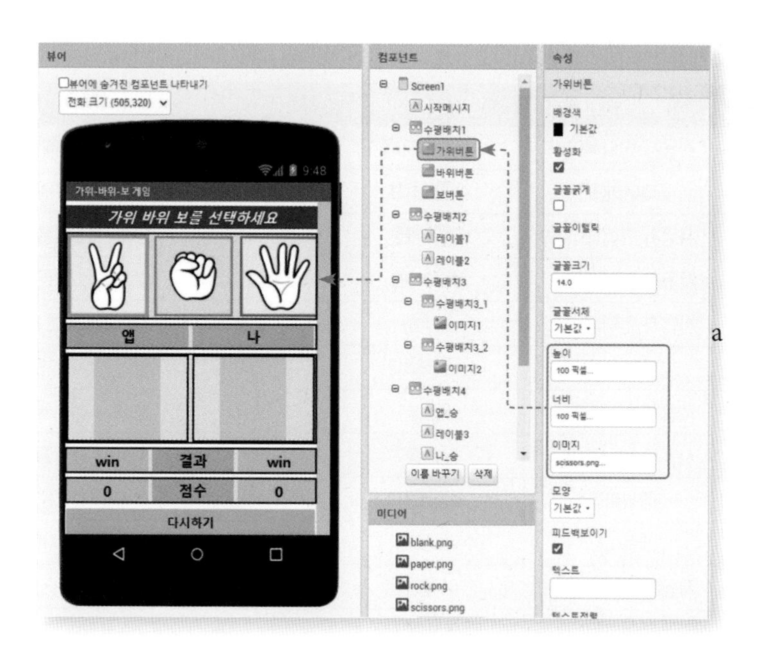

2개의 이미지를 왼쪽과 오른쪽 가운데로 배치하기 위해 수평배치3 안에 수평배치3_1과 수평배치3_2를 배치하고 그 안에 각각 이미지1과 이미지2를 배치한다.

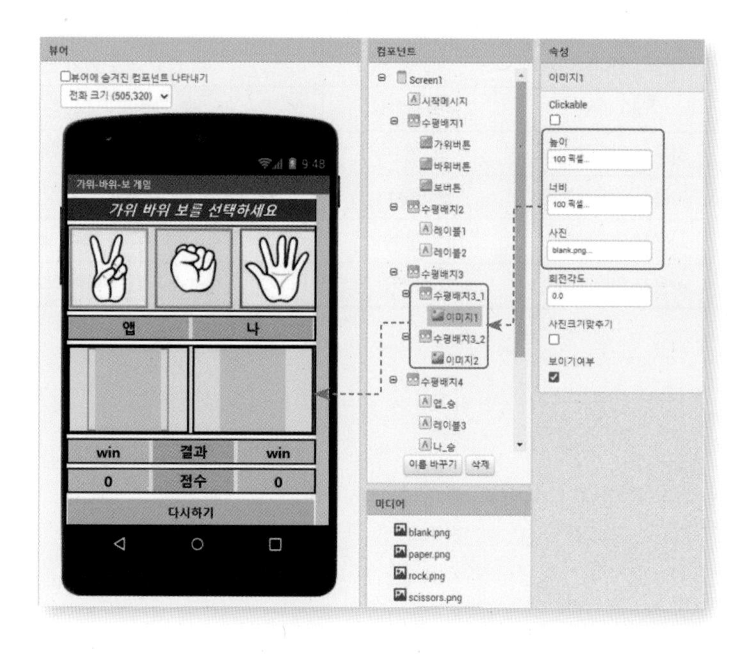

가위-바위-보 게임 프로젝트에서 사용되는 컴포넌트들의 이름과 기능은 [표 7-4]와 같다.

표 7-4 가위-바위-보 게임 프로젝트의 컴포넌트 구성

컴포넌트	팔레트 그룹	컴포넌트 이름	기능설명
레이블	사용자 인터페이스	시작메시지	게임 제목 출력 레이블
수평배치	레이아웃	수평배치1	가위, 바위, 보 3개 버튼을 수평배치
버튼	사용자 인터페이스	가위버튼	가위 선택 버튼
버튼	사용자 인터페이스	바위버튼	바위 선택 버튼
버튼	사용자 인터페이스	보버튼	보 선택 버튼
수평배치	레이아웃	수평배치2	레이블1, 레이블2 2개 레이블을 수평배치
레이블	사용자 인터페이스	레이블1	앱 표시 레이블
레이블	사용자 인터페이스	레이블2	나 표시 레이블
수평배치	레이아웃	수평배치3	수평배치3_1과 수평배치3_2를 수평배치
수평배치	레이아웃	수평배치3_1	이미지1을 [수평정렬:가운데] 배치
이미지	사용자 인터페이스	이미지1	앱 선택 이미지
수평배치	레이아웃	수평배치3_2	이미지2를 [수평정렬:가운데] 배치
이미지	사용자 인터페이스	이미지2	나 선택 이미지
수평배치	레이아웃	수평배치4	앱_승 레이블, 레이블3, 나_승 레이블을 수평배치
레이블	사용자 인터페이스	앱_승	앱_승일 겨우 win 출력 레이블
레이블	사용자 인터페이스	레이블3	결과
레이블	사용자 인터페이스	나_승	나_승일 겨우 win 출력 레이블
수평배치	레이아웃	수평배치5	앱_점수 레이블, 레이블4, 나_점수 레이블을 수평배치
레이블	사용자 인터페이스	앱_점수	앱_점수 출력 레이블
레이블	사용자 인터페이스	레이블4	점수
레이블	사용자 인터페이스	나_점수	나_점수 출력 레이블
버튼	사용자 인터페이스	다시하기	게임 초기화를 위한 다시하기 버튼

컴포넌트 속성

가위-바위-보 게임 프로젝트의 컴포넌트 속성은 [표 7-5]와 같다.

표 7-5 가위-바위-보 게임 프로젝트의 컴포넌트 속성

컴포넌트 이름	속성	속성 값
Screen 1	수평정렬	가운데:3
	앱이름	ch07_Rock_Paper_Scissors
시작 메시지	배경색, 글자색	파랑, 흰색
	글꼴굵게, 글꼴크기	체크, 20
	너비	부모 요소에 맞추기
	텍스트	가위 바위 보를 선택하세요.
	텍스트정렬	가운데:1
수평배치 1	수평정렬	가운데:3
	너비	부모 요소에 맞추기
가위버튼	높이, 너비	100픽셀, 100픽셀
	이미지	scissors.png
바위버튼	높이, 너비	100픽셀, 100픽셀
	이미지	rock.png
보버튼	높이, 너비	100픽셀, 100픽셀
	이미지	paper.png
수평배치 2	수평정렬	가운데:3
	너비	부모 요소에 맞추기
레이블 1	배경색	분홍
	글꼴굵게, 글꼴크기	체크, 20
	너비	150픽셀
	텍스트, 텍스트정렬	앱, 가운데:1
레이블 2	배경색	분홍
	글꼴굵게, 글꼴크기	체크, 20
	너비	150픽셀
	텍스트, 텍스트정렬	나, 가운데:1
수평배치 3	수평정렬	가운데:3
	너비	부모 요소에 맞추기
수평배치 3_1	수평정렬	가운데:3
	너비	부모 요소에 맞추기
이미지 1	높이, 너비	100픽셀, 100픽셀
	사진	blank.png
수평배치 3_2	수평정렬	가운데:3
	너비	부모 요소에 맞추기
이미지 2	높이, 너비	100픽셀, 100픽셀
	사진	blank.png
수평배치 4	수평정렬	가운데:3
	너비	부모 요소에 맞추기
앱_승	배경색	밝은회색
	글꼴굵게, 글꼴크기	체크, 20
	너비	100픽셀
	텍스트, 텍스트정렬	win, 가운데:1
레이블 3	배경색	분홍
	글꼴굵게, 글꼴크기	체크, 20
	너비	100픽셀
	텍스트, 텍스트정렬	결과, 가운데:1
나_승	배경색	밝은회색
	글꼴굵게, 글꼴크기	체크, 20
	너비	100픽셀
	텍스트, 텍스트정렬	win, 가운데:1
수평배치 5	수평정렬	가운데:3
	너비	부모 요소에 맞추기
앱_점수	배경색	밝은회색
	글꼴굵게, 글꼴크기	체크, 20
	너비	100픽셀
	텍스트, 텍스트정렬	0, 가운데:1
레이블 4	배경색	분홍
	글꼴굵게, 글꼴크기	체크, 20
	너비	100픽셀
	텍스트, 텍스트정렬	점수, 가운데:1
나_점수	배경색	밝은회색
	글꼴굵게, 글꼴크기	체크, 20
	너비	100픽셀
	텍스트, 텍스트정렬	0, 가운데:1
다시하기	배경색	주황
	글꼴굵게, 글꼴크기	체크, 17
	너비	부모 요소에 맞추기
	텍스트, 텍스트정렬	다시하기, 가운데:1

아래 그림은 가위-바위-보 게임 앱의 최종 완성된 디자이너 화면이다.

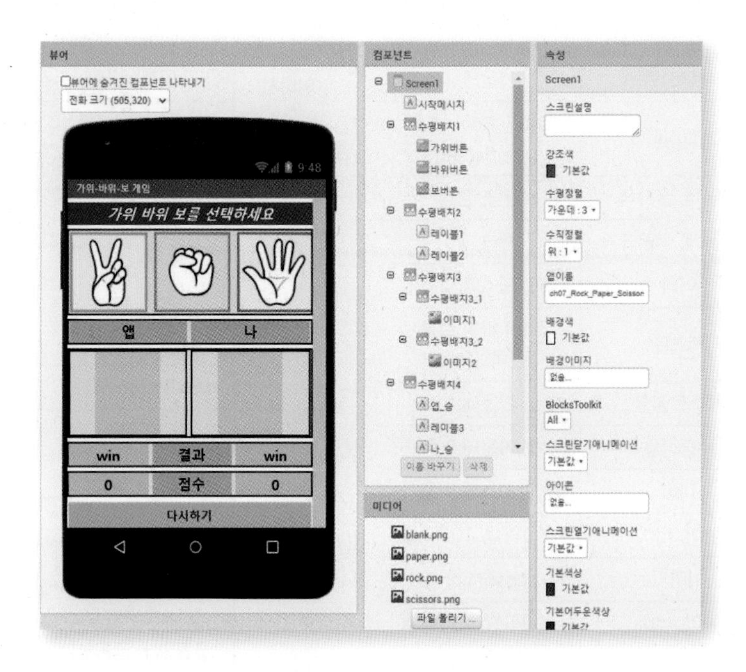

블록 코딩

가위-바위-보 게임은 가위, 바위, 보 버튼을 클릭했을 때 임의의 정수 시작□ 끝□ 블록을 사용하여 앱의 선택을 정하고 클릭한 버튼(나의 선택)과 비교하여 승-패를 출력하는 것이다. 앱의 선택과 나의 선택이 이미지 컴포넌트에 보이게 하고, 게임에서 이긴 쪽은 점수를 1씩 증가하여 출력한다. 게임 다시하기를 하면 앱과 나의 점수를 0으로 초기화하는 코드를 작성한다.

사용할 블록 미리보기

다음은 이번 장에서 사용되는 주요 블록에 대한 설명이다.

표 7-6 가위-바위-보 게임 앱에서 사용되는 주요 블록

블록	설명
언제 Screen1 .초기화되었을때 실행	Screen1이 초기화되었을 때 게임에서 사용되는 변수 및 컴포넌트 속성 값을 초기화한다.
언제 버튼1 .클릭했을때 실행 언제 다시하기 .클릭했을때 실행	가위, 바위, 보 버튼을 클릭했을 때 앱과 나의 게임을 시작한다. 다시하기 버튼은 Screen1과 같이 게임 초기화 설정을 한다.
+ 임의의 정수 시작 1 끝 3	연산 블록을 사용하여 앱과 나의 점수를 누적 계산하고 임의의 정수 시작 1 끝 3 블록을 사용하여 앱의 선택을 설정한다.
만약 이라면 실행 아니고 만약 이라면 실행 아니라면	[만약~이라면 실행, 아니고 만약~이라면 실행, 아니라면] 조건 분기 구문이다. 앱과 나의 가위, 바위, 보 선택을 비교하기 위해서는 2가지에 대해 조건 비교가 필요하다.
지정하기 이미지1 . 사진 값 지정하기 이미지2 . 사진 값 지정하기 앱_승 . 텍스트 값 지정하기 나_승 . 텍스트 값 지정하기 앱_점수 . 텍스트 값 지정하기 나_점수 . 텍스트 값	가위, 바위, 보 중에서 선택한 앱과 나의 이미지 설정, 앱과 나의 승패 상태 및 점수를 설정하는 블록들이다.

변수 처리

❶ 전역변수 [choice]

전역변수 choice는 앱이 선택한 값을 저장할 변수이다. 초기값은 0으로 설정한다.

전역변수 만들기 choice 초기값 0

이벤트 처리

❶ Screen1 화면 초기화

Screen1 화면이 초기화되었을 때 앱과 나의 승패 상태를 출력할 2개 레이블은 빈 문자열로 초기화하고 앱과 나의 누적점수를 출력할 2개 레이블은 0으로 초기화한다.

❷ 앱과 나의 가위, 바위, 보 게임하기

가위 또는 바위 또는 보 버튼을 클릭했을 때 앱과 나의 이미지 사진 값을 설정한다. 앱은 **임의의 정수 시작 1 끝 3** 블록을 사용하여 1인 경우 가위, 2인 경우 바위, 3인 경우 보 이미지로 설정하고, 앱과 나의 선택한 값을 비교하여 승패 및 점수를 출력한다.

언제 가위버튼 .클릭했을때
실행 지정하기 이미지2 . 사진 값 가위버튼 . 이미지
지정하기 전역변수 choice 값 임의의 정수 시작 1 끝 3
만약 가져오기 전역변수 choice = 1
이라면 실행 지정하기 이미지1 . 사진 값 가위버튼 . 이미지
지정하기 앱_승 . 텍스트 값 " "
지정하기 나_승 . 텍스트 값 " "
아니고 만약 가져오기 전역변수 choice = 2
이라면 실행 지정하기 이미지1 . 사진 값 바위버튼 . 이미지
지정하기 앱_승 . 텍스트 값 " win "
지정하기 나_승 . 텍스트 값 " "
지정하기 앱_점수 . 텍스트 값 앱_점수 . 텍스트 + 1
아니라면 지정하기 이미지1 . 사진 값 보버튼 . 이미지
지정하기 앱_승 . 텍스트 값 " "
지정하기 나_승 . 텍스트 값 " win "
지정하기 나_점수 . 텍스트 값 나_점수 . 텍스트 + 1

❸ 게임 다시하기

앱과 나의 선택 이미지, 승패 출력 레이블 및 점수 출력 레이블을 초기화한다.

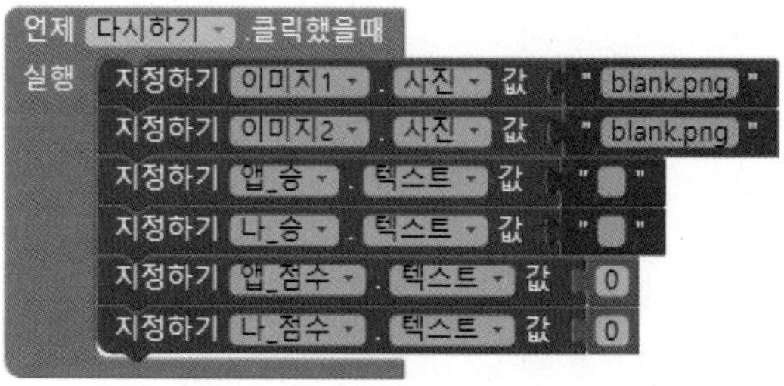

```
언제 다시하기 .클릭했을때
실행 지정하기 이미지1 . 사진 값 " blank.png "
     지정하기 이미지2 . 사진 값 " blank.png "
     지정하기 앱_승 . 텍스트 값 " "
     지정하기 나_승 . 텍스트 값 " "
     지정하기 앱_점수 . 텍스트 값 0
     지정하기 나_점수 . 텍스트 값 0
```

최종 완성 블록

다음은 가위-바위-보 게임의 전체 앱 프로그램을 보여준다.

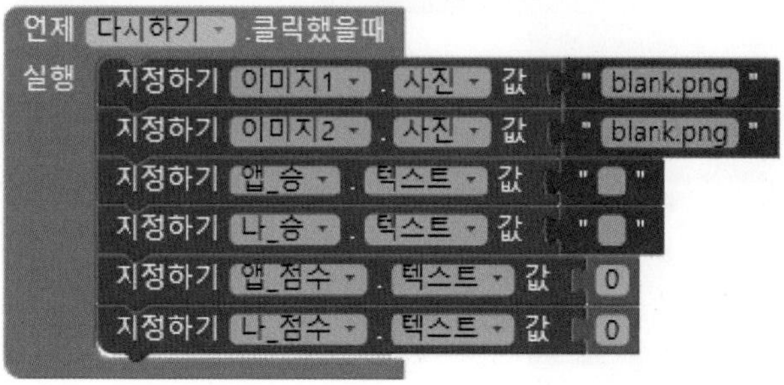

```
전역변수 만들기 choice 초기값 0

언제 Screen1 .초기화되었을때
실행 지정하기 앱_승 . 텍스트 값 " "
     지정하기 나_승 . 텍스트 값 " "
     지정하기 앱_점수 . 텍스트 값 0
     지정하기 나_점수 . 텍스트 값 0

언제 다시하기 .클릭했을때
실행 지정하기 이미지1 . 사진 값 " blank.png "
     지정하기 이미지2 . 사진 값 " blank.png "
     지정하기 앱_승 . 텍스트 값 " "
     지정하기 나_승 . 텍스트 값 " "
     지정하기 앱_점수 . 텍스트 값 0
     지정하기 나_점수 . 텍스트 값 0
```

```
언제 가위버튼 .클릭했을때
실행 지정하기 이미지2 . 사진 값 가위버튼 . 이미지
     지정하기 전역변수 choice 값 임의의 정수 시작 1 끝 3
     만약 가져오기 전역변수 choice = 1
     이라면 실행 지정하기 이미지1 . 사진 값 가위버튼 . 이미지
                지정하기 앱_승 . 텍스트 값 " "
                지정하기 나_승 . 텍스트 값 " "
     아니고 만약 가져오기 전역변수 choice = 2
     이라면 실행 지정하기 이미지1 . 사진 값 바위버튼 . 이미지
                지정하기 앱_승 . 텍스트 값 " win "
                지정하기 나_승 . 텍스트 값 " "
                지정하기 앱_점수 . 텍스트 값 앱_점수 . 텍스트 + 1
     아니라면   지정하기 이미지1 . 사진 값 보버튼 . 이미지
                지정하기 앱_승 . 텍스트 값 " "
                지정하기 나_승 . 텍스트 값 " win "
                지정하기 나_점수 . 텍스트 값 나_점수 . 텍스트 + 1

언제 바위버튼 .클릭했을때
실행 지정하기 이미지2 . 사진 값 바위버튼 . 이미지
     지정하기 전역변수 choice 값 임의의 정수 시작 1 끝 3
     만약 가져오기 전역변수 choice = 1
     이라면 실행 지정하기 이미지1 . 사진 값 가위버튼 . 이미지
                지정하기 앱_승 . 텍스트 값 " "
                지정하기 나_승 . 텍스트 값 " win "
                지정하기 나_점수 . 텍스트 값 나_점수 . 텍스트 + 1
     아니고 만약 가져오기 전역변수 choice = 2
     이라면 실행 지정하기 이미지1 . 사진 값 바위버튼 . 이미지
                지정하기 앱_승 . 텍스트 값 " "
                지정하기 나_승 . 텍스트 값 " "
     아니라면   지정하기 이미지1 . 사진 값 보버튼 . 이미지
                지정하기 앱_승 . 텍스트 값 " win "
                지정하기 나_승 . 텍스트 값 " "
                지정하기 앱_점수 . 텍스트 값 앱_점수 . 텍스트 + 1
```

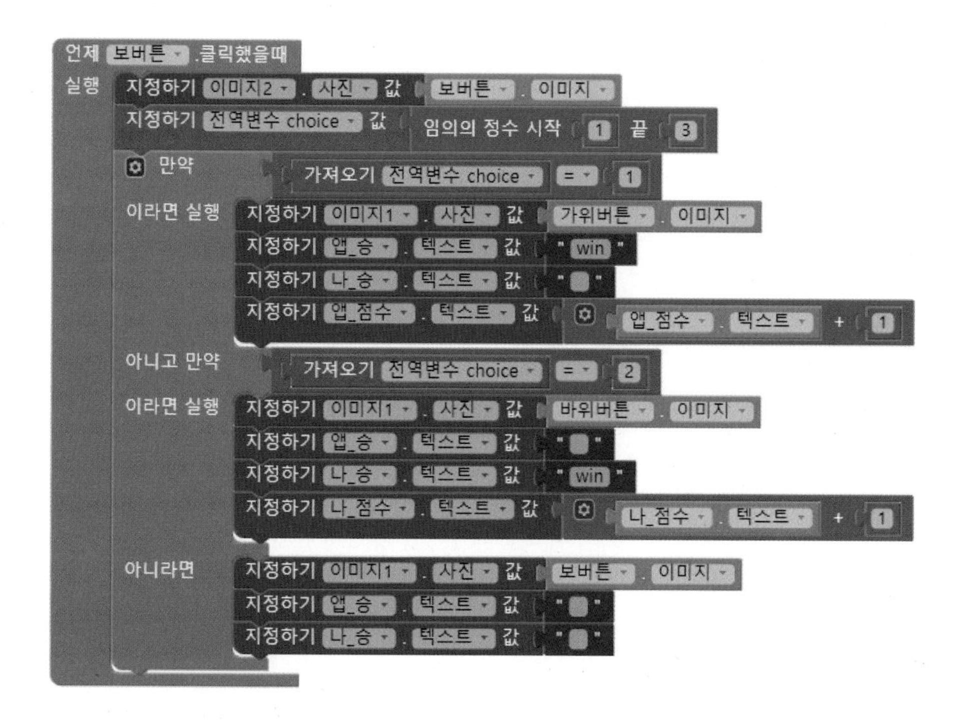

완성된 앱

다음은 가위-바위-보 게임 앱을 에뮬레이터에서 실행한 화면이다. 완성된 앱을 AI 컴패니언이나 에뮬레이터를 통해 실행해보자.

7.3 생각해보기

앞에서 만든 폭탄 터트리기 앱을 이용하여 다음과 같은 기능을 구현해보자. 아래 그림과 같이 타이머를 추가하여 게임 완료 시간이 레이블에 출력되도록 코드를 추가해보자.

기능

1. 게임시작버튼을 누르면 타이머가 활성화되어 레이블에 1초씩 증가하도록 한다.
2. 다시하기 버튼을 누르면 레이블의 텍스트는 0으로 초기화된다.
3. 폭탄이 터지면 타이머 활성화하기를 false로 설정하여 게임이 완료된다.

다시하기

게임시작

폭탄선택

리스트를 이용한 퀴즈 풀기

학습목차

학습목표

1. 리스트 블록을 사용하여 전역변수에 여러 개의 항목을 초기화할 수 있다.
2. 변수를 사용하여 리스트 블록의 특정 위치 항목을 선택하고 출력할 수 있다.
3. 목록선택버튼의 요소 문자열에 리스트 블록을 연결하여 항목을 출력할 수 있다.
4. 수학 블록을 사용하여 변수의 값을 변경할 수 있다.

8.1 국기 맞히기

미리보기

이번 장에서는 리스트를 이용한 퀴즈 풀기 앱을 만든다. 국기 맞히기 앱은 제시된 국기이미지의 나라이름을 입력한 후 맞으면 O, 틀리면 X를 표시하고 마지막 문제까지 풀면 맞힌 개수를 출력하도록 한다. 국기이미지 파일명과 나라이름을 저장하기 위해 리스트 컴포넌트를 사용한다.

디자이너 설계

국기 맞히기 앱을 만들기 위해 [프로젝트] → [새 프로젝트 시작하기]에서 프로젝트 이름을 **ch08_FlagsQuiz**로 입력한다. 프로젝트의 디자이너 완료 화면은 아래 그림과 같다. 국기 맞히기 앱은 국기이미지에 해당하는 나라이름을 입력한 후 맞으면 O를 표시하고 틀리면 X를 표시하는 프로젝트이다. 제목 레이블 아래에 국기이미지를 출력하기 위한 이미지 컴포넌트를 배치한다. 국기에 해당하는 나라이름을 입력하기 위해 텍스트박스를 배치하고 답이 맞는지 비교하기 위해 확인 버튼을 배치한다. 정답여부에 따라 O 또는 X 이미지를 출력할 이미지 컴포넌트를 중앙에 배치한다. 레이아웃의 수평배치를 사용하여 처음으로 이동하는 버튼과 다음 문제로 이동하기 위한 버튼을 배치한다.

컴포넌트 구성

국기 맞히기 프로젝트의 디자이너 설계에 필요한 컴포넌트는 레이블, 이미지, 텍스트박스, 버튼 그리고 컴포넌트 배치를 위한 수평배치로 구성된다.

팔레트 그룹에서 이미지 컴포넌트를 드래그하여 뷰어에 배치한 후, 컴포넌트 속성에서 높이, 너비, 사진 속성을 아래 그림과 같이 설정한다. 사진 속성 값을 설정하기 전에 그림의 ❷와 같이 '국기 맞히기' 앱에서 사용할 이미지 파일들을 미디어에 업로드한다. 그림의 ❸과 같이 [높이: 100픽셀], [너비: 200픽셀], [사진: france.png]로 설정한다.

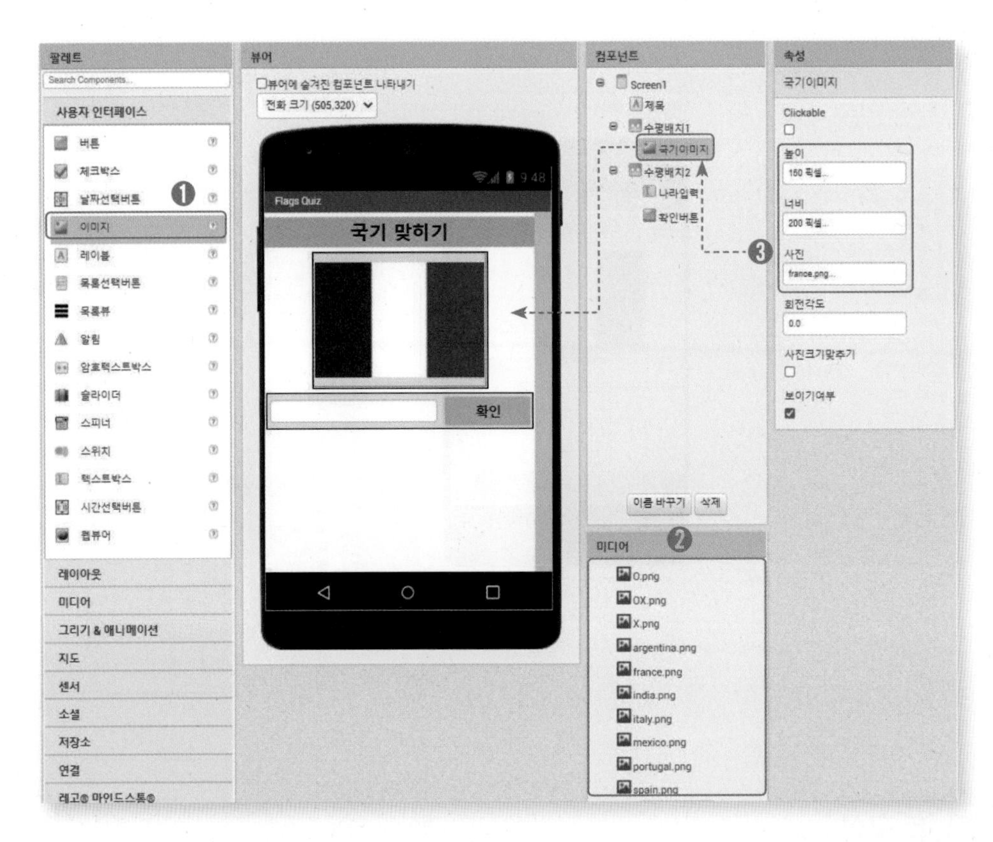

아래 2개의 그림은 국기 맞히기 퀴즈를 모두 풀고, 다음 버튼을 클릭했을 때 맞힌 개수를 출력하기 위한 레이블의 배치 상태를 보여준다. 속성에서 보이기여부 속성 값의 체크해제 또는 체크하기에 따라 레이블이 보이지 않거나 보이는 것을 확인할 수 있다.

국기 맞히기 프로젝트에서 사용되는 컴포넌트들의 이름과 기능은 [표 8-1]과 같다.

표 8-1 국기 맞히기 프로젝트의 컴포넌트 구성

컴포넌트	팔레트 그룹	컴포넌트 이름	기능설명
레이블	사용자 인터페이스	제목	앱 상단의 제목
수평배치	레이아웃	수평배치1	이미지 컴포넌트 배치
이미지	사용자 인터페이스	국기이미지	국기이미지 출력
수평배치	레이아웃	수평배치2	나라입력 텍스트박스와 확인 버튼 컴포넌트 배치
텍스트박스	사용자 인터페이스	나라입력	국기에 해당하는 나라이름을 입력할 텍스트박스
버튼	사용자 인터페이스	확인버튼	O 또는 X 확인 버튼
레이블	사용자 인터페이스	맞힌 개수 레이블	맞힌개수 출력 레이블
수평배치	레이아웃	수평배치3	OX이미지 컴포넌트 배치
이미지	사용자 인터페이스	OX이미지	나라이름이 맞으면 O, 틀리면 X를 표시할 이미지 컴포넌트
수평배치	레이아웃	수평배치4	처음으로 버튼과 다음으로 버튼 컴포넌트 배치
버튼	사용자 인터페이스	처음버튼	처음 문제로 이동 버튼
버튼	사용자 인터페이스	다음버튼	다음 문제로 이동 버튼

컴포넌트 속성

국기 맞히기 프로젝트의 컴포넌트 속성은 [표 8-2]와 같다.

표 8-2 국기 맞히기 프로젝트의 컴포넌트 속성

컴포넌트 이름	속성	속성 값
Screen1	수평정렬	가운데:3
	앱이름	ch08_FlagsQuiz
제목	배경색	분홍
	글꼴굵게, 글꼴크기	체크, 25
	너비	부모 요소에 맞추기
	텍스트	국기 맞히기
	텍스트정렬	가운데:1
수평배치1	수평정렬, 수직정렬	왼쪽:1, 위:1
국기이미지	높이, 너비	150픽셀, 200픽셀
	사진	france.png
수평배치2	수평정렬, 수직정렬	왼쪽:1, 가운데:2
나라입력	너비	200픽셀
	힌트	나라이름을 한글로 입력하시오.
확인버튼	글꼴굵게, 글꼴크기	체크, 17
	너비	100픽셀
	텍스트	확인
	텍스트정렬	가운데:1
맞힌개수레이블	글꼴굵게, 글꼴크기	체크, 17
	텍스트	맞힌개수 출력
	보이기여부	체크해제
수평배치3	수평정렬, 수직정렬	왼쪽:1, 위:1
OX이미지	높이, 너비	100픽셀, 100픽셀
	사진	OX.png
수평배치4	수평정렬, 수직정렬	왼쪽:1, 위:1
처음버튼	글꼴굵게, 글꼴크기	체크, 17
	너비	150픽셀
	텍스트, 텍스트정렬	처음으로, 가운데:1
다음버튼	글꼴굵게, 글꼴크기	체크, 17
	너비	150픽셀
	텍스트, 텍스트정렬	다음, 가운데:1

아래 그림은 국기 맞히기 앱의 최종 완성된 디자이너 화면이다.

블록 코딩

국기 맞히기 앱은 국기이미지 컴포넌트에 제시된 국기의 나라이름을 텍스트에 입력한 후 맞았다면 OX이미지 컴포넌트에 O이미지를 보여주고, 틀렸다면 X이미지를 보여주는 앱이다. 다음으로 버튼을 클릭했을 때 더 이상 제시할 국기가 없다면 OX이미지 컴포넌트는 보이지 않게 하고 대신 맞힌 개수의 출력 레이블이 보이도록 한다.

사용할 블록 미리보기

다음은 이번 장에서 사용되는 주요 블록에 대한 설명이다.

표 8-3 국기 맞히기 앱에서 사용되는 주요 블록

블록	설명
전역변수 만들기 이름 초기값	전역변수 만들기 블록은 국기목록(리스트), 정답(리스트), 문제번호, 맞힌개수 값을 저장하기 위해 사용한다.
리스트 만들기 항목 선택하기 리스트 위치	[공통블록]의 리스트는 여러 개 항목을 하나의 이름으로 저장하기 위한 블록이다. 리스트 만들기 블록으로 국기목록과 정답을 만들고 리스트에서 특정 위치 항목을 가져오기 위해 항목 선택하기 블록을 사용한다.
" "	텍스트 블록을 사용하여 국기목록 리스트의 이미지 파일명을 저장하고 정답 리스트에 나라이름을 저장한다.
만약 이라면 실행 아니라면	제어 블록 [만약~이라면 실행, 아니라면]은 리스트의 정답과 입력한 문자열을 비교할 때, 리스트의 마지막 항목인지 비교할 때 사용한다.
참 거짓	컴포넌트의 보이기여부 값을 설정할 때 사용한다.
= 0 +	리스트의 정답과 입력한 문자열이 같은지 비교할 때 사용하는 블록과 리스트의 항목을 순차적으로 가져오기 위한 문제번호와 맞힌개수를 증가시킬 때 사용하는 수학 연산 블록들이다.
언제 확인버튼 .클릭했을때 실행 언제 처음버튼 .클릭했을때 실행 언제 다음버튼 .클릭했을때 실행	확인버튼은 제시된 국기이미지에 해당하는 정답을 리스트에서 가져와 입력된 나라이름과 비교하여 맞으면 O, 틀리면 X이미지 출력한다. 다음버튼은 리스트의 다음 문제로 이동하고 처음버튼은 퀴즈를 다시시작하기 위해 모든 설정을 초기화한다.
지정하기 국기이미지 . 사진 값 지정하기 OX이미지 . 사진 값 지정하기 나라입력 . 텍스트 값 지정하기 맞힌개수레이블 . 보이기여부 값 지정하기 OX이미지 . 보이기여부 값	문제로 제시할 국기이미지, 정답여부에 따라 표시할 OX이미지, 나라입력 텍스트박스, 맞힌개수 출력 레이블과 OX이미지의 보이기여부 값을 설정하는 블록들이다.

리스트 컴포넌트로 목록 만들기

7장에서 값을 저장하기 위한 변수를 생성하고 초기화하는 방법을 살펴보았다. 하나의 값을 저장하는 변수를 생성하였는데 프로그램을 작성하다보면 여러 개의 항목을 가진 저장소가 필요하다. 이와 같이 여러 개의 항목을 가지는 구조를 리스트라 한다. 리스트를 만들어서 변수 값을 초기화하고 리스트를 제어하는 블록들을 알아보자.

리스트 만들기

전역변수 나라이름을 생성하고 '대한민국', '터키' 2개의 항목을 가진 리스트로 초기 값을 설정한다.

리스트에 항목 추가하기

항목 추가하기 리스트 가져오기 전역변수 나라이름
item " 오스트리아 "

나라이름에 '오스트리아' 항목을 추가하여 리스트 나라이름은 3개 항목이 된다.

리스트 길이 구하기

길이 구하기 리스트 가져오기 전역변수 나라이름

리스트 나라이름에는 '대한민국', '터키', '오스트리아' 3개 항목이 있으므로 길이는 3이 된다.

리스트의 특정 위치의 항목 선택하기

항목 선택하기 리스트 가져오기 전역변수 나라이름
위치 2

'대한민국', '터키', '오스트리아' 3개 항목 중에서 2번째 위치의 '터키'가 출력된다.

리스트의 특정 위치에 항목 삽입하기

항목 삽입하기 리스트 가져오기 전역변수 나라이름
위치 2
항목 " 독일 "

2번째 위치에 '독일' 항목이 삽입되어 리스트 항목은 '대한민국', '독일', '터키', '오스트리아'로 구성된다.

리스트의 특정 위치 항목 교체하기

항목 교체하기 리스트 가져오기 전역변수 나라이름
위치 3
바꿀항목 "이탈리아"

3번째 위치 '터키' 항목이 '이탈리아'로 변경되어 리스트 항목은 '대한민국', '독일', '이탈리아', '오스트리아'로 구성된다.

리스트의 특정 위치 항목 삭제하기

항목 삭제하기 리스트 가져오기 전역변수 나라이름
위치 2

2번째 위치 '독일' 항목이 삭제되어 리스트 항목은 '대한민국', '이탈리아', '오스트리아'로 구성된다.

이벤트 처리

❶ 앱 실행 시 변수, 리스트 생성 및 초기화

다음은 국기 맞히기 앱에서 나라별 국기이미지와 정답을 리스트 공통블록을 사용하여 초기화하고 리스트 항목에서 순차적으로 문제를 제시하기 위해 문제번호, 맞힌개수를 저장하기 위한 변수를 생성하고 초기화하는 블록코드이다.

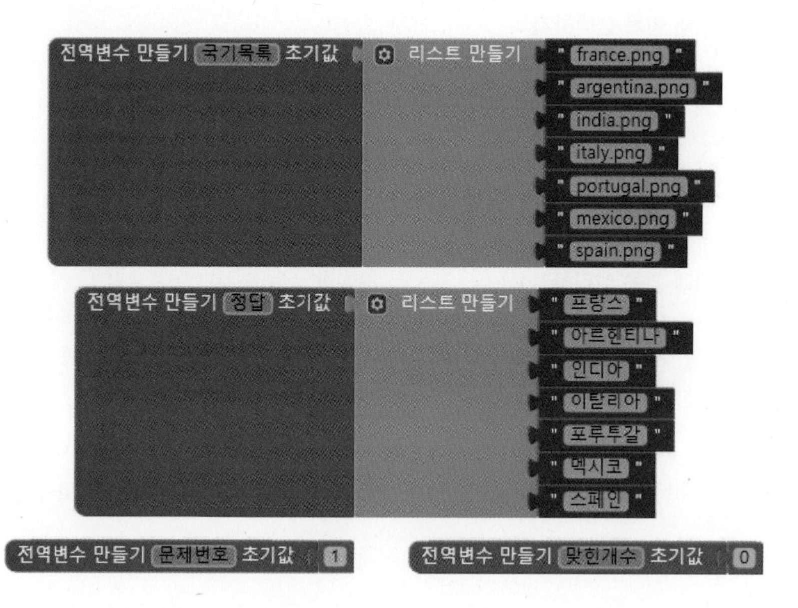

❷ 입력한 문자열과 정답 리스트의 문제번호 위치 항목을 비교

확인버튼을 클릭했을 때, 정답 리스트의 문제번호 위치 항목과 텍스트박스의 입력 문자열이 같으면 'O' 이미지를 출력하고 맞힌개수를 1 증가한다. 만약 틀렸으면 'X' 이미지를 출력한다.

```
언제 확인버튼 .클릭했을때
실행 만약 항목 선택하기 리스트 가져오기 전역변수 정답
            위치 가져오기 전역변수 문제번호        = 나라입력 . 텍스트
     이라면 실행 지정하기 OX이미지 . 사진 값 " O.png "
               지정하기 전역변수 맞힌개수 값 가져오기 전역변수 맞힌개수 + 1
     아니라면 지정하기 OX이미지 . 사진 값 " X.png "
```

❸ 퀴즈 초기화

처음버튼을 클릭했을 때 퀴즈 화면 처음으로 돌아가도록 한다. 문제번호는 1로 지정하고, 리스트 항목에서 1번 문제에 해당하는 국기이미지가 보여지고, OX이미지는 아무것도 보이지 않는 초기화면으로 설정된다. 국가입력 텍스트박스의 텍스트, 맞힌개수레이블의 보이기여부, OX이미지의 보이기여부 값을 초기화하는 블록코드이다.

```
언제 처음버튼 .클릭했을때
실행 지정하기 전역변수 문제번호 값 1
     지정하기 국기이미지 . 사진 값 항목 선택하기 리스트 가져오기 전역변수 국기목록
                                  위치 가져오기 전역변수 문제번호
     지정하기 OX이미지 . 사진 값 " OX.png "
     지정하기 나라입력 . 텍스트 값 " "
     지정하기 맞힌개수레이블 . 보이기여부 값 거짓
     지정하기 OX이미지 . 보이기여부 값 참
```

❹ 다음 문제로 이동

다음버튼을 클릭했을 때 문제번호가 7을 넘지 않는지 비교한다. 리스트의 항목 수보다 큰 위치를 접근하려고 하면 에러가 발생한다. 따라서 리스트의 문제번호가 7보다 작으면 문제번호를 1증가시키고 국기목록 리스트에서 해당 이미지를 보여준다.

만약 7보다 크거나 같다면 문제번호는 7로 지정한다. 왜냐하면 리스트 항목에서 7을 넘는 위치를 접근하려고 하면 아래 그림과 같이 Runtime Error가 발생할 것이다. 이러한 문제를 해결하기 위해 문제번호 변수가 리스트의 길이보다 작으면 해당 코드를 실행하지만 크거나 같다면 문제번호는 리스트의 길이로 지정한다.

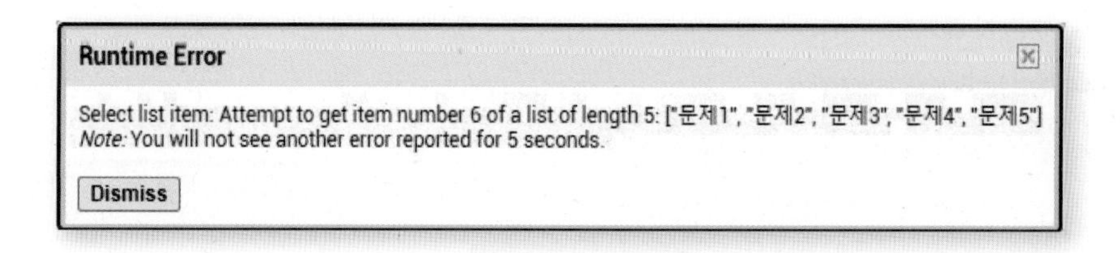

최종 완성 블록

다음은 국기 맞히기 프로젝트의 전체 앱 프로그램이다.

```
전역변수 만들기 국기목록 초기값 리스트 만들기 "france.png"
                                          "argentina.png"
                                          "india.png"
                                          "italy.png"
                                          "portugal.png"
                                          "mexico.png"
                                          "spain.png"

전역변수 만들기 정답 초기값 리스트 만들기 "프랑스"
                                        "아르헨티나"
                                        "인디아"
                                        "이탈리아"
                                        "포르투갈"
                                        "멕시코"
                                        "스페인"

전역변수 만들기 문제번호 초기값 1        전역변수 만들기 맞힌개수 초기값 0
```

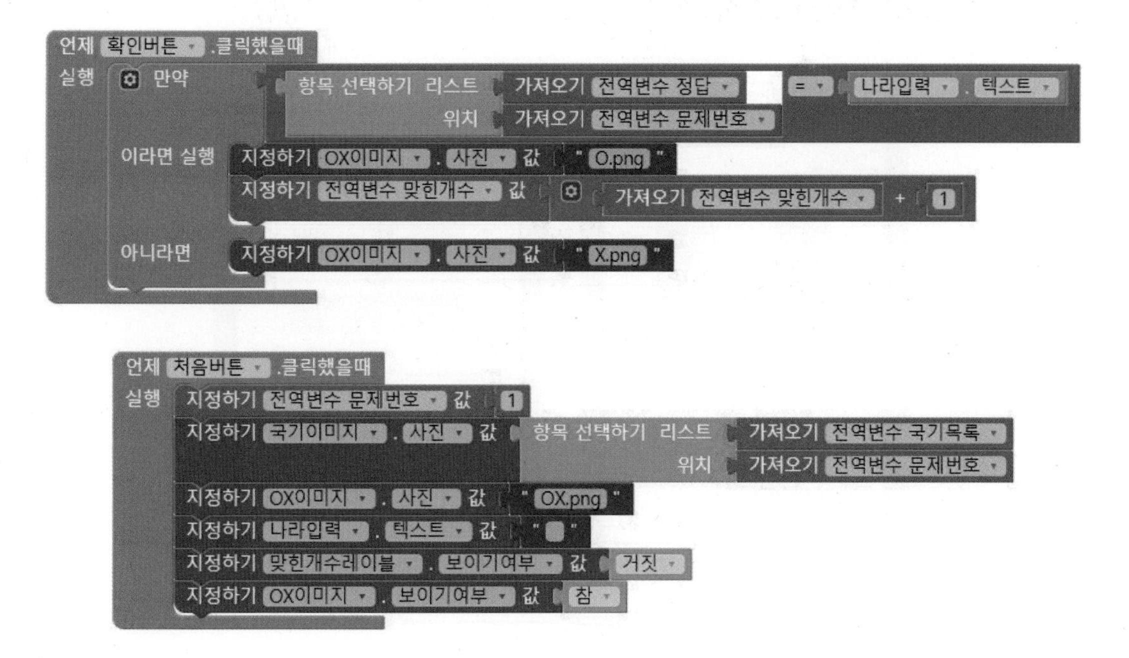

```
언제 다음버튼 .클릭했을때
실행  만약  가져오기 전역변수 문제번호 < 7
      이라면 실행  지정하기 전역변수 문제번호 값  가져오기 전역변수 문제번호 + 1
                  지정하기 국기이미지 . 사진 값  항목 선택하기 리스트  가져오기 전역변수 국기목록
                                                          위치  가져오기 전역변수 문제번호
                  지정하기 OX이미지 . 사진 값 " OX.png "
                  지정하기 나라입력 . 텍스트 값 " "
      아니라면  지정하기 맞힌개수레이블 . 보이기여부 값 참
                  지정하기 OX이미지 . 보이기여부 값 거짓
                  지정하기 맞힌개수레이블 . 텍스트 값  합치기  가져오기 전역변수 맞힌개수
                                                                " 개 맞혔습니다. "
                  지정하기 나라입력 . 텍스트 값 " "
                  지정하기 전역변수 문제번호 값 7
```

완성된 앱

완성된 앱은 AI 컴패니언 또는 에뮬레이터를 통해 실행해 볼 수 있다. 다음은 국기 맞히기 앱의 완성 화면으로 에뮬레이터를 통해 실행한 화면이다.

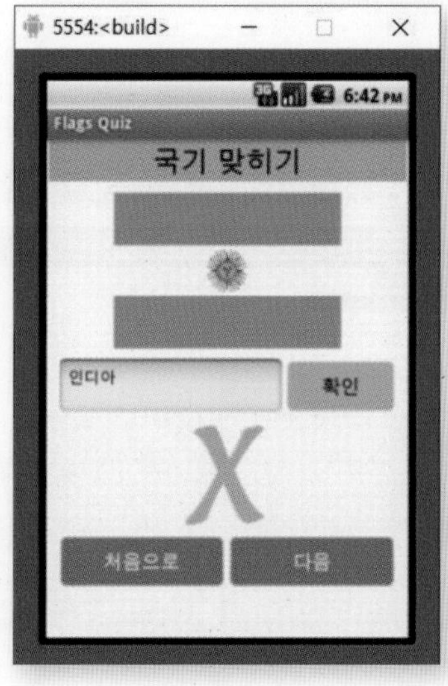

8.2 우리말 겨루기

미리보기

이번 장에서는 아래 그림과 같이 제시된 문제에 해당하는 순수 우리말을 목록선택버튼의 요소 문자열에서 찾는 퀴즈 앱을 만든다. 리스트 공통블록을 사용하여 목록선택버튼 사용자 인터페이스의 요소 문자열을 생성하고 리스트 공통블록을 사용하여 여러 개의 항목에서 특정 항목을 선택하고 비교할 수 있는 기능을 익힌다. 리스트의 항목을 제어하기 위해 반복 비교문을 사용한다.

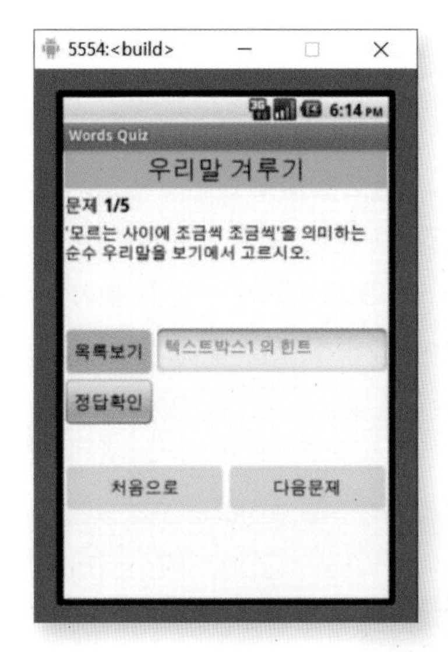

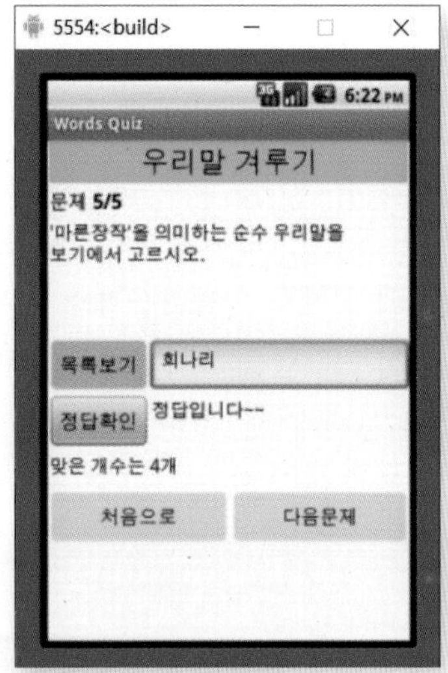

디자이너 설계

우리말 겨루기 앱을 만들기 위해 [프로젝트] → [새 프로젝트 시작하기]에서 프로젝트 이름을 **ch08_WordsQuiz**로 입력한다. 프로젝트의 디자이너 완료 화면은 아래 그림과 같다. 제목 레이블 아래에 현재 문제번호/전체 문제개수를 출력하기 위한 레이블을 배치한다. 문제에 대한 답을 목록선택버튼의 요소 문자열에서 선택하도록 목록선택버튼을 배치하고 선택한 문자열은 텍스트박스에 표시되도록 한다. 정답확인 버튼을 클릭했을 때 정답여부를 출력할 결과출력 레이블과 맞은개수출력 레이블을 배치한다. 처음부터 다시 시작하기 위한 처음버튼과 다음으로 이동하기 위한 다음버튼을 배치한다.

컴포넌트 구성

우리말 겨루기 프로젝트의 디자이너 설계에 필요한 컴포넌트는 레이블, 목록선택버튼, 버튼 그리고 컴포넌트들을 가로로 배치하기 위한 수평배치로 구성된다. 팔레트에서 컴포넌트를 선택하고 뷰어로 드래그 앤드 드롭한 후 컴포넌트 속성을 설정해보자. 그림과 같이 레이블 컴포넌트를 뷰어에 배치하고 문제번호와 문제로 이름바꾸기를 한다. 이 프로젝트에서 순수 우리말을 설명한 문제와 문제에 대한 답은 리스트 만들기 블록을 사용하여 앱이 실행될 때 초기화하고 문제를 제시할 때 현재 문제번호/전체 문제개수를 보여줄 것이다.

컴포넌트들을 가로로 배치하기 위해 레이아웃의 수평배치를 사용한다. 아래 그림에서 수평배치1 ~ 수평배치4에 배치한 컴포넌트들을 확인할 수 있다.

목록선택버튼의 요소문자열 속성은 목록선택버튼을 클릭했을 때 나타나는 문자열 목록이다. 이 프로젝트에서는 Screen1이 초기화되었을 때 리스트 만들기 블록의 항목들로 요소문자열을 초기화하므로 아래 그림과 같이 요소문자열은 비워놓는다.

우리말 겨루기 프로젝트에서 사용되는 컴포넌트들의 이름과 기능은 [표 8-4]와 같다.

표 8-4 우리말 겨루기 프로젝트의 컴포넌트 구성

컴포넌트	팔레트 그룹	컴포넌트 이름	기능설명
레이블	사용자 인터페이스	제목	앱의 제목 출력 레이블
레이블	사용자 인터페이스	문제번호	현재 문제번호/전체 문제개수를 출력. 텍스트 합치기 블록과 리스트 블록을 활용하여 출력
레이블	사용자 인터페이스	문제	리스트의 항목(문제)을 출력할 레이블
수평배치	레이아웃	수평배치1	목록선택버튼과 선택한 문자열을 출력하는 텍스트박스 배치
목록선택버튼	사용자 인터페이스	목록선택버튼1	목록뷰 기능
텍스트박스	사용자 인터페이스	선택한 문자열	목록뷰에서 선택한 문자열을 출력하기 위한 텍스트박스
수평배치	레이아웃	수평배치2	결과확인버튼과 결과출력 레이블 컴포넌트 배치
버튼	사용자 인터페이스	결과확인버튼	결과확인 버튼
레이블	사용자 인터페이스	결과출력	정답여부 결과출력 레이블
수평배치	레이아웃	수평배치3	맞은개수를 출력하기 위한 레이블 배치
레이블	사용자 인터페이스	맞은개수출력	맞은개수출력 레이블
수평배치	레이아웃	수평배치4	처음버튼과 다음버튼 컴포넌트 배치
버튼	사용자 인터페이스	처음버튼	처음으로 이동 버튼
버튼	사용자 인터페이스	다음버튼	다음문제로 이동 버튼

컴포넌트 속성

우리말 겨루기 프로젝트의 컴포넌트 속성은 [표 8-5]와 같다.

표 8-5 우리말 겨루기 프로젝의 컴포넌트 속성

컴포넌트 이름	속성	속성 값
Screen1	앱이름	ch08_WordsQuiz
제목	배경색	청록색
	글꼴굵게, 글꼴크기	체크, 25
	너비	부모 요소에 맞추기
	텍스트, 텍스트정렬	우리말 겨루기, 가운데:1
문제 번호	글꼴굵게, 글꼴크기	체크, 17
	텍스트	문제 1/5
문제	글꼴크기	17
	높이	100픽셀
	너비	부모 요소에 맞추기
수평배치 1	수직정렬	가운데:2
	너비	부모 요소에 맞추기
목록선택 버튼1	배경색	분홍
	글꼴굵게, 글꼴크기	체크, 17
	텍스트, 텍스트정렬	목록보기, 가운데:1
선택한 문자열	글꼴크기	체크, 15
	높이	부모 요소에 맞추기
	너비	부모 요소에 맞추기
수평배치 2	수직정렬	가운데:2
	너비	부모 요소에 맞추기

컴포넌트 이름	속성	속성 값
결과확인 버튼	글꼴굵게, 글꼴크기	체크, 17
	너비	부모 요소에 맞추기
	텍스트, 텍스트정렬	정답확인, 가운데:1
결과출력	글꼴크기	17
	높이	부모 요소에 맞추기
	너비	부모 요소에 맞추기
수평배치 3	수직정렬	가운데:2
	너비	부모 요소에 맞추기
맞은개수 출력	글꼴크기	17
	높이	30픽셀
	너비	부모 요소에 맞추기
수평배치 4	수평정렬	가운데:3
	너비	부모 요소에 맞추기
처음버튼	글꼴굵게, 글꼴크기	체크, 17
	너비	부모 요소에 맞추기
	텍스트, 텍스트정렬	처음으로, 가운데:1
다음버튼	글꼴굵게, 글꼴크기	체크, 17
	너비	부모 요소에 맞추기
	텍스트, 텍스트정렬	다음문제, 가운데:1

아래 그림은 모든 컴포넌트의 속성 값 설정이 완료된 디자이너 화면이다.

블록 코딩

순수 우리말을 맞히는 우리말 겨루기 퀴즈는 리스트 블록을 사용하여 문제 리스트와 답 리스트를 만들고 순차적으로 제시되는 문제에 순수 우리말을 맞히는 앱이다. 이때 순수 우리말의 보기는 리스트 만들기 블록을 사용하여 목록선택버튼을 눌러 선택할 수 있도록 하고, 선택한 문자열은 텍스트박스에 표시되도록 코딩한다.

정답확인 버튼을 클릭했을 때 결과출력 레이블에 정답 여부를 출력하고 맞은개수출력 레이블에 맞은개수를 출력한다. 처음버튼은 퀴즈를 처음으로 초기화하고 다음버튼은 순번 변수를 증가시켜 리스트에서 다음 문제를 가져와 레이블에 출력한다. 더 이상 제시할 문제가 없을 경우 순번이 증가되지 않도록 주의하여 코드를 작성한다.

사용할 블록 미리보기

다음은 이번 장에서 사용되는 주요 블록에 대한 설명이다.

표 8-5 우리말 겨루기 앱에서 사용되는 주요 블록

블록	설명
언제 Screen1 .초기화되었을때 실행	Screen1이 초기화되었을 때 순수 우리말 맞히기 퀴즈에서 사용되는 변수 및 컴포넌트 속성 값을 초기화한다.
전역변수 만들기 순번 초기값 전역변수 만들기 문제 초기값 리스트 만들기 항목 리스트 항목 항목 항목	전역변수 만들기 블록을 사용하여 문제 리스트와 문제에 대한 정답 리스트를 초기화한다. 전역변수 순번과 맞은개수는 리스트의 항목을 순차적으로 가져오기 위한 변수와 정답을 맞힌 개수를 저장하기 위한 변수이다.
리스트 만들기 항목 선택하기 리스트 위치 길이 구하기 리스트	리스트 만들기 블록으로 문제 리스트와 답 리스트를 만들고 리스트에서 특정 위치 항목을 가져오기 위해 항목 선택하기 블록을 사용한다. 전체 문제개수를 출력하기 위해 리스트의 길이 구하기 블록을 사용한다.
" " 합치기	텍스트 블록의 텍스트 합치기 블록을 사용하여 문제번호/전체 문제개수를 출력한다.
만약 이라면 실행 아니라면	[공통블록]의 [제어] 블록으로 리스트의 정답과 입력한 문자열 비교, 리스트의 마지막 항목인지 비교하기 위해 사용한다.
= 0 +	리스트의 정답과 입력한 문자열이 같은지 비교할 때 사용하는 블록과 리스트의 항목을 순차적으로 가져오기 위한 문제번호와 맞힌 개수를 증가시킬 때 사용하는 수학 연산 블록들이다.
언제 목록선택버튼1 .선택후에 실행	목록선택버튼을 눌러 목록의 문자열을 선택한 후에 선택한 문자열이 텍스트박스에 입력되도록 하는데 사용한다.
언제 결과확인버튼 .클릭했을때 실행 언제 처음버튼 .클릭했을때 실행 언제 다음버튼 .클릭했을때 실행	결과확인버튼은 제시된 문제에 해당하는 답을 리스트에서 가져와 목록보기에서 선택한 문자열과 비교하여 정답여부와 맞은 개수를 출력한다. 다음버튼은 리스트의 다음 문제로 이동하고 처음버튼은 퀴즈 다시시작하기 위해 모든 설정을 초기화한다.

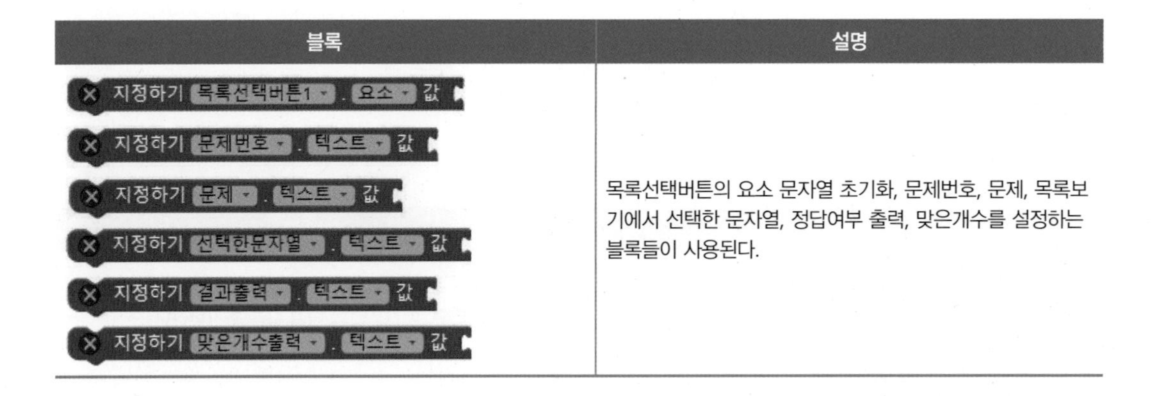

블록	설명
지정하기 목록선택버튼1 . 요소 값 지정하기 문제번호 . 텍스트 값 지정하기 문제 . 텍스트 값 지정하기 선택한문자열 . 텍스트 값 지정하기 결과출력 . 텍스트 값 지정하기 맞은개수출력 . 텍스트 값	목록선택버튼의 요소 문자열 초기화, 문제번호, 문제, 목록보기에서 선택한 문자열, 정답여부 출력, 맞은개수를 설정하는 블록들이 사용된다.

이벤트 처리

❶ Screen1 화면 초기화

Screen1 화면이 초기화되었을 때 전체 문제 중에서 몇 번 문제인지 보여주기 위해 전역변수 순번/리스트 길이를 출력하고, 문제 리스트에서 순번 위치의 문제를 화면에 출력한다. 목록선택버튼을 클릭했을 때 보기가 나오도록 리스트를 사용하여 요소 문자열을 초기화한다. 맞은 개수는 빈 문자열로 초기화한다.

```
언제 Screen1 .초기화되었을때
실행 지정하기 문제번호 . 텍스트 값 합치기 " 문제 "
                                    가져오기 전역변수 순번
                                    " / "
                                    길이 구하기 리스트 가져오기 전역변수 문제
     지정하기 문제 . 텍스트 값 항목 선택하기 리스트 가져오기 전역변수 문제
                                    위치 가져오기 전역변수 순번
     지정하기 목록선택버튼1 . 요소 값 리스트 만들기 " 미르 "
                                    " 시나브로 "
                                    " 마루 "
                                    " 희나리 "
                                    " 아라 "
                                    " 미리내 "
                                    " 온새미로 "
     지정하기 맞은개수출력 . 텍스트 값 " "
```

❷ 목록선택버튼의 요소에서 우리말 선택하기

다음은 목록선택버튼을 클릭하여 항목을 선택하면 텍스트박스의 문자열을 변경하는 코드이다. 목록선택버튼의 요소 문자열은 Screen1이 초기화되었을 때 리스트 만들기 블록을 사용하여 초기화한다.

```
언제 목록선택버튼1 .선택후에
실행 지정하기 선택한문자열 . 텍스트 값 목록선택버튼1 . 선택된항목
```

❸ 정답 확인

결과확인 버튼을 클릭했을 때, 답 리스트에서 현재 순번에 해당하는 위치의 항목과 보기 목록선택버튼에서 선택한 텍스트박스의 문자열과 비교하여 같다면 정답처리와 맞은 개수를 1 증가하여 출력하고, 그렇지 않다면 오답처리 및 정답 표시 그리고 맞은개수는 증가하지 않고 출력한다.

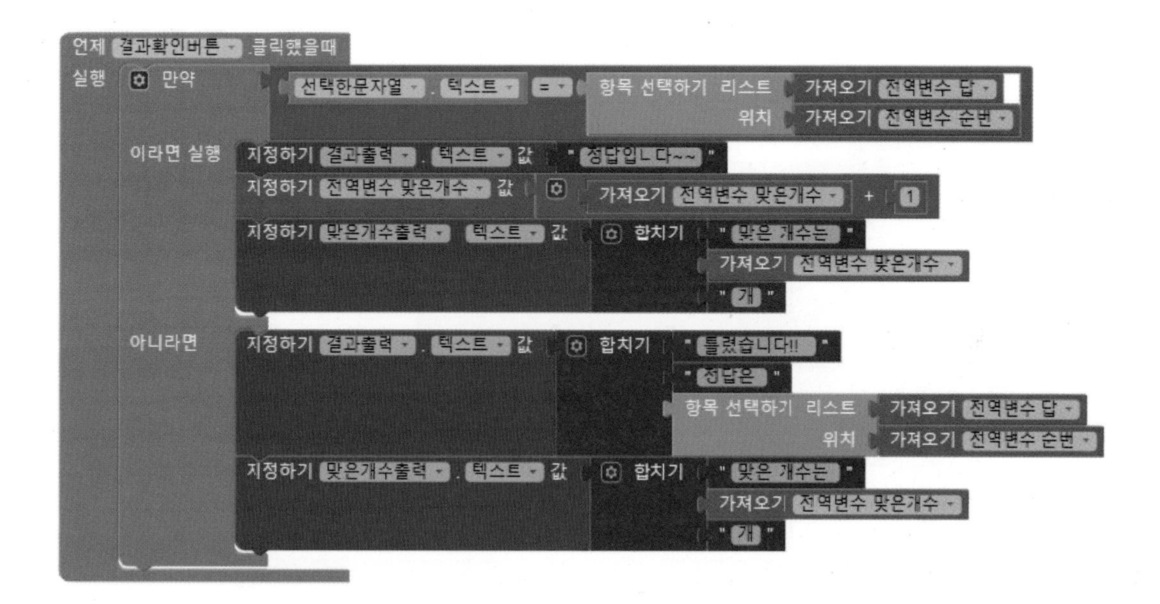

❹ 처음으로 퀴즈 초기화

처음으로 버튼을 클릭했을 때에는 Screen1이 초기화되었을 때와 마찬가지로 퀴즈를 초기화한다. 순번 변수를 1로 지정하여 문제번호를 1로 변경하고 문제 리스트의 1번째 위치 항목을 가져오도록 한다. 텍스트박스와 결과출력 레이블, 맞은개수출력 레이블도 빈 문자열로 설정한다.

❺ 다음 문제로 이동

다음버튼은 순번 변수를 증가시켜 리스트에서 다음 문제를 가져와 레이블에 출력한다. 이때 더 이상 제시할 문제가 없을 경우 순번이 증가되지 않도록 주의해야 한다. 만약 리스트의 길이가 5인데 6번째 위치의 항목을 접근하려고 하면 Runtime Error가 발생할 것이다. 이러한 문제를 해결하기 위해 순번 변수가 리스트의 길이보다 작으면 해당 코드를 실행하지만 같거나 크다면 순번은 그대로 리스트의 길이로 지정한다.

언제 다음버튼 .클릭했을때
실행 만약 가져오기 전역변수 순번 < 길이 구하기 리스트 가져오기 전역변수 문제
이라면 실행 지정하기 전역변수 순번 값 가져오기 전역변수 순번 + 1
지정하기 문제번호 . 텍스트 값 합치기 " 문제 "
가져오기 전역변수 순번
" / "
길이 구하기 리스트 가져오기 전역변수 문제
지정하기 문제 . 텍스트 값 항목 선택하기 리스트 가져오기 전역변수 문제
위치 가져오기 전역변수 순번
지정하기 선택한문자열 . 텍스트 값 " "
지정하기 결과출력 . 텍스트 값 " "
지정하기 맞은개수출력 . 텍스트 값 " "
아니라면 지정하기 전역변수 순번 값 길이 구하기 리스트 가져오기 전역변수 문제

최종 완성 블록

다음은 우리말 겨루기 프로젝트의 전체 앱 프로그램이다.

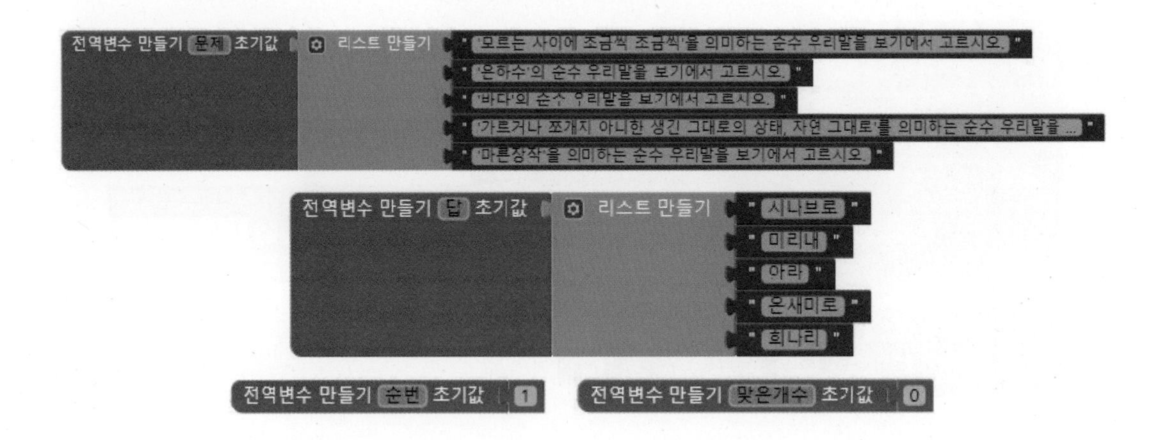

```
언제 Screen1 .초기화되었을때
실행 지정하기 문제번호 . 텍스트 값  합치기 " 문제 "
                                        가져오기 전역변수 순번
                                        " / "
                                        길이 구하기 리스트 가져오기 전역변수 문제
     지정하기 문제 . 텍스트 값 항목 선택하기 리스트 가져오기 전역변수 문제
                                     위치 가져오기 전역변수 순번
     지정하기 목록선택버튼1 . 요소 값  리스트 만들기 " 미르 "
                                              " 시나브로 "
                                              " 마루 "
                                              " 희나리 "
                                              " 아라 "
                                              " 미리내 "
                                              " 온새미로 "
     지정하기 맞은거수출력 . 텍스트 값 " "

언제 목록선택버튼1 .선택후에
실행 지정하기 선택한문자열 . 텍스트 값 목록선택버튼1 . 선택된항목

언제 결과확인버튼 .클릭했을때
실행 만약 선택한문자열 . 텍스트 = 항목 선택하기 리스트 가져오기 전역변수 답
                                          위치 가져오기 전역변수 순번
     이라면 실행 지정하기 결과출력 . 텍스트 값 " 정답입니다~~ "
               지정하기 전역변수 맞은개수 값 가져오기 전역변수 맞은개수 + 1
               지정하기 맞은개수출력 . 텍스트 값  합치기 " 맞은 개수는 "
                                                  가져오기 전역변수 맞은개수
                                                  " 개 "
     아니라면  지정하기 결과출력 . 텍스트 값  합치기 " 틀렸습니다!! "
                                              " 정답은 "
                                              항목 선택하기 리스트 가져오기 전역변수 답
                                                          위치 가져오기 전역변수 순번
               지정하기 맞은개수출력 . 텍스트 값  합치기 " 맞은 개수는 "
                                                  가져오기 전역변수 맞은개수
                                                  " 개 "

언제 처음버튼 .클릭했을때
실행 지정하기 전역변수 순번 값 1
     지정하기 문제번호 . 텍스트 값  합치기 " 문제 "
                                        가져오기 전역변수 순번
                                        " / "
                                        길이 구하기 리스트 가져오기 전역변수 문제
     지정하기 문제 . 텍스트 값 항목 선택하기 리스트 가져오기 전역변수 문제
                                     위치 가져오기 전역변수 순번
     지정하기 선택한문자열 . 텍스트 값 " "
     지정하기 결과출력 . 텍스트 값 " "
     지정하기 맞은거수출력 . 텍스트 값 " "
```

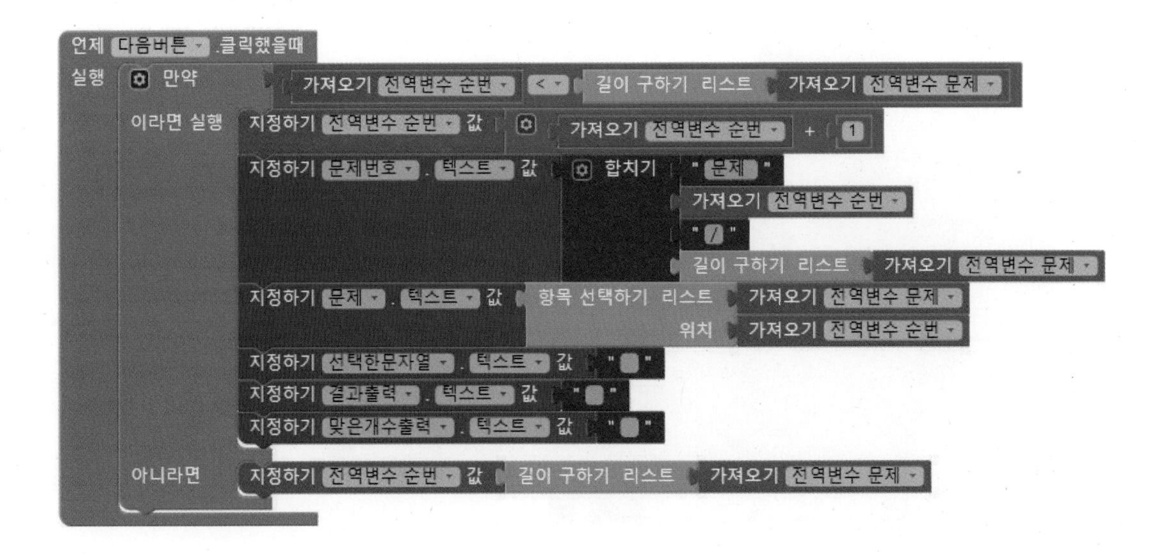

완성된 앱

다음은 우리말 겨루기 앱의 완성 화면이다. 완성된 앱은 AI 컴패니언 또는 에뮬레이터를 통해 실행해 볼 수 있다. 아래 실행 화면은 에뮬레이터를 통해 우리말 겨루기 앱을 실행한 것이다.

8.3 생각해보기

앞에서 배웠던 국기 맞히기 앱을 이용하여 아래 실행 화면과 같이 레이블을 추가하고 현재 문제번호/전체 문제개수가 출력되도록 코드를 추가해보자. 전체 문제개수는 리스트의 길이 구하기 블록을 활용한다.

기능

1. 처음으로 버튼을 누르면 전체 7문제 중에서 첫 번째 문제번호가 표시되도록 한다.
2. 다음 버튼을 누르면 문제번호가 1씩 증가하도록 한다.
3. 다음 버튼을 눌렀을 때 더 이상 문제가 없다면 문제번호는 증가하지 않도록 하고 맞힌 개수가 출력되도록 한다.

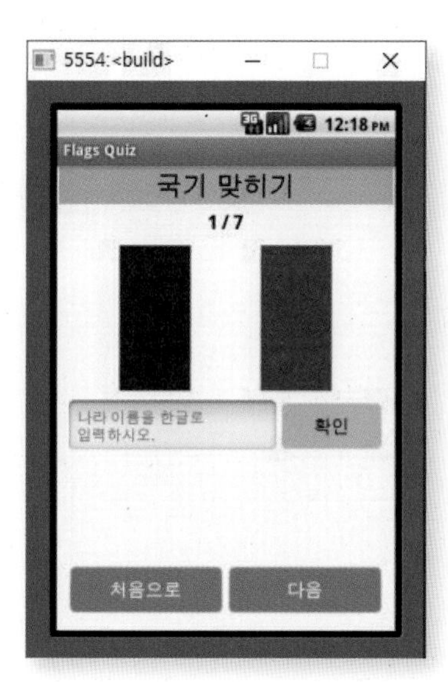

함수를 활용한 게임 앱 만들기

학습목차

학습목표

1. 캔버스 크기를 조절하여 게임 영역을 설정할 수 있다.
2. 공의 플링 상태를 이해하고 활용할 수 있다.
3. 공의 드래그 상태를 이해하고 활용할 수 있다.
4. 함수를 활용하여 기능별 독립적인 블록코드를 완성할 수 있다.

9.1 물고기 잡기 게임

미리보기

앱 인벤터의 캔버스(화면)에서 손가락을 이용해 만들 수 있는 이벤트는 터치, 드래그, 플링이 있다. 이번 예제는 캔버스 위에서 공을 플링(빠른 스와이프)하여 물고기를 잡는 게임이다.

디자이너 설계

앱을 만들기 위해서 가장 먼저 수행해야 하는 단계는 사용자 화면 디자인이다. 팔레트 그룹에서 적절한 컴포넌트를 가져와 뷰어에 배치한 후, 컴포넌트 이름 바꾸기와 속성을 설정한다. 아래 그림은 **ch09_Fishing**의 디자이너 화면이다.

컴포넌트 구성

디자이너 화면에서 컴포넌트를 뷰어에 배치하는 과정을 살펴보자. 화면을 디자인할 때, 가장 먼저 게임 화면의 영역에 해당하는 캔버스를 [그리기 & 애니메이션] 팔레트 그룹에서 가져다 뷰어에 배치한다. 캔버스의 [높이: 70 퍼센트], [너비: 부모 요소에 맞추기]로 높이와 너비를 설정한다. 캔버스를 뷰어에 배치했다면 스크린 위에서 움직이는 공과 이미지 스프라이트 컴포넌트를 캔버스 안에 배치한다. 이때 공은 물고기를 맞출 공 스프라이트이고, 이미지 스프라이트는 물고기로 사용될 컴포넌트이다. 캔버스 배치가 끝나면, 캔버스 아랫부분에 게임 설명이 출력되는 레이블을 배치한다. 그리고 레이블 아랫부분에 [레이아웃] 팔레트 그룹의 수평배치를 배치하고 [너비: 부모 요소에 맞추기]로 속성을 설정한다. 수평배치 안에 [사용자 인터페이스] 팔레트 그룹의 버튼 두 개를 가져다 놓는다.

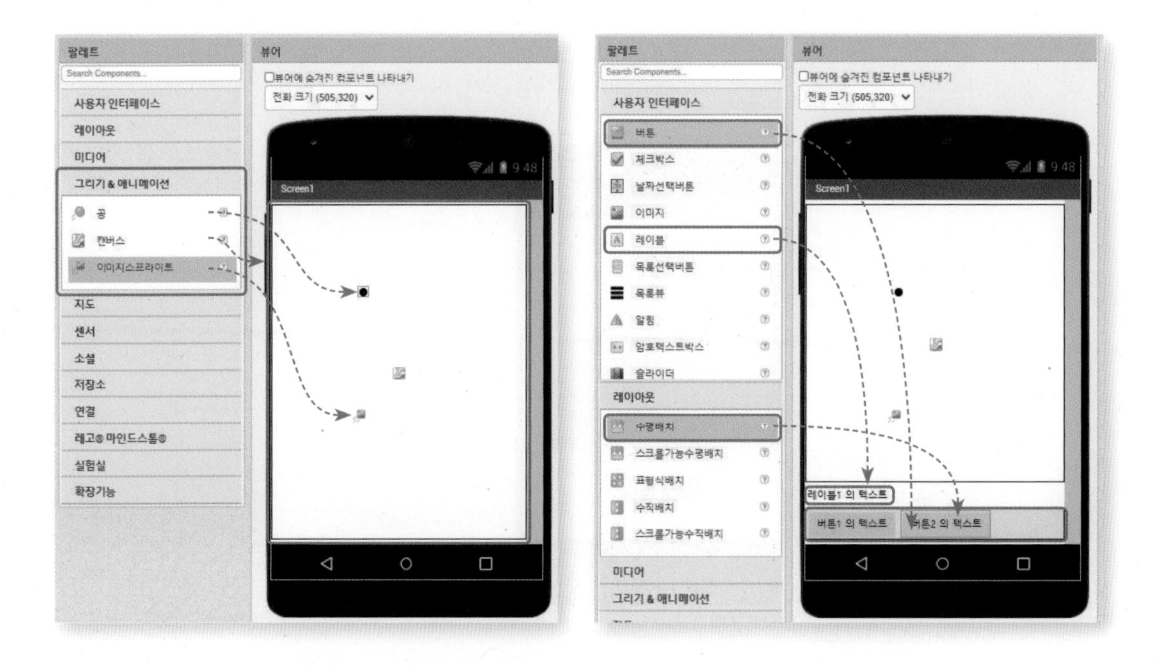

앱에서 사용될 컴포넌트를 팔레트에서 찾아 뷰어에 배치한 후, 컴포넌트의 이름을 [이름바꾸기]를 이용해 다음과 같이 바꾼다.

물고기 잡기 게임 프로젝트에서 사용되는 컴포넌트들의 이름과 기능은 [표 9-1]과 같다.

표 9-1 물고기 잡기 게임에 필요한 컴포넌트 구성

컴포넌트	팔레트 그룹	컴포넌트 이름	기능설명
캔버스	그리기 & 애니메이션	캔버스1	공의 플링으로 게임이 이루어지는 영역
공	그리기 & 애니메이션	공	물고기를 맞추기 위한 공
이미지스프라이트	그리기 & 애니메이션	물고기	물고기 이미지
레이블	사용자 인터페이스	게임안내	게임을 간단히 설명하는 레이블
수평배치	레이아웃	수평배치1	버튼을 수평으로 배치하기 위한 레이아웃
버튼	사용자 인터페이스	시작버튼	게임을 시작하는 버튼
버튼	사용자 인터페이스	멈춤버튼	게임이 멈추는 버튼

컴포넌트 속성

컴포넌트의 배치와 이름 바꾸기가 끝났다면, 각 컴포넌트의 속성을 설정해야 한다. 속성 설정 방법은 컴포넌트를 선택한 후, 속성창 부분에서 설정한다. 각 컴포넌트의 속성은 [표 9-2]와 같다.

표 9-2 물고기 잡기 게임에 사용된 컴포넌트 속성

컴포넌트 이름	속성	속성 값
Screen1	제목	플링기능 활용
캔버스1	배경이미지	under.jpg
	높이	70퍼센트
	너비	부모 요소에 맞추기
공	페인트색상	주황
	반지름	10
물고기	높이, 너비	50픽셀, 50픽셀
	사진	fish.png
게임안내	글꼴굵게, 글꼴이텔릭	체크, 체크
	글꼴크기	15
	너비	부모 요소에 맞추기
	텍스트	공을 플링하여 물고기를 맞춰보자~!
	텍스트정렬	가운데:1
수평배치1	수평정렬	가운데:1
	너비	부모 요소에 맞추기

컴포넌트 이름	속성	속성 값
시작버튼	배경색	파랑
	글꼴굵게, 글꼴크기	체크, 15
	텍스트	Start
	텍스트정렬, 텍스트색상	가운데:1, 흰색
멈춤버튼	배경색	빨강
	글꼴굵게, 글꼴크기	체크, 15
	텍스트	Stop
	텍스트정렬, 텍스트 색상	가운데:1, 흰색

아래 그림은 최종적으로 완성된 디자이너 화면이다.

블록 코딩

앱 인벤터로 제작된 앱의 실행화면을 PC에 설치한 에뮬레이터로 실행했을 때와 AI 컴패니언을 통해 스마트폰에서 실행했을 때의 크기가 다르다. 에뮬레이터에서 실행하면 Screen의 크기는 너비: 320, 높이: 480이고, 스마트폰으로 실행하면 Screen의 크기는 너비: 411, 높이: 707이 된다. 따라서 캔버스나 레이아웃의 너비와 높이는 [부모 요소에 맞추기]나 [퍼센트]를 이용하는 것을 권장한다. 이번 예제에서는 캔버스 너비를 [부모 요소에 맞추기]로 지정하여 사용한다.

사용할 블록 미리보기

다음은 이번 장에서 사용되는 주요 블록에 대한 설명이다.

표 9-3 물고기 잡기 게임에 사용되는 주요 블록

블록	설명
언제 공 .플링했을때 X Y 속도 방향 X속도 y속도 실행	공을 손가락으로 플링(빠른 스와프)할 때, 공이 움직이도록 하는 이벤트 블록
언제 공 .충돌했을때 다른 실행	공이 다른 스프라이트와 충돌했을 때, 동작하는 이벤트 블록
언제 공 .모서리에닿았을때 모서리 실행	공이 화면의 모서리에 닿았을 때, 동작하는 이벤트 블록
함수 만들기 공움직임 방향2 속도 실행	공 움직임에 대한 동작을 구현. 공의 속도와 방향에 따라 공을 이동시키는 함수 블록
함수 만들기 물고기보이기 실행	물고기가 공과 충돌을 감지하고 사라진 후, 다시 나타날 때 위치를 지정하는 함수 블록
지정하기 공 . 속도 값 지정하기 공 . 방향 값 지정하기 공 . 시간간격 값	공을 플링할 때, 공의 속도, 방향, 시간 간격 값을 설정하는 블록

이벤트 처리

❶ Screen1.초기화되었을때

Screen1.초기화 되었을 때 이벤트 블록은 게임 시작 첫 화면 설정 블록으로 공을 왼쪽 상단(x, y좌표가 (0, 0)) 위치에서 시작할 수 있도록 위치 값을 설정한다.

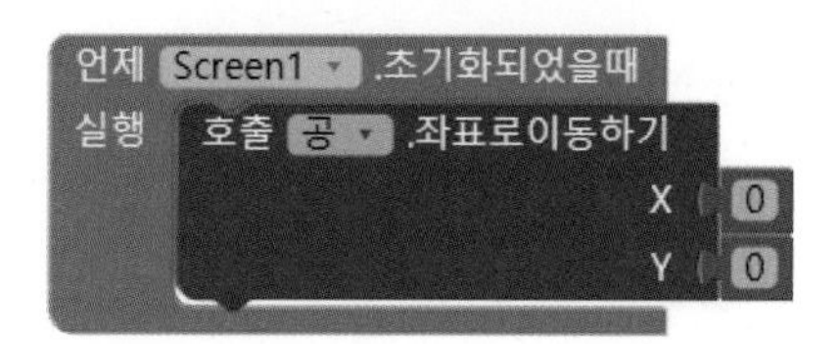

❷ 시작버튼.클릭할때

시작버튼을 클릭할 때의 이벤트 블록은 물고기 이미지 스프라이트 위치를 임의의 위치로 이동시키고, 공 스프라이트의 위치를 왼쪽 상단(0, 0) 위치로 이동시키는 블록이다.

```
언제 시작버튼 .클릭했을때
실행 호출 물고기 .좌표로이동하기
                X  임의의 정수 시작 1 끝 400
                Y  임의의 정수 시작 1 끝 500
     호출 공 .좌표로이동하기
                X  0
                Y  0
```

❸ 멈춤버튼.클릭했을때

멈춤버튼을 클릭할 때의 이벤트 블록은 멈춤버튼을 클릭하면 공이 멈춰 게임을 종료하는 블록코드이다.

```
언제 멈춤버튼 .클릭했을때
실행 지정하기 공 . 속도 값 0
```

❹ 공.플링했을때

공을 플링할 때의 이벤트 블록은 캔버스 안에 있는 공을 손가락으로 플링(빠른 스와프)하면, 손가락으로 플링한 방향으로 공이 움직임을 갖는 블록이다. 공을 플링할 때의 방향은 가져오기 방향

(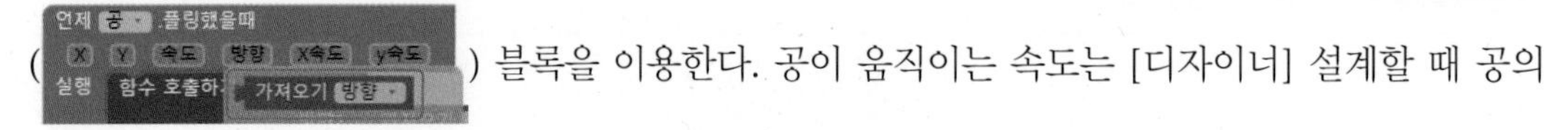) 블록을 이용한다. 공이 움직이는 속도는 [디자이너] 설계할 때 공의 속성 중 [시간간격: 100]으로 했기 때문에, 100 밀리세컨마다 10 픽셀씩 움직인다. 시간 간격의 숫자가 커질수록 공의 속도는 느려지고, 작아질수록 공의 속도는 빨라진다.

```
언제 공 .플링했을때
 X  Y  속도  방향  X속도  y속도
실행 함수 호출하기 공움직임
              방향2  가져오기 방향
              속도   10
```

❺ 공.충돌했을때

공이 충돌했을 때의 블록은 공이 다른 스프라이트(물고기 스프라이트)와 충돌했을 때를 처리하는 이벤트 블록이다. 공이 물고기 스프라이트와 충돌하면 물고기는 보이지 않는 상태로 되었다가 임의의 위치에서 다시 나타난다. 물고기가 무작위 위치에서 다시 나타나는 기능은 함수 **물고기보이기**를 호출하여 동작하게 한다.

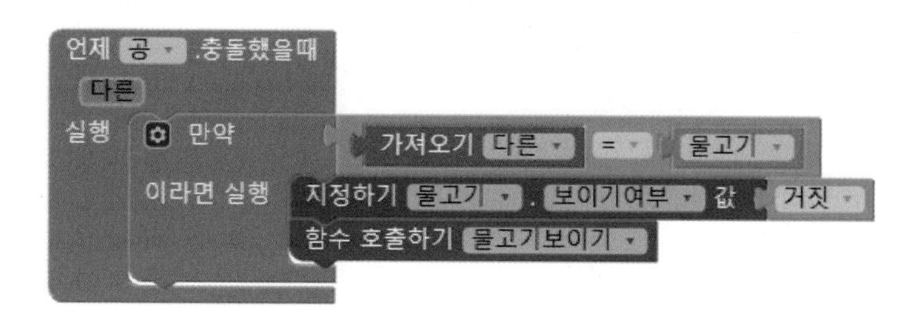

잠깐만!

화면에서 공 또는 이미지 스프라이트 이동 방향을 설정하기 위해 다음과 같은 방향각도를 이용해서 방향을 설정하며, 모서리에 닿아 튕길 때 닿은 모서리 값에 따라 이동방향을 설정할 수 있다. 즉, 화면 위에서 아래로 내려오는 공의 방향각도는 지정하기 공1 . 방향 값 임의의 정수 시작 200 끝 340 과 같이 180도 초과 360도 미만의 범위에서 설정하면 된다. 또한 모서리에 닿았을 때 튕기기는 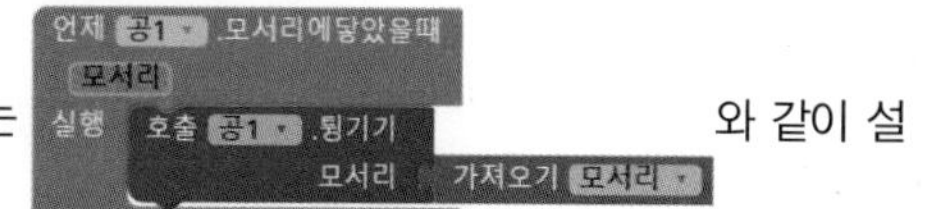 와 같이 설정한다. 여기서 모서리 값은 부딪히는 모서리 값(1, -1, 3, -3) 중 하나가 된다.

❻ 공.모서리에닿았을때

공.모서리에 닿았을 때의 블록은 공이 다른 스프라이트가 아닌 화면의 모서리에 닿았을 때 일어나는 동작을 처리하는 이벤트 블록이다. 여기서 모서리의 값은 좌우(3, −3), 상하(1, −1) 값을 갖는다.

잠깐만!

함수란 특정 기능을 수행하도록 명령어들을 묶어 놓은 것을 말한다. 프로젝트가 커지고 복잡해질수록 기능별로 나누어 함수를 구현한다면 효율적으로 프로젝트를 완성할 수 있다. 또한 프로젝트가 완성된 후 발생하는 오류를 쉽게 고칠 수 있다.

앱 인벤터에서는 [공통블록]의 [함수]를 이용해서 함수를 만든다. 함수는 procedure라고도 한다(아래 그림에서는 반환값이 없는 경우 [함수], 반환값이 있는 경우 [procedure]로 구분하여 표기했지만, 모두 함수로 불러도 무방하다).

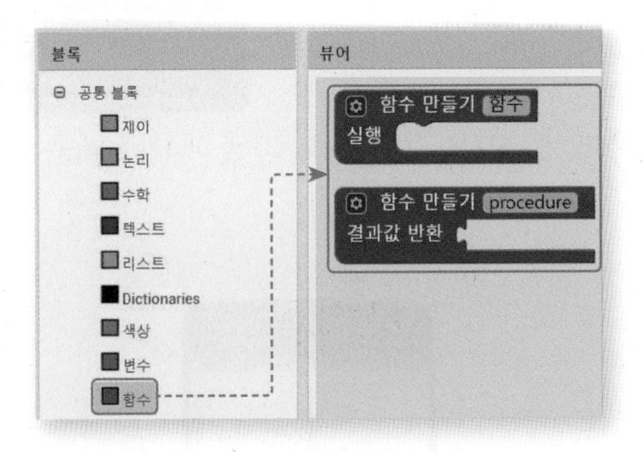

입력 받은 두 수를 덧셈 함수로 계산하여 결과를 얻는 예제를 통해 함수를 익혀본다.

❶ 매개변수가 있고 반환값이 없는 함수 만들기

매개변수는 함수를 호출할 때, 호출된 함수로 보내지는 값이다. 함수 [**매개변수있고_반환값없는_덧셈함수**]에서는 사용자가 입력한 **숫자1**과 **숫자2**를 받기 위해 숫자1과 숫자2 두 개의 **매개변수**를 사용한다. 즉, [매개변수있고_반환값없는_덧셈함수] 함수에서는 사용자가 입력한 숫자1과 숫자2를 매개변수(숫자1과 숫자2)로 받아 덧셈을 계산하고 결과를 출력한다.

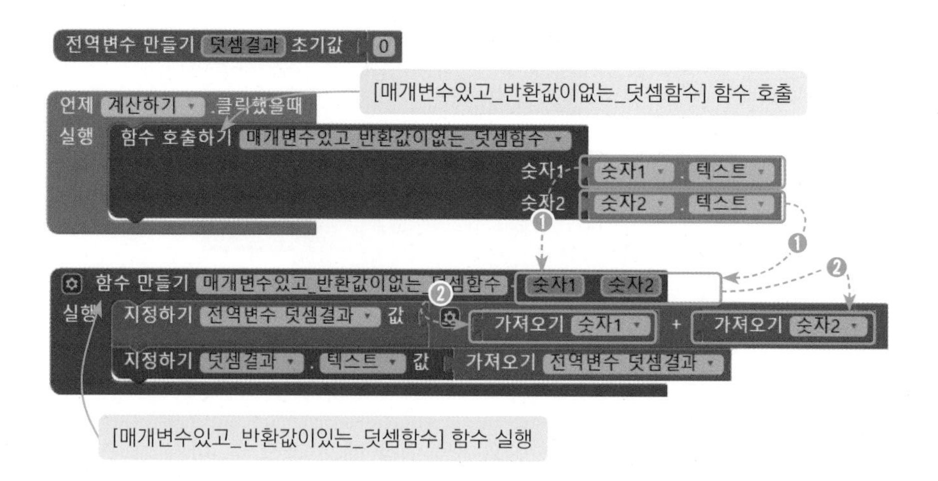

❷ 매개변수와 반환값이 있는 함수 만들기

반환값이라는 것은 함수의 동작이 끝나고 함수가 호출된 곳으로 되돌아갈 때 가지고 가는 값을 말한다. 함수 [**매개변수있고_반환값이있는_덧셈함수**]에서는 매개변수로 받은 숫자1과 숫자2를 계산한 후, 그 결과값을 가지고 함수를 부른(call) 곳으로 되돌아간다. 그리고 반환값은 지역변수 [덧셈결과]의 값으로 저장되고, 덧셈결과로 지역변수 [덧셈결과]를 출력한다.

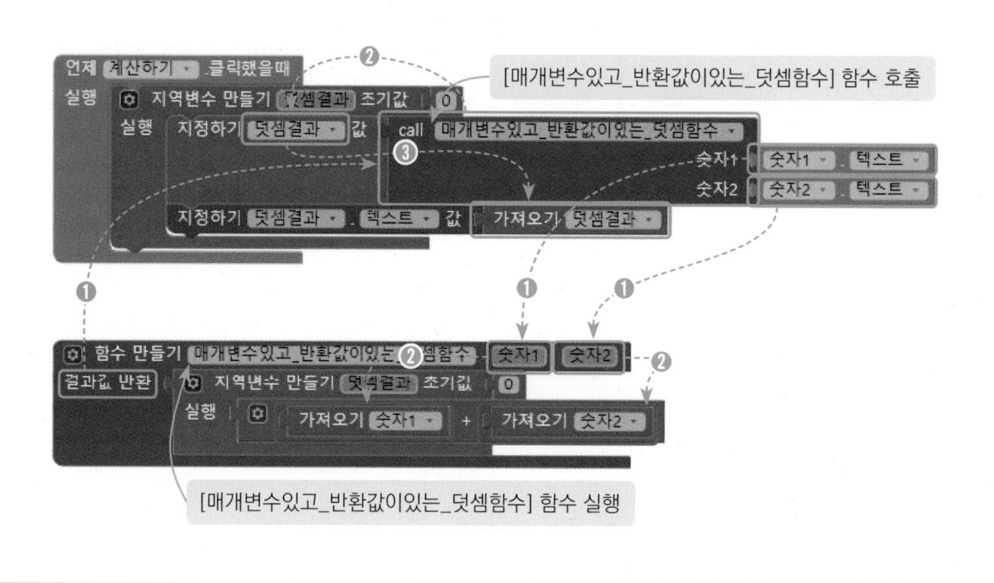

함수 처리

이번 예제에서는 공움직임 함수와 물고기보이기 함수를 만들어 사용한다.

❶ 공움직임 함수

공움직임 함수는 공.플링할 때 이벤트 블록에서 호출되어 동작하는 함수이다. 이 함수에서는 공의 움직임에 필요한 속도, 방향을 설정하여 공이 동작할 수 있도록 한다. 속도와 방향은 [공을 플링할 때] 이벤트가 발생할 때, 함수를 호출하면서 매개변수로 전달한 값을 사용한다.

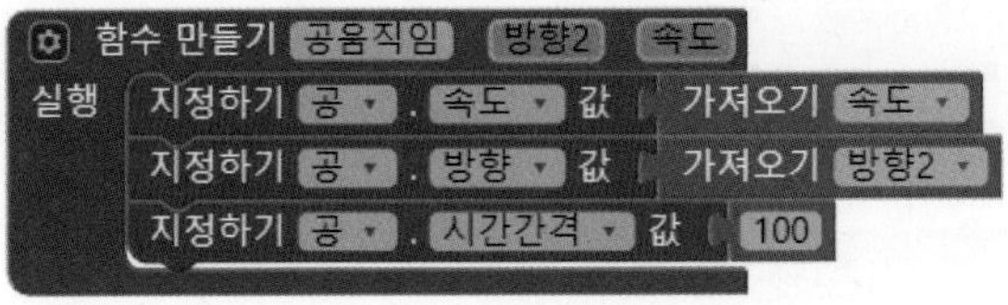

```
함수 만들기 공움직임 방향2 속도
실행 지정하기 공 . 속도 값 가져오기 속도
     지정하기 공 . 방향 값 가져오기 방향2
     지정하기 공 . 시간간격 값 100
```

❷ 물고기보이기 함수

물고기보이기 함수는 물고기 스프라이트가 공과 충돌했을 때 사라진 후, 다시 나타나는 동작을 구현한 함수이다. 물고기 스프라이트가 다시 보여질 때, 임의의 x, y좌표 값을 갖도록 한다.

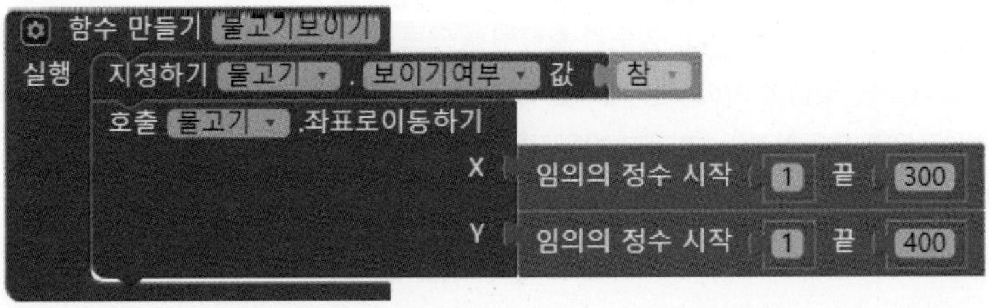

```
함수 만들기 물고기보이기
실행 지정하기 물고기 . 보이기여부 값 참
     호출 물고기 .좌표로이동하기
                          X 임의의 정수 시작 1 끝 300
                          Y 임의의 정수 시작 1 끝 400
```

최종 완성 블록

다음은 '물고기 잡기' 게임 앱의 최종 완성 블록이다. 잘 살펴보고 앱을 완성해보자.

```
언제 Screen1 .초기화되었을때
실행 호출 공 .좌표로이동하기
        X 0
        Y 0

언제 시작버튼 .클릭했을때
실행 호출 물고기 .좌표로이동하기
        X 임의의 정수 시작 1 끝 400
        Y 임의의 정수 시작 1 끝 500
     호출 공 .좌표로이동하기
        X 0
        Y 0

언제 멈춤버튼 .클릭했을때
실행 지정하기 공 . 속도 값 0

언제 공 .플링했을때
 X Y 속도 방향 X속도 y속도
실행 함수 호출하기 공움직임
        방향2 가져오기 방향
        속도 10

함수 만들기 물고기보이기
실행 지정하기 물고기 . 보이기여부 값 참
     호출 물고기 .좌표로이동하기
        X 임의의 정수 시작 1 끝 300
        Y 임의의 정수 시작 1 끝 400

함수 만들기 공움직임 방향2 속도
실행 지정하기 공 . 속도 값 가져오기 속도
     지정하기 공 . 방향 값 가져오기 방향2
     지정하기 공 . 시간간격 값 100

언제 공 .충돌했을때
 다른
실행 만약 가져오기 다른 = 물고기
     이라면 실행 지정하기 물고기 . 보이기여부 값 거짓
               함수 호출하기 물고기보이기

언제 공 .모서리에닿았을때
 모서리
실행 호출 공 .튕기기
        모서리 가져오기 모서리
```

완성된 앱

플링 기능을 활용하여 만든 '물고기 잡기' 게임 앱의 완성 화면이다. 손가락으로 공을 플링하여 물고기를 잡아보자.

9.2 벽돌 깨기 게임

미리보기

이번에는 막대를 드래그하여 공을 튕기고, 튕긴 공이 벽돌을 깨는 게임 앱을 제작해 보자. 벽돌 깨기 게임은 공이 화면 상단에 있는 벽돌을 깨면 점수가 1점씩 올라가 최종적으로 5점을 획득하면 게임 종료가 된다. 아래는 캔버스의 너비를 411픽셀로 맞춘 화면이기 때문에 에뮬레이터로 실행하면 아래와 같이 벽돌이 모두 보이지 않는다. AI 컴패니언을 이용하거나, 앱(*.apk)을 설치하여 게임을 실행해보자.

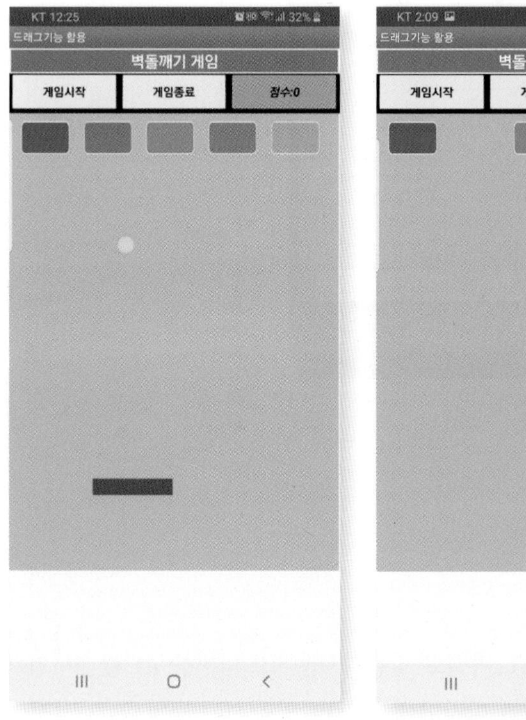

디자이너 설계

ch09_BoncingBallGame프로젝트 디자이너 완료 화면은 아래 그림과 같다. 게임은 캔버스 안에서 이루어지며, 캔버스 안에 공, 벽돌 5개, 막대를 배치한다. [그리기 & 애니메이션]에서 가져온 6개 이미지 스프라이트(벽돌 5개와 막대)는 미디어 서버에 업로드한 이미지 파일을 사진으로 사용하며, 공은 [그리기 & 애니메이션] 팔레트에서 가져온 공을 사용한다. 캔버스 너비에 맞춰서 각 벽돌의 위치를 픽셀로 설정하여 일정 간격으로 배치한다.

컴포넌트 구성

벽돌 깨뜨리기의 캔버스 너비는 411픽셀로 맞춘다. 캔버스 너비를 AI 컴패니언으로 실행할 때 최적의 화면으로 만들기 때문에, 화면 디자인에서 캔버스 안 벽돌들의 위치 설정을 잘 살펴봐야 한다. 벽돌들의 위치 속성 값 중 Y좌표 값은 동일한 값으로 입력하지만, X좌표 값은 벽돌의 크기와 다른 벽돌과의 간격을 고려하여 값을 입력해야 한다. 각 벽돌 X좌표 값은 속성 값 테이블을 참고하여 입력한다. 제목레이블, 시작버튼, 종료버튼, 점수출력버튼, 캔버스, 벽돌과 막대 이미지스프라이트, 공 컴포넌트는 다음과 같이 배치한다.

아래 그림은 디자이너에서 컴포넌트 배치가 완료된 상태이다. 벽돌과 막대 이미지는 [미디어]에 업로드한다.

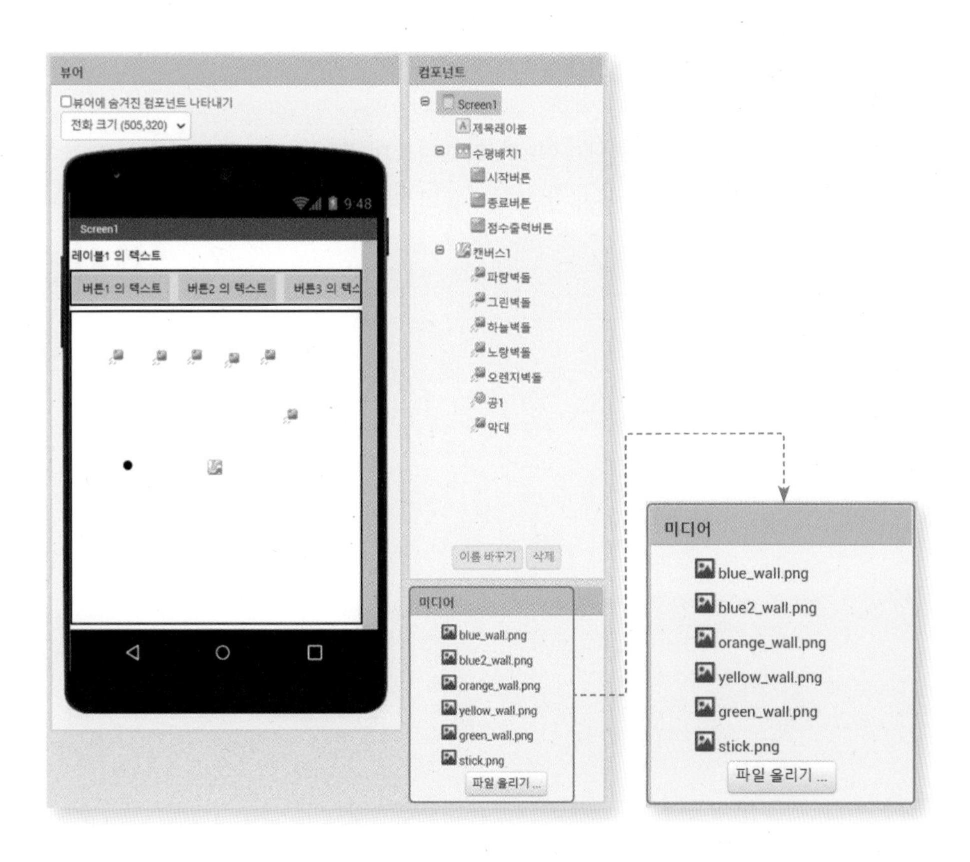

아래 [표 9-4]는 벽돌 깨기 게임에서 필요한 컴포넌트의 구성을 보여 준다.

표 9-4 벽돌 깨기 게임에 필요한 컴포넌트 구성

컴포넌트	팔레트 그룹	컴포넌트 이름	기능설명
레이블	사용자 인터페이스	제목레이블	게임 제목 출력 레이블
수평배치	레이아웃	수평배치1	시작, 종료, 점수버튼이 놓일 수평배치
버튼	사용자 인터페이스	시작버튼	게임 시작하는 버튼
버튼	사용자 인터페이스	종료버튼	게임 종료하는 버튼
버튼	사용자 인터페이스	점수출력버튼	점수를 출력하는 버튼
캔버스	그리기 & 애니메이션	캔버스1	게임이 이루어지는 영역
공	그리기 & 애니메이션	공1	벽돌을 깨기 위한 공
이미지스프라이트	그리기 & 애니메이션	파랑벽돌	파랑벽돌 이미지 스프라이트
이미지스프라이트	그리기 & 애니메이션	그린벽돌	초록벽돌 이미지 스프라이트
이미지스프라이트	그리기 & 애니메이션	하늘벽돌	하늘색벽돌 이미지 스프라이트
이미지스프라이트	그리기 & 애니메이션	노랑벽돌	노랑벽돌 이미지 스프라이트
이미지스프라이트	그리기 & 애니메이션	오렌지벽돌	오렌지벽돌 이미지 스프라이트
이미지스프라이트	그리기 & 애니메이션	막대	공을 튕길 막대 이미지 스프라이트

컴포넌트 속성

디자이너 화면에 컴포넌트 구성이 끝났다면, 각 컴포넌트의 속성을 설정해야 한다. 디자이너 화면에서 각 컴포넌트의 속성 값 입력을 통해 컴포넌트들의 위치, 크기, 모양 등을 설정한다. 각 컴포넌트 속성 값은 [표 9-5]와 같다.

표 9-5 벽돌 깨기 게임에 사용된 컴포넌트 속성

컴포넌트 이름	속성	속성 값
Screen1	제목	드래그 기능 활용
제목레이블	배경색	회색
	글꼴, 글꼴크기	굵게 체크, 20
	너비	부모 요소에 맞추기
	텍스트	벽돌깨기 게임
	텍스트정렬, 텍스트색상	가운데:1, 흰색
수평배치1	수평정렬, 수직정렬	가운데:3, 가운데:2
	배경색	검정
	너비	부모 요소에 맞추기
시작버튼	배경색	흰색
	글꼴굵게, 글꼴크기	체크, 15
	너비	부모 요소에 맞추기
	텍스트, 텍스트정렬	게임시작, 가운데:1
종료버튼	배경색	흰색
	글꼴굵게, 글꼴크기	체크, 15
	너비	부모 요소에 맞추기
	텍스트, 텍스트정렬	게임종료, 가운데:1

컴포넌트 이름	속성	속성 값
점수출력버튼	배경색	분홍색
	글꼴굵게, 글꼴이텍릭, 글꼴크기	체크, 체크, 15
	너비	부모 요소에 맞추기
	텍스트, 텍스트정렬	점수:0, 가운데:1
캔버스1	배경색	밝은회색
	높이, 너비	70퍼센트, 411픽셀
공1	시간간격	10
	페인트색상	노랑
	반지름	10
파랑벽돌	높이, 너비	40픽셀, 60픽셀 (벽돌5개 모두 동일)
	사진	blue_wall.png
	X, Y	15, 10
오렌지벽돌	사진	orange_wall.png
	X, Y	93, 10
그린벽돌	사진	green_wall.png
	X, Y	171, 10
하늘벽돌	사진	blue2_wall.png
	X, Y	249, 10
노랑벽돌	사진	yellow_wall.png
	X, Y	327, 10
막대	높이, 너비	20픽셀, 100픽셀
	사진	stick.png

아래 그림은 모든 컴포넌트의 속성 값 설정이 완료된 디자이너 화면이다.

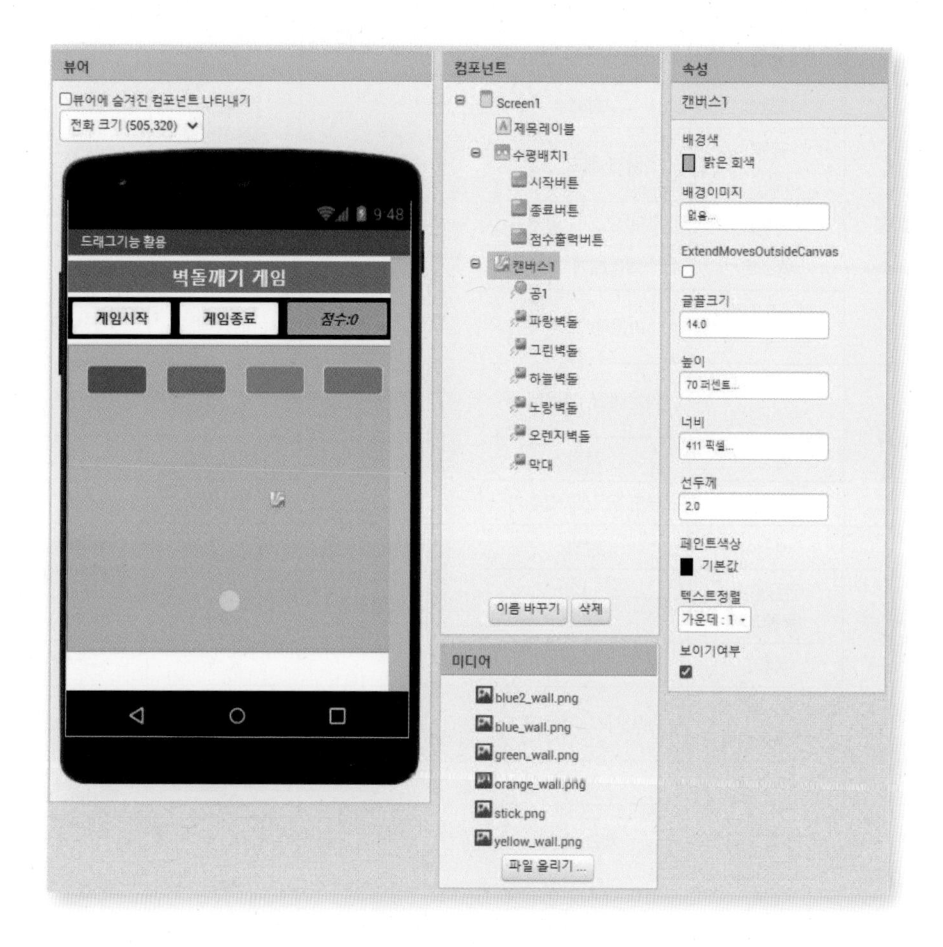

블록 코딩

디자이너 화면이 끝났다면, 동작을 위한 블록 코딩을 시작한다. 이번 예제에서는 공의 움직임이나 충돌감지 등으로 동작을 나누어 함수로 만들어 사용한다. **공시작위치, 공움직임, 점수, 충돌감지**에 대한 함수의 기능과 동작을 잘 살펴보자.

사용할 블록 미리보기

아래 [표 9-6]은 이번 장에서 사용되는 주요 블록에 대한 설명이다.

표 9-6 벽돌 깨기 게임에 사용되는 주요 블록

블록	설명
언제 공1 .모서리에닿았을때 모서리 실행	공1이 모서리에 닿았을 때, 닿은 모서리에 따라서 튕기는 방향 설정
언제 공1 .충돌했을때 다른 실행	공1이 충돌했을 때, 충돌 스프라이트에 따라서 튕기기 또는 점수획득
언제 막대 .드래그 시작X 시작Y 이전X 이전Y 현재X 현재Y 실행	막대 스프라이트를 드래그할 때, 움직임에 대한 설정
함수 만들기 공시작위치 실행	Screen1 화면 시작 또는 시작버튼을 눌렀을 때 공의 시작 위치 설정
함수 만들기 공움직이기 실행	공이 벽 또는 스프라이트에 부딪혔을 때 움직임 설정
함수 만들기 점수 실행	공이 벽돌에 부딪혔을 때 점수 부여
함수 만들기 충돌감지 부딪힌벽돌 실행	공이 스프라이트에 부딪혔을 때, 막대 또는 벽돌 감지
만약 이라면 실행 아니라면 / 만약 이라면 실행 아니고 만약 이라면 실행 아니라면	[만약~이라면 실행, 아니고 만약~ 이라면 실행]에 대한 조건 분기 구문
지정하기 공1 . 방향 값 / 지정하기 공1 . 속도 값 / 지정하기 공1 . 시간간격 값	공이 움직일 때, 방향, 속도, 시간간격 값 설정

이벤트 처리

❶ Screen1이 초기화되었을 때

Screen1 화면이 시작했을 때 화면에 점수는 0으로 초기화, 공 시작 위치는 함수를 호출해서 임의의 위치로 설정하고 막대는 화면 아래 20%에 해당하는 위치에 놓는다.

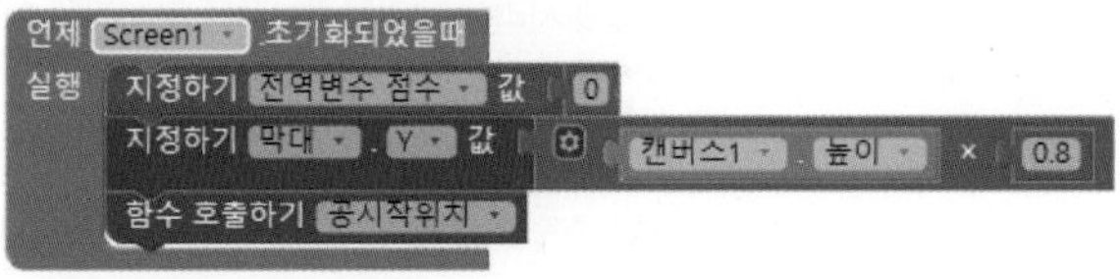

❷ 시작버튼 클릭하여 게임 시작하기

시작버튼을 클릭하여 게임을 시작하기 때문에, 시작버튼을 클릭했을 때의 이벤트 블록에서 공 시작 위치 함수와 공 움직이기 함수를 호출한다. 공과 벽돌 스프라이트는 모두 보이기 상태로 설정하고, 전역변수로 만들어진 점수 변수는 0으로 초기화하여 점수출력 버튼 텍스트 값으로 출력한다.

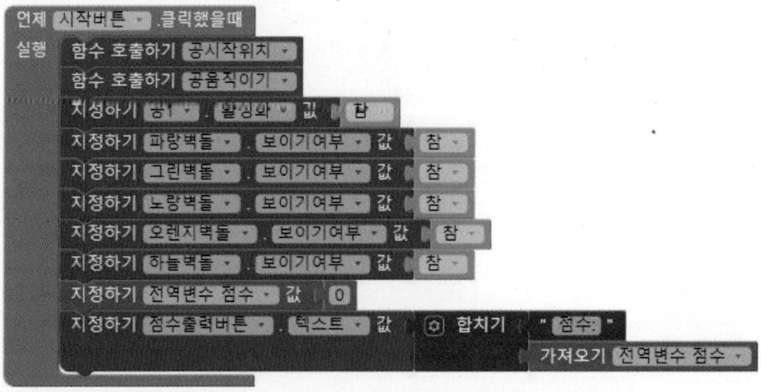

❸ 종료버튼을 클릭하여 게임 종료하기

종료 버튼을 클릭했을 때의 이벤트 블록은 공1을 비활성화하여 공 동작을 멈추는 기능을 구현한 블록이다.

❹ 공1이 모서리에 닿았을 때 공 튕기기

공이 모서리에 닿으면 1, −1, 3, −3의 값으로 모서리 위치 값을 가져와 현재 진행하고 있는 방향의 −180도로 움직이게 한다. 공이 움직이는 방향은 **공1.튕기기** 함수 호출로 동작한다.

```
언제 공1 .모서리에닿았을때
 모서리
실행  호출 공1 .튕기기
            모서리  가져오기 모서리
```

❺ 공1이 막대와 충돌했을 때 튕기기

공1.충돌했을 때의 이벤트 블록은 공1이 충돌한 스프라이트가 막대라면 공이 위쪽 방향으로 움직여야 하기 때문에 **공1.튕기기** 함수를 호출하면서 모서리 값을 −1로 한다. 만약 공1이 충돌한 것이 막대가 아니라면 어떤 벽돌인지를 감지해야 하기 때문에 충돌한 벽돌 스프라이트 값을 가지고 **충돌감지** 함수를 호출한다.

```
언제 공1 .충돌했을때
 다른
실행  만약  가져오기 다른 = 막대
      이라면 실행  호출 공1 .튕기기
                      모서리  -1
      아니라면  함수 호출하기 충돌감지
                      부딪힌벽돌  가져오기 다른
```

❻ 막대를 드래그로 움직이기

막대 스프라이트를 드래그할 때, X좌표만 변하고 Y좌표는 화면(캔버스)의 아래 20% 위치에서 움직인다. 막대의 X좌표 값은 막대.드래그 이벤트 블록의 현재 X좌표 값을 이용해야 한다.

```
언제 막대 .드래그
 시작X 시작Y 이전X 이전Y 현재X 현재Y
실행  지정하기 막대 . X 값  가져오기 현재X
      지정하기 막대 . Y 값  캔버스1 . 높이 × 0.8
```

함수 처리

❶ 공시작위치 함수

공시작위치 함수는 Screen1 화면이 시작할 때와 시작버튼을 클릭했을 때, 공의 시작 위치를 알려주는 함수 블록이다.

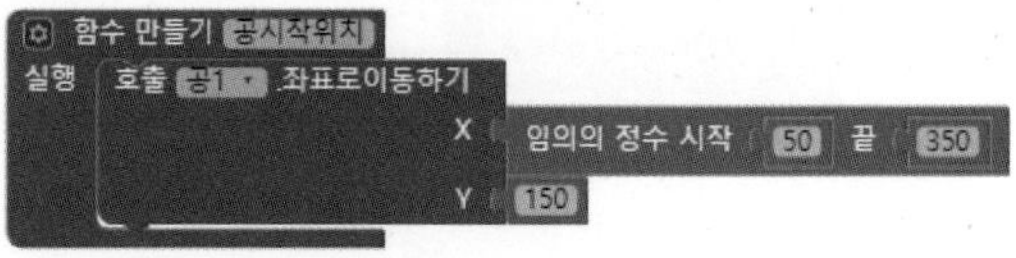

❷ 공움직이기 함수

공움직이기 함수는 시작버튼을 클릭할 때 호출되어 공의 움직임을 설정하는 함수 블록이다. 이 함수는 공의 움직임 방향과 속도 그리고 시간 간격을 설정한다. 공이 출발하는 방향은 화면 아래쪽 임의의 200~280도 각도의 방향을 갖는다. 공의 속도는 10 밀리세컨마다 5 픽셀씩 움직이며, 시간 간격의 값이 크면 공이 느려지고 작으면 빨라진다.

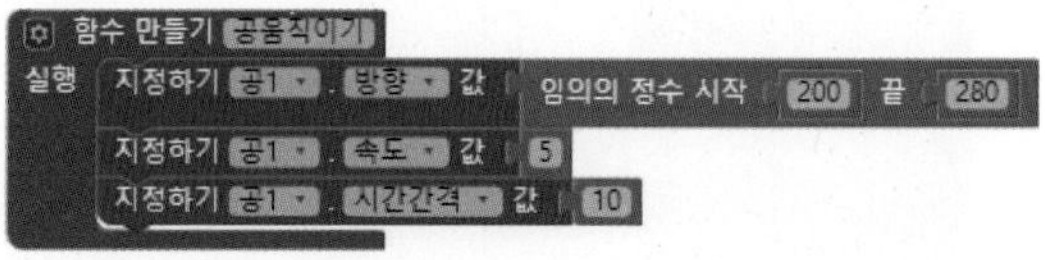

❸ 점수 함수

아래 블록은 전역변수로 설정된 점수 변수의 값이 4 이상이라면 (가져오기 전역변수 점수 ≥ 4), 점수를 1 증가하여 5를 출력하고 공의 속도를 0으로 하여 게임을 종료하기 위한 조건 블록이다.

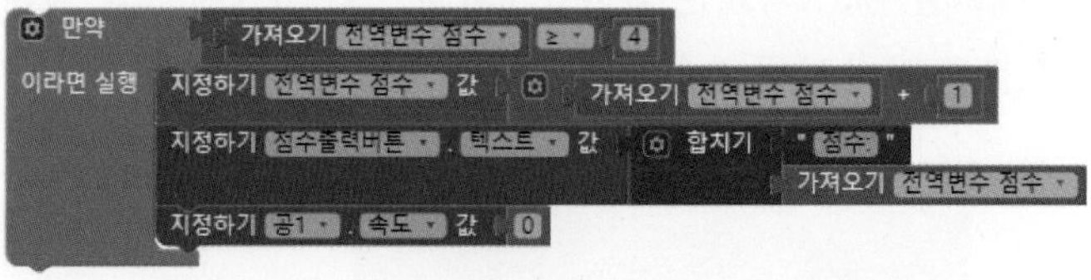

만약에 점수가 4 이상이 아니라면 점수를 1 증가시키고 게임은 계속 진행된다.

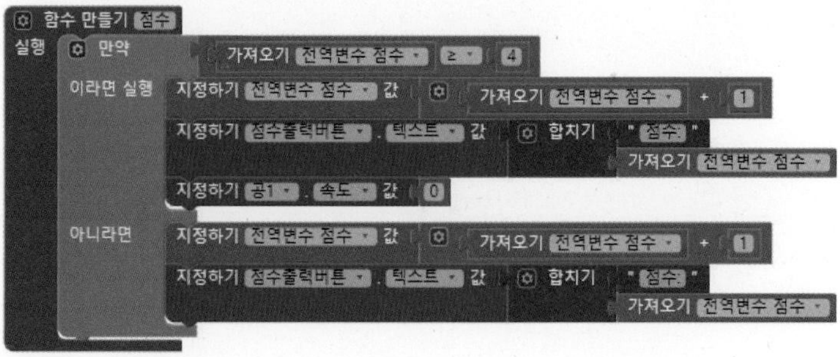

❹ 충돌감지 함수

공1이 막대 혹은 벽돌 스프라이트에 충돌하면 충돌 이벤트(언제 공1 .충돌했을때)가 발생하고, 충돌감지 함수(함수 호출하기 충돌감지 부딪힌벽돌)가 호출된다. 충돌감지 함수가 호출되면서 충돌한 벽돌 스프라이트의 값이 함수의 매개변수로 저장된다. 함수가 실행되면서 매개변수에 저장된 값이 파랑벽돌이라면(가져오기 부딪힌벽돌 = 파랑벽돌), 파랑벽돌은 보이지 않게 설정하고 점수를 1 증가시키기 위해 점수 함수를 호출한다. 그리고 벽돌에 부딪힌 공은 아래 방향으로 움직이기 위해서 모서리 값은 1로 설정한다.

만약 가져오기 부딪힌벽돌 = 파랑벽돌
이라면 실행 지정하기 파랑벽돌 . 보이기여부 값 거짓
함수 호출하기 점수
호출 공1 .튕기기
모서리 1

다음과 같이 모든 벽돌을 **충돌감지** 함수로 감지하여 점수 증가 및 벽돌 스프라이트가 보이지 않게 설정한다. 그리고 공을 아래 방향으로 튕기기 위해 모서리 값을 1로 설정한다.

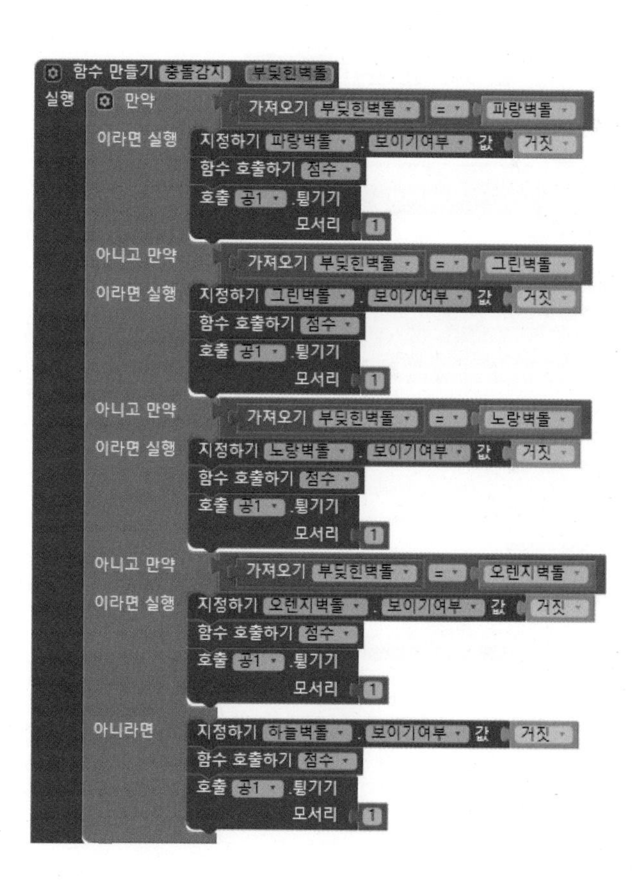

최종 완성 블록

다음은 완성된 최종 블록이다. 천천히 앱을 완성해보자.

```
전역변수 만들기 점수 초기값 0

언제 Screen1 .초기화되었을때
실행 지정하기 전역변수 점수 값 0
     지정하기 막대 . Y 값 캔버스1 . 높이 × 0.8
     함수 호출하기 공시작위치

언제 종료버튼 .클릭했을때
실행 지정하기 공1 . 활성화 값 거짓

언제 시작버튼 .클릭했을때
실행 함수 호출하기 공시작위치
     함수 호출하기 공움직이기
     지정하기 공1 . 활성화 값 참
     지정하기 파랑벽돌 . 보이기여부 값 참
     지정하기 그린벽돌 . 보이기여부 값 참
     지정하기 노랑벽돌 . 보이기여부 값 참
     지정하기 오렌지벽돌 . 보이기여부 값 참
     지정하기 하늘벽돌 . 보이기여부 값 참
     지정하기 전역변수 점수 값 0
     지정하기 점수출력버튼 . 텍스트 값 합치기 " 점수: "
                                          가져오기 전역변수 점수

언제 공1 .모서리에닿았을때
 모서리
실행 호출 공1 .튕기기
          모서리 가져오기 모서리

언제 공1 .충돌했을때
 다른
실행 만약 가져오기 다른 = 막대
     이라면 실행 호출 공1 .튕기기
                      모서리 -1
     아니라면 함수 호출하기 충돌감지
                      부딪힌벽돌 가져오기 다른

언제 막대 .드래그
 시작X 시작Y 이전X 이전Y 현재X 현재Y
실행 지정하기 막대 . X 값 가져오기 현재X
     지정하기 막대 . Y 값 캔버스1 . 높이 × 0.8

함수 만들기 공시작위치
실행 호출 공1 .좌표로이동하기
              X 임의의 정수 시작 50 끝 350
              Y 150

함수 만들기 공움직이기
실행 지정하기 공1 . 방향 값 임의의 정수 시작 200 끝 280
     지정하기 공1 . 속도 값 5
     지정하기 공1 . 시간간격 값 10
```

```
함수 만들기 점수
실행  만약  가져오기 전역변수 점수 ≥ 4
      이라면 실행  지정하기 전역변수 점수 값  가져오기 전역변수 점수 + 1
                  지정하기 점수출력버튼 . 텍스트 값  합치기  " 점수: "
                                                     가져오기 전역변수 점수
                  지정하기 공1 . 속도 값 0
      아니라면    지정하기 전역변수 점수 값  가져오기 전역변수 점수 + 1
                  지정하기 점수출력버튼 . 텍스트 값  합치기  " 점수: "
                                                     가져오기 전역변수 점수

함수 만들기 충돌감지 부딪힌벽돌
실행  만약  가져오기 부딪힌벽돌 = 파랑벽돌
      이라면 실행  지정하기 파랑벽돌 . 보이기여부 값 거짓
                  함수 호출하기 점수
                  호출 공1 .튕기기
                        모서리 1
      아니고 만약  가져오기 부딪힌벽돌 = 그린벽돌
      이라면 실행  지정하기 그린벽돌 . 보이기여부 값 거짓
                  함수 호출하기 점수
                  호출 공1 .튕기기
                        모서리 1
      아니고 만약  가져오기 부딪힌벽돌 = 노랑벽돌
      이라면 실행  지정하기 노랑벽돌 . 보이기여부 값 거짓
                  함수 호출하기 점수
                  호출 공1 .튕기기
                        모서리 1
      아니고 만약  가져오기 부딪힌벽돌 = 오렌지벽돌
      이라면 실행  지정하기 오렌지벽돌 . 보이기여부 값 거짓
                  함수 호출하기 점수
                  호출 공1 .튕기기
                        모서리 1
      아니라면    지정하기 하늘벽돌 . 보이기여부 값 거짓
                  함수 호출하기 점수
                  호출 공1 .튕기기
                        모서리 1
```

완성된 앱

벽돌 깨기 게임의 최종 완성 화면이다. 캔버스 너비를 410픽셀로 설정했기 때문에 에뮬레이터로 실행하면 모든 벽돌이 보이지 않는다. AI 컴패니언을 이용하거나, 앱(* .apk)을 설치해서 게임을 실행하면 5개의 벽돌을 모두 확인할 수 있다.

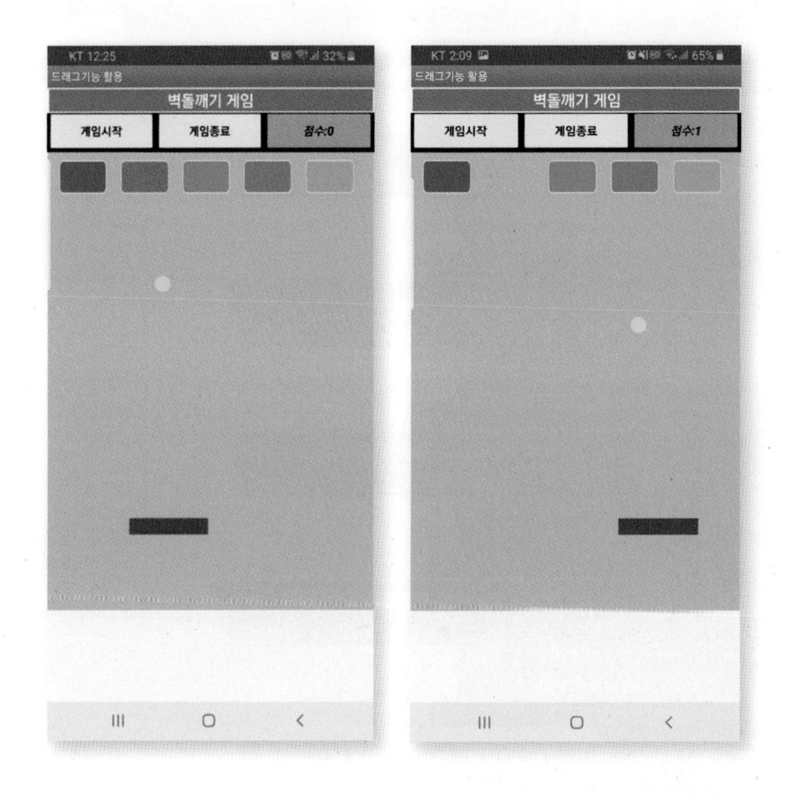

9.3 생각해보기

'벽돌 깨기 게임'에서 아래 기능을 추가하는 앱을 만들어보자. '벽돌 깨기 게임'에서 벽돌을 깨뜨릴 때 점수를 부여하고, 막대가 공을 못 맞힐 때 점수를 감점하는 기능을 함수로 구현해보자.

기능

1. 점수 기능을 함수로 구현
2. 공이 1개의 벽돌을 깨뜨릴 때마다 10점 부여
3. 공이 벽돌을 깨지 못하고 위쪽 또는 아래쪽 모서리에 부딪힐 때 1점 감점

응용 프로젝트 1

학습목차

학습목표

1. 캔버스 컴포넌트를 이용해서 게임 화면을 구성할 수 있다.
2. 보이지 않는 컴포넌트를 활용하여 알람창과 타이머를 구현할 수 있다.
3. 리스트를 활용하여 다양한 이미지를 무작위로 출력할 수 있다.
4. 게임의 특정 동작을 함수로 구현할 수 있다.

10.1 바구니로 과일 받기

미리보기

'바구니로 과일 받기' 예제는 아래 그림과 같이 10초 안에 바구니를 움직여 과일을 받아 점수를 얻는 게임 앱이다. 앱이 실행되면 알림창을 통해 게임을 설명한다. 시작버튼을 누르면 타이머가 동작하고 바구니를 움직여 과일을 담아 점수를 획득한다.

디자이너 설계

앱을 만들기 위해서 가장 먼저 수행해야 하는 단계는 사용자 화면 디자인이다. 디자인 과정에서 팔레트 그룹의 적절한 컴포넌트를 가져와 뷰어에 배치한 후, 컴포넌트 이름을 바꾸고 속성을 설정한다. 아래 그림은 **ch10_Fruits**의 디자이너 화면이다.

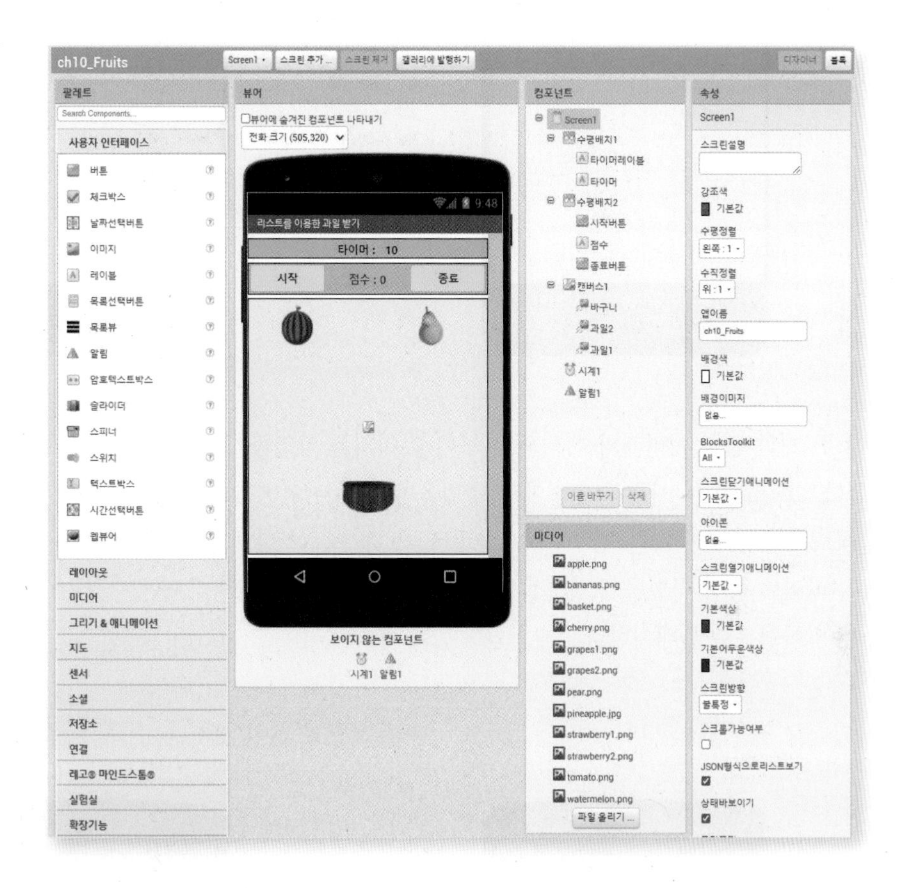

컴포넌트 구성

디자이너 화면에서 컴포넌트를 뷰어에 배치하는 과정을 살펴보자. 레이아웃 팔레트의 수평배치 또는 수직배치 안에 여러 개의 컴포넌트를 넣을 때, 수평배치와 수직배치의 높이와 너비는 [부모 요소에 맞추기]로 설정한 후 컴포넌트들을 배치한다.

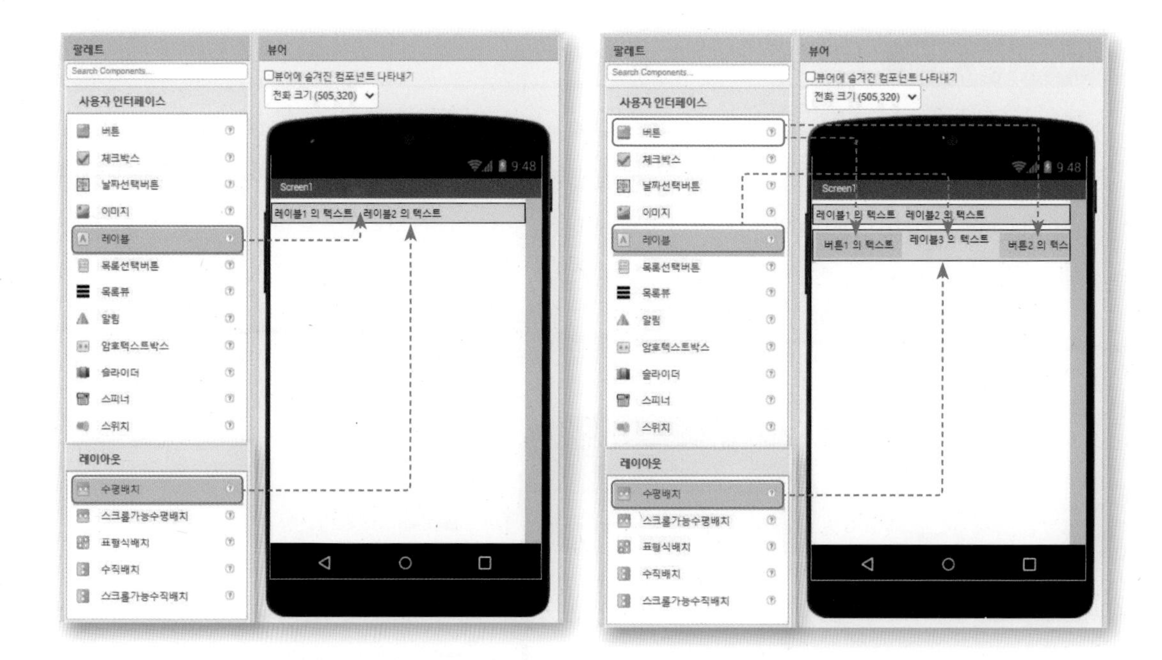

캔버스 안에 두 개의 과일 이미지와 하나의 바구니 이미지를 삽입하기 위해 이미지 스프라이트 세 개를 배치한다. 그리고 앱이 시작하면서 게임 방법을 알려주는 알림창을 만들기 위해 [사용자 인터페이스] 팔레트에서 보이지 않는 컴포넌트 [알림]을 드래그하여 아래 그림과 같이 뷰어 아랫부분에 배치하고, 타이머 동작 구현을 위해 [센서] 팔레트에서 보이지 않는 컴포넌트 [시계]를 아래 그림과 같이 뷰어 아랫부분에 배치한다.

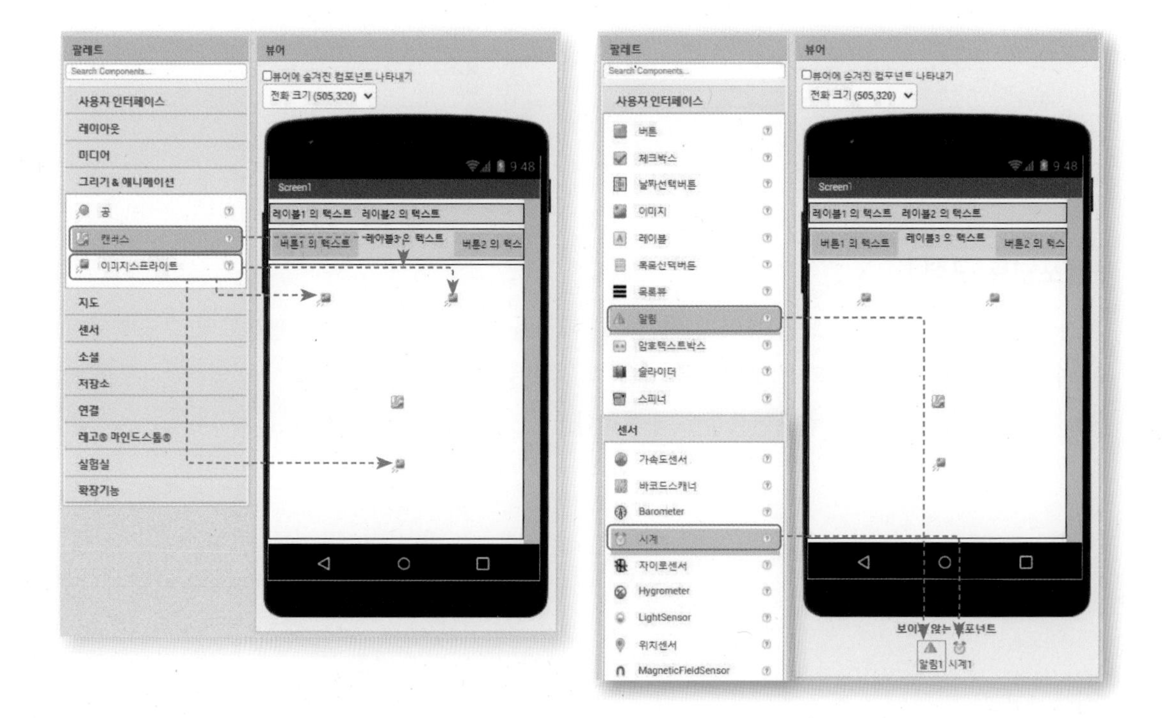

바구니로 과일 받기 프로젝트에서 사용되는 컴포넌트들의 이름과 기능은 아래 [표 10-1]과 같다.

표 10-1 바구니로 과일 받기 앱에 필요한 컴포넌트 구성

컴포넌트	팔레트 그룹	컴포넌트 이름	기능설명
수평배치	레이아웃	수평배치1	타이머 레이블 배치
레이블	사용자 인터페이스	타이머레이블	타이머 제목
레이블	사용자 인터페이스	타이머	타이머
수평배치	레이아웃	수평배치2	시작, 종료, 점수 배치
버튼	사용자 인터페이스	시작버튼	게임시작을 알려주는 버튼
레이블	사용자 인터페이스	점수	점수가 나타나는 점수레이블
버튼	사용자 인터페이스	종료버튼	게임종료를 알려주는 버튼
캔버스	그리기 & 애니메이션	캔버스1	게임이 동작하는 영역
이미지스프라이트	그리기 & 애니메이션	바구니	바구니 스프라이트
이미지스프라이트	그리기 & 애니메이션	과일1	과일1 스프라이트
이미지스프라이트	그리기 & 애니메이션	과일2	과일2 스프라이트
시계	센서	시계1	타이머 설정을 위한 보이지 않는 컴포넌트
알림	사용자 인터페이스	알림1	알림창 사용을 위한 컴포넌트

다음은 컴포넌트 배치가 끝나고, 컴포넌트 이름 바꾸기 한 그림이다. 컴포넌트 배치가 끝나고 그림과 같이 과일 이미지를 미디어 서버에 업로드 한다.

컴포넌트 속성

컴포넌트의 배치와 이름 바꾸기가 끝났다면, 각 컴포넌트의 속성을 설정해야 한다. 컴포넌트들의 속성은 아래 [표 10-2]와 같다.

표 10-2 바구니로 과일 받기 앱에 사용된 컴포넌트 속성

컴포넌트 이름	속성	속성 값
Screen1	제목	리스트를 이용한 과일 받기
수평배치1	수평정렬, 수직정렬	가운데:3, 가운데:2
	배경	청록색
	너비	부모 요소에 맞추기
타이머레이블	글꼴굵게, 글꼴크기	체크, 16
	텍스트	타이머 :
타이머	글꼴굵게, 글꼴크기	체크, 16
	텍스트	10
수평배치2	수평정렬, 수직정렬	가운데:3, 가운데:2
	배경색	청록색
	너비	부모 요소에 맞추기
시작버튼	배경색	노랑
	글꼴굵게, 글꼴크기	체크, 16
	너비	부모 요소에 맞추기
	텍스트, 텍스트정렬	시작, 가운데:1
점수	글꼴굵게, 글꼴크기	체크, 16
	너비	부모 요소에 맞추기
	텍스트, 텍스트정렬	점수 : 0, 가운데:1
종료버튼	배경색	노랑
	글꼴굵게, 글꼴크기	체크, 16
	너비	부모 요소에 맞추기
	텍스트, 텍스트정렬	종료, 가운데:1
캔버스1	높이, 너비	부모 요소에 맞추기
바구니	높이, 너비	70픽셀, 70픽셀
	사진	basket.png
과일1	높이, 너비	50픽셀, 50픽셀
	사진	pear.png
과일2	높이, 너비	50픽셀, 50픽셀
	사진	watermelon.png
시계1	타이머간격	1000

아래 그림은 최종적으로 완성된 디자이너 화면이다.

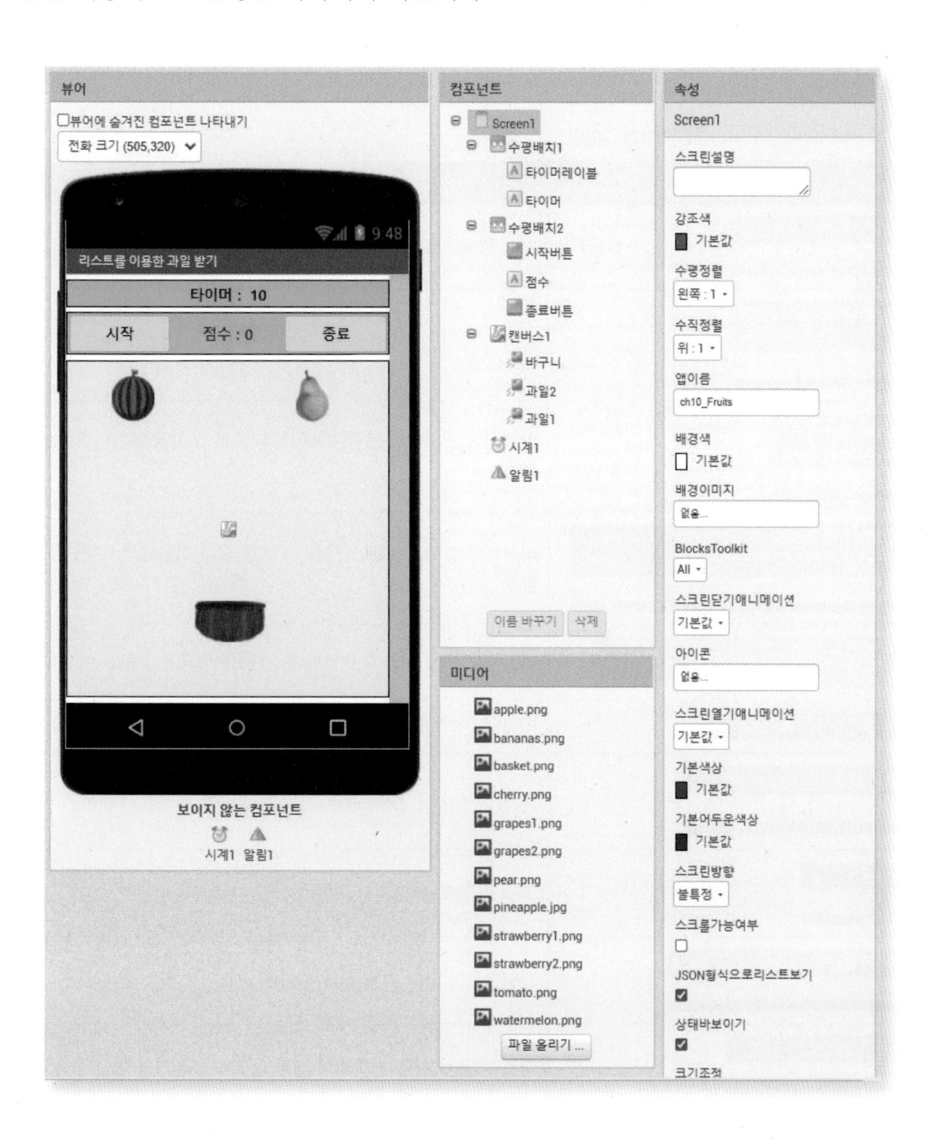

블록 코딩

디자이너 화면에서 사용될 컴포넌트를 뷰어에 배치하고 컴포넌트 이름 바꾸기와 속성 설정이 끝나면 동작 구현을 위해 블록 코딩을 시작한다. 컴포넌트 이름에 따라 생성된 블록을 이용해서 코딩을 시작해 보자.

사용할 블록 미리보기

아래 [표 10-3]은 이번 장에서 사용되는 주요 블록에 대한 설명이다.

표 10-3 바구니로 과일 받기 게임에 사용되는 주요 블록

블록	설명
언제 시계1 .타이머가작동할때 실행	시계 컴포넌트를 이용하여 타이머 동작을 위한 블록
언제 과일1 .모서리에닿았을때 모서리 실행	과일이 모서리에 닿았을 때 보이기 비활성화를 위한 블록
언제 바구니 .충돌했을때 다른 실행	바구니와 과일이 충돌했을 때, 점수 증가와 과일 보이기 비활성화를 위한 블록
언제 바구니 .드래그 시작X 시작Y 이전X 이전Y 현재X 현재Y 실행	바구니를 드래그할 때, 현재X, Y좌표 값을 이용해서 바구니를 이동시키는 블록
임의의 항목 선택하기 리스트 리스트 만들기	과일 리스트를 만들고 리스트 중 하나를 임의로 선택하는 블록
전역변수 만들기 점수 초기값 0	바구니가 과일을 받을 때 증가하는 점수를 처리하는 전역변수 블록
지역변수 만들기 과일_1 초기값 실행	[과일선택하기] 함수로부터 선택된 과일을 처리하기 위한 지역변수 블록
함수 만들기 과일 결과값 반환	과일 리스트 중 임의의 과일 하나를 선택해서 반환하는 함수 블록
함수 만들기 과일선택하기 과일번호 실행	과일번호에 따라 과일 시작 위치를 달라지게 하는 함수 블록
함수 만들기 떨어지기 과일 실행	과일이 떨어질 때, 속도와 위치를 다르게 설정하는 함수 블록
함수 만들기 점수추가 실행	바구니가 과일을 받을 때, 점수를 추가시키는 함수 블록
함수 만들기 게임오버 실행	게임이 끝나고 타이머, 바구니, 과일의 움직임을 멈추게 하는 함수 블록

변수 처리

❶ 전역변수 점수

전역변수 **점수**는 과일을 바구니에 담을 때 획득하는 점수를 저장한다.

```
전역변수 만들기 점수 초기값 0
```

❷ 지역변수 과일_1, 과일_2

지역변수 **과일_1**과 **과일_2**는 과일 리스트 함수에서 과일 하나를 무작위로 선택하여 지역변수에 저장한다. 변수에 저장된 과일의 이름 값은 화면의 좌 · 우를 구분하여 선택된 과일이 보이도록 사용된다.

```
지역변수 만들기 과일_1 초기값 call 과일
실행 지정하기 과일1 . 사진 값 가져오기 과일_1
     함수 호출하기 떨어지기
                     과일번호 " 과일1 "
```

```
지역변수 만들기 과일_2 초기값 call 과일
실행 지정하기 과일2 . 사진 값 가져오기 과일_2
     함수 호출하기 떨어지기
                     과일번호 " 과일2 "
```

이벤트 처리

❶ Screen1 화면의 초기화와 알림창 보이기

Screen1이 초기화되었을 때 이벤트 블록은 앱이 시작하자마자 가장 먼저 보이는 초기화면으로, 타이머의 비활성화 속성 값을 이용하여 게임이 동작하지 않도록 한다. 이미지 스프라이트 과일1과 과일2는 보이지 않는 상태로 설정하며, 알림창을 통해 게임 동작 규칙을 설명한다.

```
언제 Screen1 .초기화되었을때
실행 지정하기 전역변수 점수 값 0
     지정하기 시계1 . 타이머활성화여부 값 거짓
     지정하기 타이머 . 텍스트 값 10
     지정하기 과일1 . 보이기여부 값 거짓
     지정하기 과일2 . 보이기여부 값 거짓
     호출 알림1 .메시지창보이기
                 메시지 합치기 " 시작버튼을 누르면 과일이 내려옵니다. "
                               " 바구니로 과일을 받아보세요. "
                               " 10초이내 30점을 획득해 보세요~! "
                 제목 " 바구니에 과일을 받아보자~! "
                 버튼텍스트 " OK! "
```

❷ 게임 시작하기

시작버튼을 클릭했을 때 이벤트 블록은 시작버튼을 누르면 게임 시작을 위해 타이머, 과일1, 과일2, 바구니를 활성화한다. 점수는 0으로, 타이머는 10으로 초기화한다. 과일1과 과일2는 임의의 과일이 선택되도록 [과일선택하기] 함수를 호출한다. 과일1과 과일2는 나타나는 위치와 움직이는 속도가 모두 달라서 [과일선택하기] 함수를 호출할 때, 다른 과일 번호를 이용해서 호출한다.

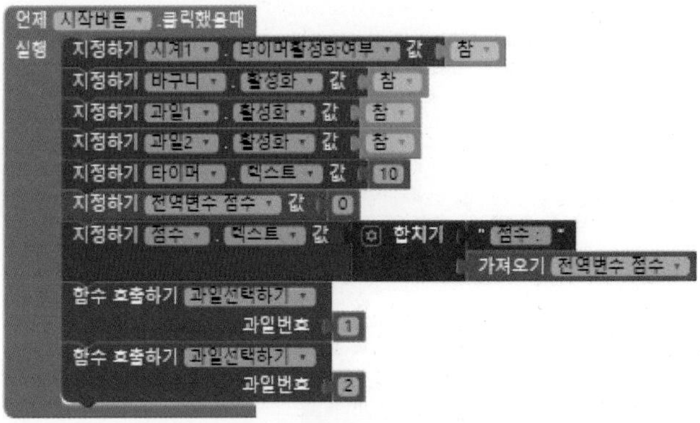

❸ 게임 종료하기

종료버튼을 클릭했을 때 블록코드는 종료버튼을 누를 때 게임을 끝내기 위해 [게임오버] 함수를 호출하는 이벤트 블록이다.

❹ 타이머 동작

시계1의 타이머가 작동할 때 이벤트 블록은 타이머를 동작하기 위한 블록코드다. 디자이너 화면에서 보이지 않는 컴포넌트 [시계]의 타이머 간격 속성을 1000(1000ms: 1초)으로 했기 때문에 1초 단위로 타이머가 동작하게 된다. 타이머 값이 1 미만이 되면 게임이 종료된다.

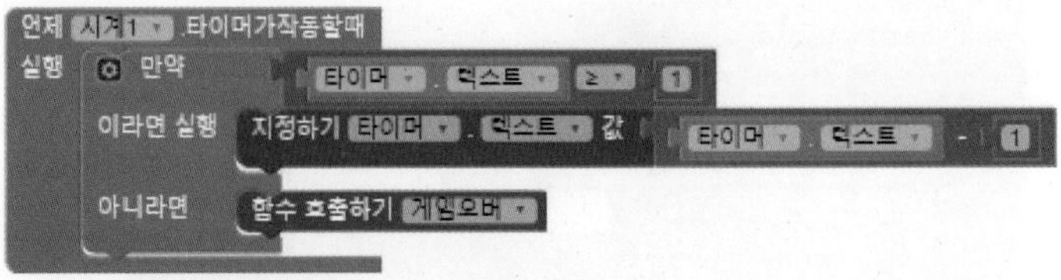

❺ 바구니 드래그하기

바구니를 드래그할 때 이벤트 블록은 바구니를 드래그할 때 바구니의 움직임을 나타내기 위한 블록이다. 움직이는 바구니 X, Y좌표 값은 현재X와 현재Y 변수 값을 이용해야 한다.

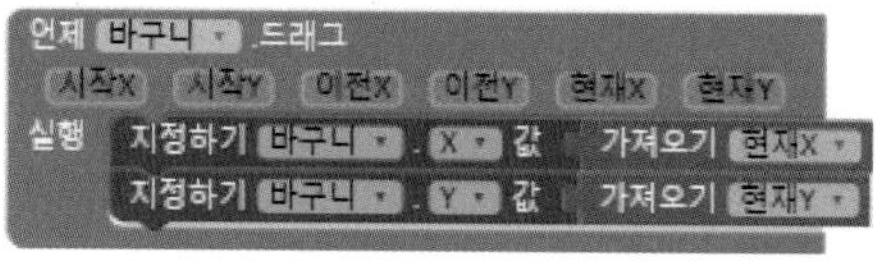

```
언제 바구니 .드래그
  시작X 시작Y 이전X 이전Y 현재X 현재Y
실행 지정하기 바구니 . X 값 가져오기 현재X
     지정하기 바구니 . Y 값 가져오기 현재Y
```

❻ 과일이 모서리에 닿았을 때

과일이 모서리에 닿았을 때 이벤트 블록은 과일1과 과일2가 모서리에 닿았을 때 보이지 않는 상태로 설정하고, 다시 출발 위치에서 보일 임의의 과일을 선택하기 위해 [과일선택하기] 함수를 호출한다. 과일번호(1, 2)를 이용해서 함수를 호출하기 때문에 과일이 나타나는 위치와 속도가 서로 다르다.

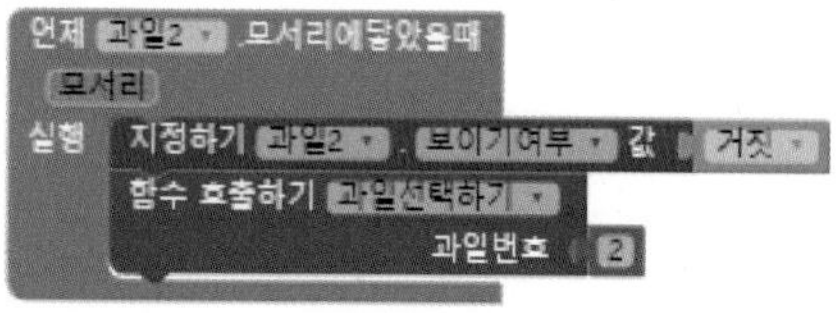

```
언제 과일1 .모서리에닿았을때
  모서리
실행 지정하기 과일1 . 보이기여부 값 거짓
     함수 호출하기 과일선택하기
                    과일번호 1
```

```
언제 과일2 .모서리에닿았을때
  모서리
실행 지정하기 과일2 . 보이기여부 값 거짓
     함수 호출하기 과일선택하기
                    과일번호 2
```

❼ 바구니에 과일이 닿았을 때

바구니가 충돌했을 때 이벤트 블록코드에서는 바구니 스프라이트가 다른 스프라이트(과일1, 과일2)와 충돌했을 때, [점수추가] 함수를 호출하여 점수를 증가시키고 과일이 보이지 않게 설정한다. 그리고 다른 과일이 임의의 위치에서 보이도록 [과일선택하기] 함수를 호출한다.

```
언제 바구니 .충돌했을때
  다른
실행 만약 가져오기 다른 = 과일1
     이라면 실행 지정하기 과일1 . 속도 값 0
                지정하기 과일1 . 보이기여부 값 거짓
                함수 호출하기 점수추가
                함수 호출하기 과일선택하기
                               과일번호 1
     만약 가져오기 다른 = 과일2
     이라면 실행 지정하기 과일2 . 보이기여부 값 거짓
                함수 호출하기 점수추가
                함수 호출하기 과일선택하기
                               과일번호 2
```

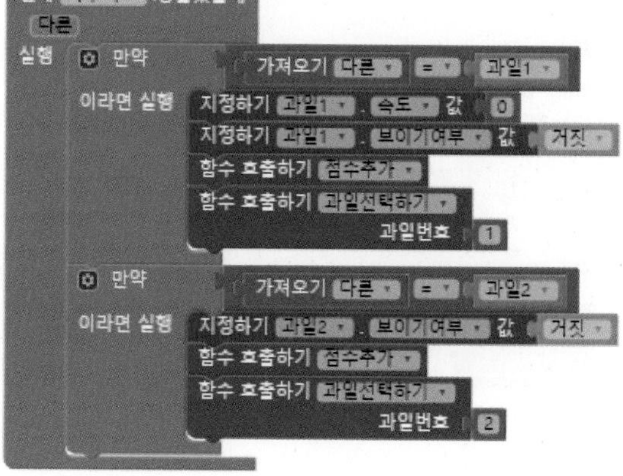

리스트 처리

❶ 과일 목록 리스트

과일 함수 블록은 과일 목록의 데이터를 리스트로 관리하고, 임의의 과일 하나를 선택하여 반환하기 위한 블록이다. [과일] 함수가 호출되면 리스트에 있는 과일 중 임의의 과일 하나가 선택되어 반환된다.

함수 처리

❶ 과일선택하기 함수

과일선택하기 함수에서는 **과일** 함수 호출을 통해 임의의 과일을 가져와 해당 **과일번호** 위치에서 보이게 한다. 그리고 **과일선택하기** 함수에서 선택된 과일의 움직임을 위해 **떨어지기** 함수를 호출한다.

❷ 떨어지기 함수

떨어지기 함수에서는 임의로 선택된 과일이 아래로 떨어지는 동작을 구현한다. 이때, **과일번호(1, 2)**에 따라서 떨어지는 위치와 속도가 다르게 설정된다.

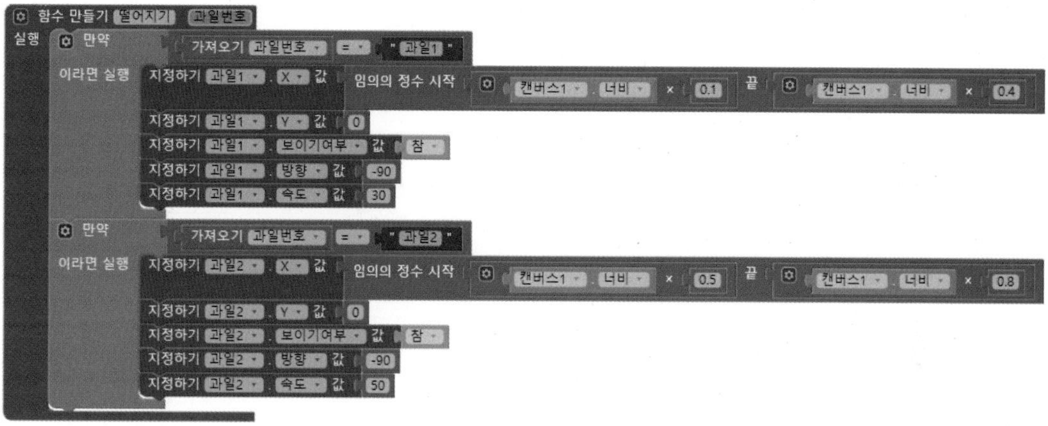

❸ 점수추가 함수

점수추가 함수는 바구니 스프라이트가 과일에 닿았을 때 호출되는 함수로 점수를 추가하는 동작을 한다. 점수가 30점이 되면 게임이 종료된다.

❹ 게임오버 함수

게임오버 함수는 타이머 값이 10이 되었거나, 점수가 30점이 되었을 때 호출되는 함수로 타이머, 과일1, 과일2, 바구니의 동작이 멈춘다.

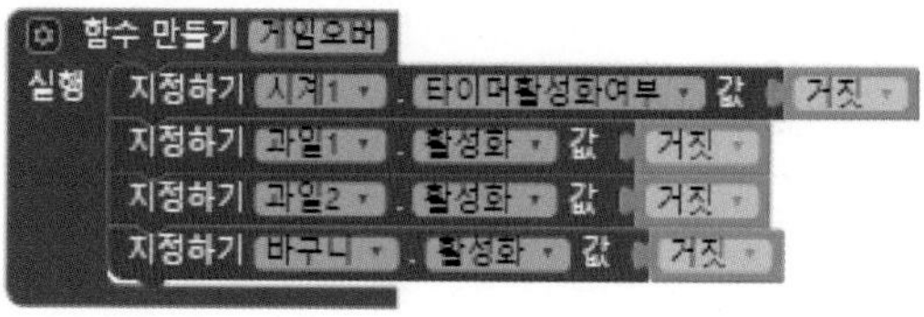

최종 완성 블록

다음은 바구니로 과일을 받는 게임의 최종 완성 블록이다.

```
전역변수 만들기 점수 초기값 0

언제 Screen1 .초기화되었을때
실행 지정하기 전역변수 점수 값 0
     지정하기 시계1 . 타이머활성화여부 값 거짓
     지정하기 타이머 . 텍스트 값 10
     지정하기 과일1 . 보이기여부 값 거짓
     지정하기 과일2 . 보이기여부 값 거짓
     호출 알림1 .메시지창보이기
                 메시지  합치기 " 시작버튼을 누르면 과일이 내려옵니다. "
                                " 바구니로 과일을 받아보세요. "
                                " 10초이내 30점을 획득해 보세요~! "
                 제목 " 바구니에 과일을 받아보자~! "
                 버튼텍스트 " OK! "

언제 시계1 .타이머가작동할때
실행 만약 타이머 . 텍스트 ≥ 1
     이라면 실행 지정하기 타이머 . 텍스트 값 타이머 . 텍스트 - 1
     아니라면 함수 호출하기 게임오버

언제 시작버튼 .클릭했을때
실행 지정하기 시계1 . 타이머활성화여부 값 참
     지정하기 바구니 . 활성화 값 참
     지정하기 과일1 . 활성화 값 참
     지정하기 과일2 . 활성화 값 참
     지정하기 타이머 . 텍스트 값 10
     지정하기 전역변수 점수 값 0
     지정하기 점수 . 텍스트 값 합치기 " 점수 : "
                                   가져오기 전역변수 점수
     함수 호출하기 과일선택하기
                   과일번호 1
     함수 호출하기 과일선택하기
                   과일번호 2

언제 종료버튼 .클릭했을때
실행 함수 호출하기 게임오버

언제 과일1 .모서리에닿았을때
 모서리
실행 지정하기 과일1 . 보이기여부 값 거짓
     함수 호출하기 과일선택하기
                   과일번호 1

언제 과일2 .모서리에닿았을때
 모서리
실행 지정하기 과일2 . 보이기여부 값 거짓
     함수 호출하기 과일선택하기
                   과일번호 2
```

```
언제 바구니 .드래그
  시작X 시작Y 이전X 이전Y 현재X 현재Y
실행 지정하기 바구니 . X 값 가져오기 현재X
     지정하기 바구니 . Y 값 가져오기 현재Y

언제 바구니 .충돌했을때
  다른
실행 만약 가져오기 다른 = 과일1
     이라면 실행 지정하기 과일1 . 속도 값 0
                 지정하기 과일1 . 보이기여부 값 거짓
                 함수 호출하기 점수추가
                 함수 호출하기 과일선택하기
                                 과일번호 1
     만약 가져오기 다른 = 과일2
     이라면 실행 지정하기 과일2 . 보이기여부 값 거짓
                 함수 호출하기 점수추가
                 함수 호출하기 과일선택하기
                                 과일번호 2

함수 만들기 점수추가
실행 만약 가져오기 전역변수 점수 ≥ 30
     이라면 실행 함수 호출하기 게임오버
     아니라면 지정하기 전역변수 점수 값 가져오기 전역변수 점수 + 1
              지정하기 점수 . 텍스트 값 합치기 " 점수 : "
                                              가져오기 전역변수 점수

함수 만들기 게임오버
실행 지정하기 시계1 . 타이머활성화여부 값 거짓
     지정하기 과일1 . 활성화 값 거짓
     지정하기 과일2 . 활성화 값 거짓
     지정하기 바구니 . 활성화 값 거짓

함수 만들기 과일
결과값 반환 임의의 항목 선택하기 리스트 리스트 만들기 " apple.png "
                                                  " watermelon.png "
                                                  " pear.png "
                                                  " grapes1.png "
                                                  " grapes2.png "
                                                  " tomato.png "
                                                  " pineapple.jpg "
                                                  " strawberry1.png "
                                                  " strawberry2.png "
                                                  " cherry.png "
                                                  " bananas.png "
```

```
함수 만들기 과일선택하기 과일번호
실행  만약  가져오기 과일번호 = 1
      이라면 실행  지역변수 만들기 과일_1 초기값 call 과일
                   실행  지정하기 과일1 . 사진 값 가져오기 과일_1
                         함수 호출하기 떨어지기
                                   과일번호 " 과일1 "
      만약  가져오기 과일번호 = 2
      이라면 실행  지역변수 만들기 과일_2 초기값 call 과일
                   실행  지정하기 과일2 . 사진 값 가져오기 과일_2
                         함수 호출하기 떨어지기
                                   과일번호 " 과일2 "

함수 만들기 떨어지기 과일번호
실행  만약  가져오기 과일번호 = " 과일1 "
      이라면 실행  지정하기 과일1 . X 값 임의의 정수 시작 캔버스1 . 너비 × 0.1 끝 캔버스1 . 너비 × 0.4
                   지정하기 과일1 . Y 값 0
                   지정하기 과일1 . 보이기여부 값 참
                   지정하기 과일1 . 방향 값 -90
                   지정하기 과일1 . 속도 값 30
      만약  가져오기 과일번호 = " 과일2 "
      이라면 실행  지정하기 과일2 . X 값 임의의 정수 시작 캔버스1 . 너비 × 0.5 끝 캔버스1 . 너비 × 0.8
                   지정하기 과일2 . Y 값 0
                   지정하기 과일2 . 보이기여부 값 참
                   지정하기 과일2 . 방향 값 -90
                   지정하기 과일2 . 속도 값 50
```

완성된 앱

바구니로 과일을 받는 게임의 완성 화면이다. 10초 안에 몇 개의 과일을 받았는지 점수로 확인할 수 있다. 이번 앱에서 조금 더 생각하여 과일을 받지 못하고 아래 모서리로 떨어진다면 점수를 감소시키는 앱을 만들어 보자.

10.2 장애물 경주

미리보기

장애물 경주 예제에서는 버튼을 이용해서 자동차를 좌 · 우로 움직여 장애물(공)을 피하는 게임 앱을 제작한다. 아래 그림은 에뮬레이터와 AI 컴패니언으로 실행한 게임 앱 화면이다.

(a) 에뮬레이터로 실행

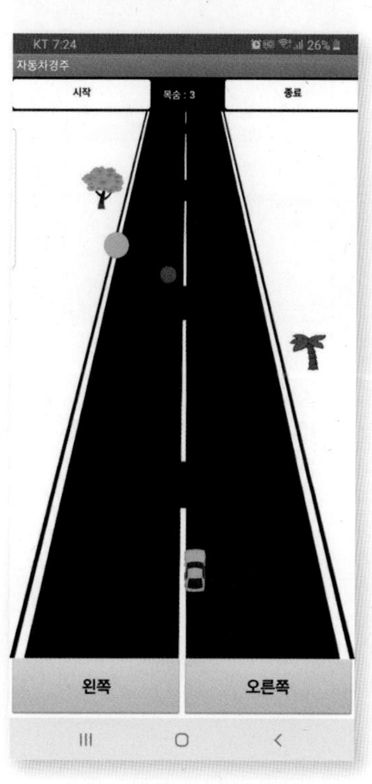

(b) AI 컴패니언으로 실행

디자이너 설계

아래 그림은 장애물 경주 앱 디자이너 화면이다. 이제부터 디자이너 화면에서 컴포넌트 구성과 속성 설정을 해보자.

컴포넌트 구성

디자이너 화면에서 컴포넌트를 뷰어에 배치하는 과정을 살펴보자. 아래 시작버튼, 종료 버튼 그리고 목숨 값을 출력하는 레이블을 수평으로 배치하기 위해서 레이아웃 팔레트에 수평배치 컴포넌트를 먼저 뷰어에 배치한다. 이때, 수평배치 너비를 부모 요소에 맞추기로 하고 버튼과 레이블 컴포넌트를 배치한다. 나무, 공, 자동차를 위한 이미지 스프라이트와 공 컴포넌트는 캔버스 안에 배치하기 때문에, 캔버스를 뷰어에 배치하고 높이와 너비를 부모 요소에 맞추기로 하고 그 안에 이미지 스프라이트와 공을 배치한다.

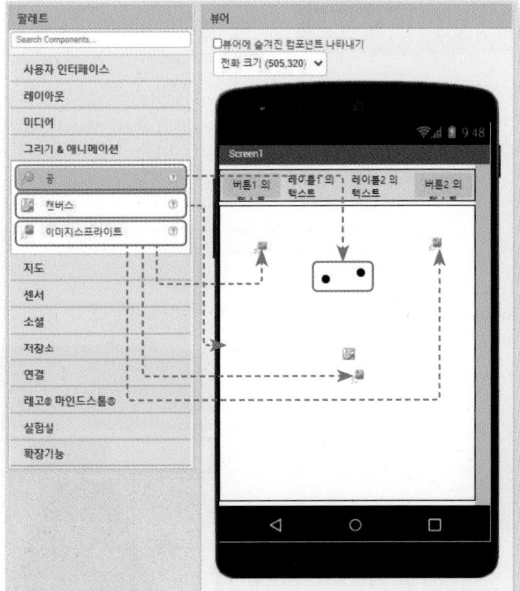

다음은 자동차 이미지 스프라이트를 좌 · 우로 움직이게 할 버튼 컴포넌트를 뷰어 아랫부분에 배치하는 그림이다. 컴포넌트 배치와 이름 바꾸기가 끝나고 아래 그림과 같이 미디어 서버에 캔버스 배경, 자동차, 나무 이미지를 위한 그림파일을 업로드한다.

장애물 경주 프로젝트에서 사용되는 컴포넌트들의 이름과 기능은 다음 [표 10-4]와 같다.

표 10-4 장애물 경주 게임 앱에 필요한 컴포넌트 구성

컴포넌트	팔레트 그룹	컴포넌트 이름	기능설명
수평배치	레이아웃	수평배치1	버튼과 목숨 레이블이 배치되는 레이아웃
버튼	사용자 인터페이스	시작버튼	게임 시작버튼
버튼	사용자 인터페이스	종료버튼	게임 종료 버튼
레이블	사용자 인터페이스	목숨레이블	'목숨:' 글자 출력
레이블	사용자 인터페이스	목숨값출력	초기값:3으로 자동차가 장애물에 부딪히면 1씩 감소
캔버스	그리기 & 애니메이션	캔버스1	게임이 진행되는 영역
이미지스프라이트	그리기 & 애니메이션	오른쪽나무	배경 이미지에서 도로 오른쪽 옆에 있는 나무
이미지스프라이트	그리기 & 애니메이션	왼쪽나무	배경 이미지에서 도로 왼쪽 옆에 있는 나무
이미지스프라이트	그리기 & 애니메이션	자동차	장애물을 피해 움직이는 자동차
공	그리기 & 애니메이션	장애물1	공으로 만든 장애물로 자동차와 부딪히면 목숨 값 1 잃음
공	그리기 & 애니메이션	장애물2	공으로 만든 장애물로 자동차와 부딪히면 목숨 값 1 잃음
수평배치	레이아웃	수평배치2	자동차를 움직이는 버튼이 배치되는 레이아웃
버튼	사용자 인터페이스	왼쪽방향버튼	자동차 스프라이트를 왼쪽으로 이동시키기 위한 버튼
버튼	사용자 인터페이스	오른쪽방향버튼	자동차 스프라이트를 오른쪽으로 이동시키기 위한 버튼

컴포넌트 속성

컴포넌트의 배치와 이름 바꾸기가 끝났다면, 각 컴포넌트의 속성을 설정해야 한다. 컴포넌트들의 속성은 아래 [표 10-5]와 같다.

표 10-5 장애물 경주 앱에 사용된 컴포넌트 속성

컴포넌트 이름	속성	속성 값
Screen1	제목	자동차경주
수평배치1	수평정렬, 수직정렬	가운데:3, 가운데:2
	높이, 너비	40픽셀, 부모 요소에 맞추기
시작버튼	글꼴굵게, 글꼴크기	체크, 12
	높이, 너비	35픽셀, 40퍼센트
	모양	둥근모서리
	텍스트, 텍스트정렬	시작, 가운데:1
종료버튼	글꼴굵게, 글꼴크기	체크, 12
	높이, 너비	35픽셀, 40퍼센트
	모양	둥근모서리
	텍스트, 텍스트정렬	종료, 가운데:1

컴포넌트 이름	속성	속성 값
목숨레이블	글꼴굵게, 글꼴크기	체크, 12
	너비	10퍼센트
	텍스트	목숨 :
	텍스트정렬, 텍스트 색상	오른쪽:2, 흰색
목숨값출력	글꼴굵게, 글꼴크기	체크, 12
	너비	10퍼센트
	텍스트	0
	텍스트정렬, 텍스트 색상	왼쪽:0, 흰색
캔버스1	배경이미지	road.png
	높이, 너비	부모 요소에 맞추기
오른쪽나무	높이, 너비	50픽셀, 50픽셀
	시간간격	100
	사진	coconut-tree.png
왼쪽나무	높이, 너비	50픽셀, 50픽셀
	시간간격	100
	사진	floral.png
자동차	높이, 너비	30픽셀, 30픽셀
	시간간격	100
	사진	car.png
장애물1	페인트색상	청록색
	반지름	15
장애물2	페인트색상	자홍색
	반지름	10
수평배치2	너비	부모 요소에 맞추기
왼쪽방향버튼	글꼴굵게, 글꼴크기	체크, 20
	높이, 너비	70픽셀, 부모 요소에 맞추기
	텍스트, 텍스트정렬	왼쪽, 가운데:1
오른쪽방향버튼	글꼴굵게, 글꼴크기	체크, 20
	높이, 너비	70픽셀, 부모 요소에 맞추기
	텍스트, 텍스트정렬	체크, 20

컴포넌트 배치가 끝나고 속성 설정이 끝나면 아래 화면과 같이 디자이너 완성이 된다.

블록 코딩

디자이너 화면에서 사용될 컴포넌트를 뷰어에 배치하고 컴포넌트 이름 바꾸기와 속성 설정이 끝나면 동작 구현을 위해 블록 코딩을 시작한다. 컴포넌트 이름에 따라 생성된 블록을 이용해서 코딩을 시작해 보자.

사용할 블록 미리보기

장애물 경주 게임을 구현하기 위한 주요 블록코드는 아래 [표 10-6]과 같다.

표 10-6 장애물 경주 앱에 사용되는 주요 블록

블록	설명
언제 시작버튼 .클릭했을때 실행	시작, 종료, 방향버튼을 눌렀을 때 발생하는 이벤트 처리 블록
언제 장애물2 .모서리에닿았을때 모서리 실행	장애물과 나무가 모서리에 닿았을 때 동작을 처리하는 이벤트 블록
언제 자동차 .충돌했을때 다른 실행	자동차 스프라이트가 장애물과 충돌했을 때 처리 이벤트 블록
전역변수 만들기 목숨 초기값	목숨 값을 처리하는 전역변수 블록
함수 만들기 배경움직이기 움직이는나무 실행	움직이는 배경을 만들어주기 위해 나무의 움직임을 처리하는 함수 블록
함수 만들기 장애물움직이기 장애물번호 실행	장애물 움직임을 처리하는 함수 블록
함수 만들기 멈춤 실행	자동차, 장애물, 나무 속도 값을 0으로 설정하여 게임을 종료하는 함수 블록

변수 처리

❶ 전역변수 목숨

아래 블록은 게임이 진행되는 동안 자동차 스프라이트의 목숨 값을 저장하는 전역변수다.

전역변수 만들기 목숨 초기값 3

이벤트 처리

❶ Screen1 화면 초기화

Screen1이 초기화될 때 이벤트 블록은 이미지 스프라이트(나무, 자동차) 위치를 설정하는 블록코드이다.

```
언제 Screen1 .초기화되었을때
실행 지정하기 목숨값출력 . 텍스트 값 3
     지정하기 오른쪽나무 . X 값 캔버스1 . 너비 × 0.8
     지정하기 오른쪽나무 . Y 값 캔버스1 . 높이 × 0.4
     지정하기 왼쪽나무 . X 값 캔버스1 . 너비 × 0.2
     지정하기 왼쪽나무 . Y 값 캔버스1 . 높이 × 0.1
     지정하기 자동차 . X 값 캔버스1 . 너비 × 0.5
     지정하기 자동차 . Y 값 캔버스1 . 높이 × 0.8
```

❷ 게임 시작하기

시작버튼 이벤트 블록에서는 시작버튼을 클릭했을 때, 장애물 위치와 배경 나무 위치에 대한 정보를 **장애물움직이기**와 **배경움직이기** 함수에 전달하면서 각각의 함수를 호출한다.

```
언제 시작버튼 .클릭했을때
실행 지정하기 전역변수 목숨 값 3
     지정하기 목숨값출력 . 텍스트 값 가져오기 전역변수 목숨
     함수 호출하기 장애물움직이기
                    장애물번호 1
     함수 호출하기 장애물움직이기
                    장애물번호 2
     함수 호출하기 배경움직이기
                    움직이는나무 " 오른쪽 "
     함수 호출하기 배경움직이기
                    움직이는나무 " 왼쪽 "
```

❸ 게임 종료하기

종료버튼 이벤트 블록에서는 종료버튼을 클릭했을 때, **멈춤** 함수를 호출하여 프로그램을 끝낸다.

❹ 자동차를 좌 · 우로 움직이기

왼쪽 · 오른쪽방향버튼 블록코드는 왼쪽방향버튼을 클릭하면 X좌표 값이 10 감소 되어 자동차 스프라이트가 왼쪽으로 이동하고, 오른쪽방향버튼을 클릭하면 X좌표 값이 10 증가 되어 자동차 스프라이트가 오른쪽으로 이동하는 이벤트 블록코드이다.

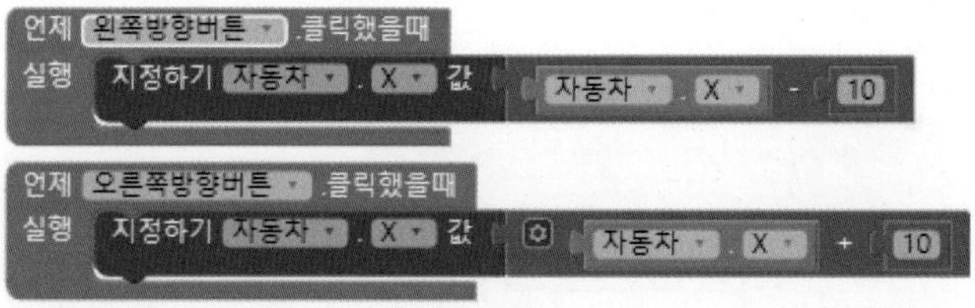

❺ 장애물이 모서리에 닿았을 때

장애물 이벤트 블록코드는 장애물이 모서리에 닿았을 때, 보이지 않는 상태로 설정되고, **장애물움직이기** 함수를 호출하는 블록코드이다. 함수를 호출할 때 **장애물번호**를 이용해서 장애물의 위치를 오른쪽과 왼쪽으로 구분하여 움직이도록 한다.

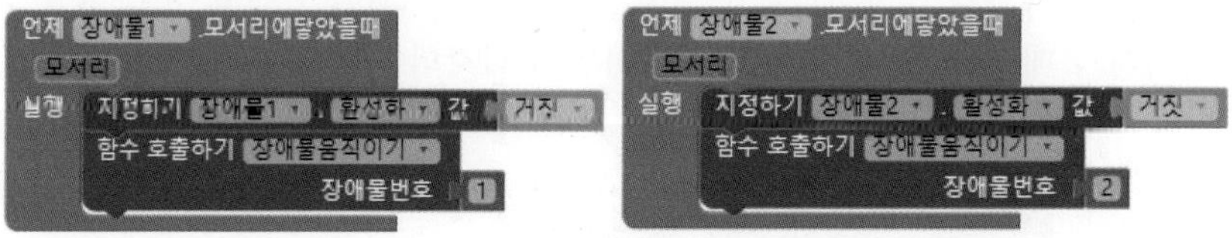

❻ 나무가 모서리에 닿았을 때

오른쪽 · 왼쪽나무가 모서리에 닿았을 때의 이벤트 블록은 자동차가 달려가는 효과를 내기 위해 나무가 움직이도록 작업한 블록코드이다. 아래 이벤트 블록은 나무가 모서리에 닿으면 나무를 보이지 않는 상태로 설정하고, **배경움직이기** 함수를 호출할 때 나무의 위치를 지정하기 위해서 '오른쪽'과 '왼쪽' 정보를 전달한다.

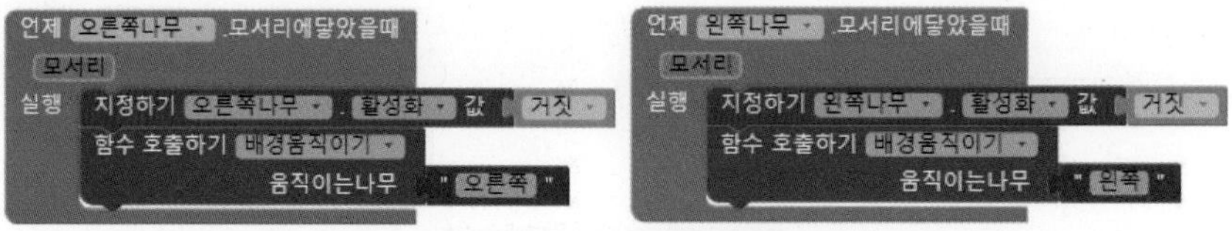

❼ 자동차가 공과 충돌했을 때

자동차가 충돌했을 때의 이벤트 블록은 자동차 스프라이트가 공이나 이미지 스프라이트와 충돌했을 때 동작하는 블록코드이다. 자동차 스프라이트가 장애물(공)과 충돌하면 목숨 값이 1 감소된다. 만약 자동차가 장애물과 충돌했을 때 목숨 값이 1 이하라면 목숨 값을 1 감소 하고 **멈춤** 함수를 호출하고, 목숨 값이 1 초과라면 현재 목숨 값에서 1 감소한다.

```
언제 자동차 .충돌했을때
  다른
실행  만약  가져오기 다른 = 장애물1  또는  가져오기 다른 = 장애물2
      이라면 실행  만약  가져오기 전역변수 목숨 ≤ 1
                  이라면 실행  지정하기 전역변수 목숨 값  가져오기 전역변수 목숨 - 1
                               지정하기 목숨값출력 . 텍스트 값  가져오기 전역변수 목숨
                               함수 호출하기 멈춤
                  아니라면     지정하기 전역변수 목숨 값  가져오기 전역변수 목숨 - 1
                               지정하기 목숨값출력 . 텍스트 값  가져오기 전역변수 목숨
```

함수 처리

❶ 배경움직이기 함수

배경움직이기 함수 블록에서는 나무 움직임을 이용해 배경이 바뀌는 것과 같은 효과를 만든다. 배경움직이기 함수 블록은 함수 호출과 함께 전달된 정보('오른쪽', '왼쪽')를 이용해서 나무 출발 위치, 속도, 방향을 정한다. 아래 블록 중 `지정하기 오른쪽나무 . 회전하기 값 거짓`은 나무가 움직이면서 나무 이미지 스프라이트가 뒤집히지 않도록 하기 위한 블록이다.

```
함수 만들기 배경움직이기  움직이는나무
실행  만약  가져오기 움직이는나무 = "오른쪽"
      이라면 실행  지정하기 오른쪽나무 . X 값  캔버스1 . 너비 × 0.6
                   지정하기 오른쪽나무 . Y 값  캔버스1 . 높이 × 0.05
                   지정하기 오른쪽나무 . 활성화 값  참
                   지정하기 오른쪽나무 . 회전하기 값  거짓
                   지정하기 오른쪽나무 . 속도 값  10
                   지정하기 오른쪽나무 . 방향 값  -75
      아니고 만약  가져오기 움직이는나무 = "왼쪽"
      이라면 실행  지정하기 왼쪽나무 . X 값  캔버스1 . 너비 × 0.2
                   지정하기 왼쪽나무 . Y 값  캔버스1 . 높이 × 0.1
                   지정하기 왼쪽나무 . 활성화 값  참
                   지정하기 왼쪽나무 . 회전하기 값  거짓
                   지정하기 왼쪽나무 . 속도 값  10
                   지정하기 왼쪽나무 . 방향 값  -102
```

❷ 장애물움직이기 함수

장애물움직이기 함수 블록은 함수가 호출되면서 전달되는 정보(장애물번호: '1', '2')에 따라 공(장애물1, 장애물2)의 출발 위치와 속도를 다르게 한다.

```
함수 만들기 장애물움직이기 장애물번호
실행  만약  가져오기 장애물번호 = 1
      이라면 실행  지정하기 장애물1 . 활성화 값 참
                   지정하기 장애물1 . 방향 값 -90
                   지정하기 장애물1 . 속도 값 30
                   지정하기 장애물1 . X 값 임의의 정수 시작 캔버스1 . 너비 × 0.2 끝 캔버스1 . 너비 × 0.5
                   지정하기 장애물1 . Y 값 캔버스1 . 높이 × 0.1
      아니고 만약  가져오기 장애물번호 = 2
      이라면 실행  지정하기 장애물2 . 활성화 값 참
                   지정하기 장애물2 . 방향 값 -90
                   지정하기 장애물2 . 속도 값 50
                   지정하기 장애물2 . X 값 임의의 정수 시작 캔버스1 . 너비 × 0.5 끝 캔버스1 . 너비 × 0.8
                   지정하기 장애물2 . Y 값 캔버스1 . 높이 × 0.1
```

❸ 멈춤 함수

멈춤 함수는 게임이 종료될 때, 호출되는 함수이다. **멈춤** 함수는 장애물, 나무, 자동차 스프라이트의 속도 값을 0으로 설정하여 게임을 종료한다.

```
함수 만들기 멈춤
실행  지정하기 장애물1 . 속도 값 0
      지정하기 장애물2 . 속도 값 0
      지정하기 왼쪽나무 . 속도 값 0
      지정하기 오른쪽나무 . 속도 값 0
      지정하기 자동차 . 속도 값 0
```

최종 완성 블록

다음은 장애물 경주 앱의 최종 블록이다. 모든 코드를 잘 살펴보고 앱을 완성해보자.

```
전역변수 만들기 목숨 초기값 3

언제 Screen1 .초기화되었을때
실행 지정하기 목숨값출력 . 텍스트 값 3
     지정하기 오른쪽나무 . X 값 캔버스1 . 너비 × 0.8
     지정하기 오른쪽나무 . Y 값 캔버스1 . 높이 × 0.4
     지정하기 왼쪽나무 . X 값 캔버스1 . 너비 × 0.2
     지정하기 왼쪽나무 . Y 값 캔버스1 . 높이 × 0.1
     지정하기 자동차 . X 값 캔버스1 . 너비 × 0.5
     지정하기 자동차 . Y 값 캔버스1 . 높이 × 0.8

언제 시작버튼 .클릭했을때
실행 지정하기 전역변수 목숨 값 3
     지정하기 목숨값출력 . 텍스트 값 가져오기 전역변수 목숨
     함수 호출하기 장애물움직이기
                 장애물번호 1
     함수 호출하기 장애물움직이기
                 장애물번호 2
     함수 호출하기 배경움직이기
                 움직이는나무 " 오른쪽 "
     함수 호출하기 배경움직이기
                 움직이는나무 " 왼쪽 "

언제 종료버튼 .클릭했을때
실행 함수 호출하기 멈춤

언제 왼쪽방향버튼 .클릭했을때
실행 지정하기 자동차 . X 값 자동차 . X - 10

언제 오른쪽방향버튼 .클릭했을때
실행 지정하기 자동차 . X 값 자동차 . X + 10

언제 장애물1 .모서리에닿았을때
모서리
실행 지정하기 장애물1 . 활성화 값 거짓
     함수 호출하기 장애물움직이기
                 장애물번호 1

언제 장애물2 .모서리에닿았을때
모서리
실행 지정하기 장애물2 . 활성화 값 거짓
     함수 호출하기 장애물움직이기
                 장애물번호 2

언제 오른쪽나무 .모서리에닿았을때
모서리
실행 지정하기 오른쪽나무 . 활성화 값 거짓
     함수 호출하기 배경움직이기
                 움직이는나무 " 오른쪽 "

언제 왼쪽나무 .모서리에닿았을때
모서리
실행 지정하기 왼쪽나무 . 활성화 값 거짓
     함수 호출하기 배경움직이기
                 움직이는나무 " 왼쪽 "
```

```
언제 자동차 .충돌했을때
 다른
실행  만약  가져오기 다른 = 장애물1  또는  가져오기 다른 = 장애물2
      이라면 실행  만약  가져오기 전역변수 목숨 ≤ 1
                  이라면 실행  지정하기 전역변수 목숨 값  가져오기 전역변수 목숨 - 1
                              지정하기 목숨값출력 . 텍스트 값  가져오기 전역변수 목숨
                              함수 호출하기 멈춤
                  아니라면    지정하기 전역변수 목숨 값  가져오기 전역변수 목숨 - 1
                              지정하기 목숨값출력 . 텍스트 값  가져오기 전역변수 목숨

함수 만들기 배경움직이기  움직이는나무
실행  만약  가져오기 움직이는나무 = " 오른쪽 "
      이라면 실행  지정하기 오른쪽나무 . X 값  캔버스1 . 너비 × 0.6
                  지정하기 오른쪽나무 . Y 값  캔버스1 . 높이 × 0.05
                  지정하기 오른쪽나무 . 활성화 값 참
                  지정하기 오른쪽나무 . 회전하기 값 거짓
                  지정하기 오른쪽나무 . 속도 값 10
                  지정하기 오른쪽나무 . 방향 값 -75
      아니고 만약  가져오기 움직이는나무 = " 왼쪽 "
      이라면 실행  지정하기 왼쪽나무 . X 값  캔버스1 . 너비 × 0.2
                  지정하기 왼쪽나무 . Y 값  캔버스1 . 높이 × 0.1
                  지정하기 왼쪽나무 . 활성화 값 참
                  지정하기 왼쪽나무 . 회전하기 값 거짓
                  지정하기 왼쪽나무 . 속도 값 10
                  지정하기 왼쪽나무 . 방향 값 -102

함수 만들기 장애물움직이기  장애물번호
실행  만약  가져오기 장애물번호 = 1
      이라면 실행  지정하기 장애물1 . 활성화 값 참
                  지정하기 장애물1 . 방향 값 -90
                  지정하기 장애물1 . 속도 값 30
                  지정하기 장애물1 . X 값  임의의 정수 시작  캔버스1 . 너비 × 0.2  끝  캔버스1 . 너비 × 0.5
                  지정하기 장애물1 . Y 값  캔버스1 . 높이 × 0.1
      아니고 만약  가져오기 장애물번호 = 2
      이라면 실행  지정하기 장애물2 . 활성화 값 참
                  지정하기 장애물2 . 방향 값 -90
                  지정하기 장애물2 . 속도 값 50
                  지정하기 장애물2 . X 값  임의의 정수 시작  캔버스1 . 너비 × 0.5  끝  캔버스1 . 너비 × 0.8
                  지정하기 장애물2 . Y 값  캔버스1 . 높이 × 0.1

함수 만들기 멈춤
실행  지정하기 장애물1 . 속도 값 0
      지정하기 장애물2 . 속도 값 0
      지정하기 왼쪽나무 . 속도 값 0
      지정하기 오른쪽나무 . 속도 값 0
      지정하기 자동차 . 속도 값 0
```

완성된 앱

아래 그림은 장애물 경주 앱의 완성 화면이다. 왼쪽 그림 (a)는 에뮬레이터를 통한 완성 앱의 화면이고, 오른쪽 그림 (b)는 AI 컴패니언을 통한 완성 앱의 화면이다. 왼쪽 · 오른쪽 버튼을 이용해서 게임을 해보자.

(a) 에뮬레이터로 실행

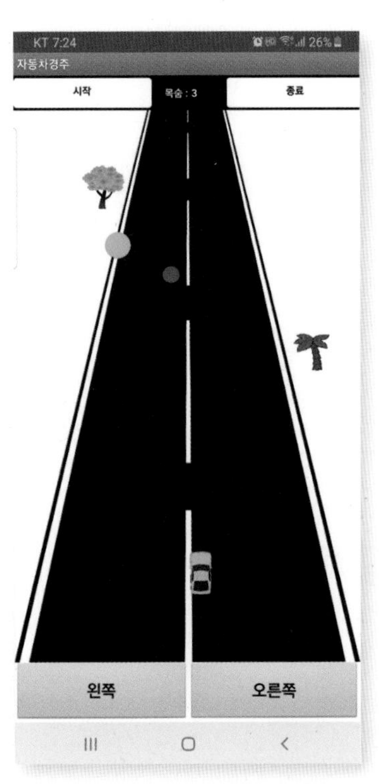

(b) AI 컴패니언으로 실행

응용 프로젝트 2

학습목차

학습목표

1. 여러 개의 스크린을 만들어 활용할 수 있다.
2. 음성변환 컴포넌트를 이용해서 안내 앱을 제작할 수 있다.
3. 표형식배치 레이아웃을 이용해서 많은 이미지를 한 화면에 표현할 수 있다.
4. 음성인식과 음성변환 컴포넌트를 이용한 번역 앱을 제작할 수 있다.

11.1 고궁 안내 앱 만들기

미리보기

'고궁 안내' 앱은 음성변환을 이용해서 만든 앱으로 사진을 클릭하면 음성과 텍스트로 해설해주는 앱이다. 음성변환은 에뮬레이터를 통해 결과를 확인할 수 없으므로 AI 컴패니언 또는 *.apk를 통해 확인한다.

디자이너 설계

앱을 만들기 위해서 가장 먼저 수행해야 하는 단계는 사용자 화면 디자인이다. 팔레트 그룹에서 적절한 컴포넌트를 가져와 뷰어에 배치한 후, 컴포넌트 이름 바꾸기와 속성을 설정한다. 아래 그림은 **ch11_RoyalPalace**의 디자이너 화면이다. 고궁 안내 앱에서 사용된 모든 사진은 '문화재청 궁능유적본부 경복궁 관리소' 홈페이지에서 제공한 사진을 사용한다.

이번 고궁 안내 앱 예제는 Screen1에서 사용자 이름을 입력하고 관람시작버튼을 누르면 Screen2로 화면이 전환되기 때문에 Screen1 디자이너 화면과 Screen2 디자이너 화면을 따로 작업한다. 아래 디자이너 화면은 Screen1 화면으로 사용자가 이름을 입력하고 관람시작버튼을 누르면 경복궁 안내 앱으로 화면이 전환된다.

다음은 Screen2 디자이너 화면으로 경복궁 이미지를 표 형식으로 구성한다. 여러 개의 이미지가 한 화면에 보이기 위해서는 Screen2 속성 설정에서 스크롤가능여부 항목의 체크박스를 선택해서 스크롤을 생성해야 한다.

컴포넌트 구성

디자이너 화면에서 컴포넌트를 뷰어에 배치하는 과정은 다음과 같다. 우선, Screen1의 디자이너 화면의 컴포넌트 구성부터 살펴보자. 앱 시작 화면의 앱 제목, 고궁 이미지, 안내 레이블을 만들기 위해서 사용자 인터페이스 팔레트에서 레이블과 이미지를 뷰어에 배치한다. 그리고 사용자 이름을 입력할 텍스트박스와 관람 시작하기 버튼 컴포넌트를 수직으로 배치하기 위해서 레이아웃 팔레트에서 수직배치를 레이블2 컴포넌트 아래에 배치한다. 수직배치 컴포넌트 안에 텍스트박스와 버튼을 수직으로 배치한다.

앱 화면에 보일 레이블, 이미지, 텍스트박스, 버튼 컴포넌트 배치가 끝났다면, 알림창과 음성변환 기능을 사용하기 위해서 아래와 같이 사용자 인터페이스 팔레트의 알림과 미디어 팔레트에 있는 음성변화 컴포넌트를 보이지 않는 컴포넌트로 뷰어에 배치한다.

Screen1의 디자이너 화면 구성이 끝났다면, Screen2의 디자이너 화면 구성을 살펴보자. 먼저 아래 그림과 같이 Screen2를 만든다.

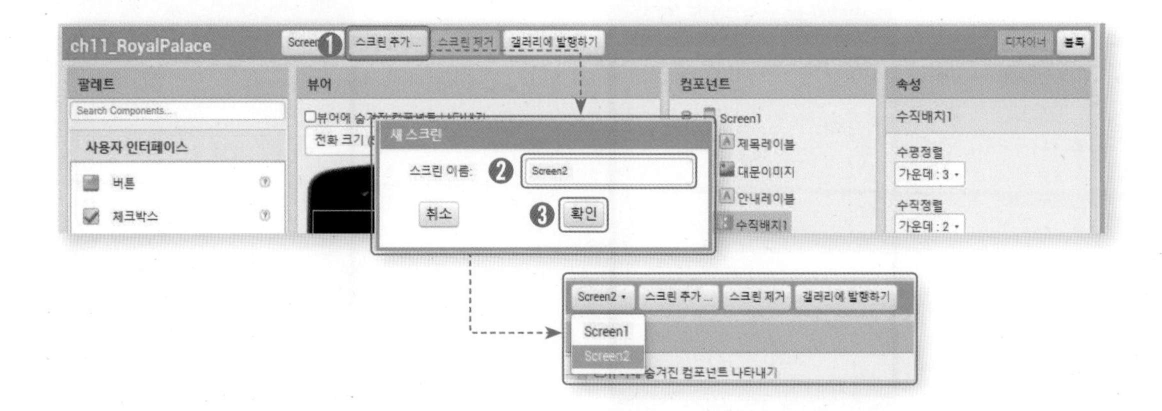

Screen2가 만들어졌다면, Screen2를 선택하고 디자이너 화면 구성을 시작하자. Screen1에서 관람시작버튼을 클릭하여 이동한 화면이 Screen2이다. 이 스크린 화면에서는 표 형식의 배치를 이용해서 버튼을 2열 3행으로 배치하고, 버튼의 배경을 고궁 이미지로 한다. 레이아웃 팔레트에서 표 형식배치를 뷰어에 배치한 후, 가장 먼저 속성에서 [열:2, 행:3]으로 설정하고 버튼 컴포넌트를 표 형식배치 안으로 드래그하여 배치한다. 버튼 배경을 고궁 이미지로 설정하면서 이미지 크기 때문에 모든 버튼의 이미지가 한 화면에서 보이지 않는다. Screen2 속성 중 스크롤가능여부 항목의 체크박스에 체크 표시를 하고, 상하로 움직이는 스크롤바를 생성한다.

표 형식배치 아랫부분에 앱 이용 방법을 안내할 레이블과 이미지를 클릭하면 해당 이미지의 해설이 출력될 텍스트박스를 차례로 수직배치한다. 그리고 관람 앱 첫 화면으로 돌아가기 위한 되돌아가기 버튼을 그 아래 배치한다. 안내 레이블, 해설 텍스트박스, 되돌아가기 버튼이 모두 배치되었다면, 이미지를 클릭할 때 음성 해설을 위한 보이지 않는 컴포넌트 음성변환을 뷰어에 배치한다.

위와 같이 Screen1과 Screen2의 컴포넌트 배치가 끝났다면 컴포넌트 이름 바꾸기와 고궁 안내 앱에서 사용될 이미지들을 미디어 서버에 다음과 같이 업로드한다.

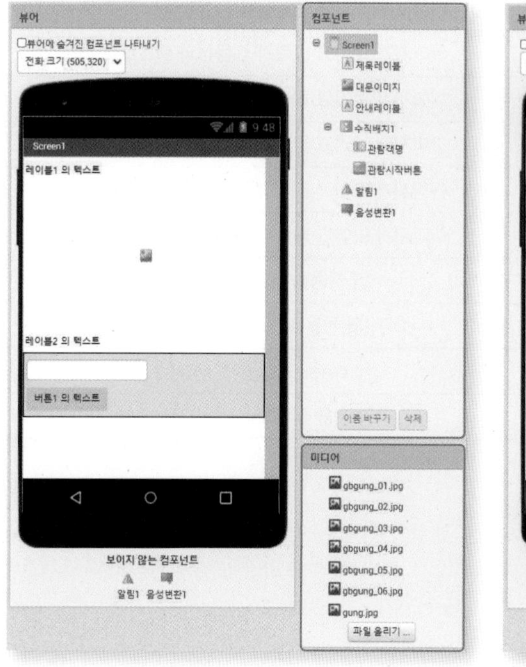

고궁 안내 앱 프로젝트에서 사용되는 컴포넌트들의 이름과 기능은 다음 표와 같다. 아래 [표 11-1]은 **Screen1의 컴포넌트 구성**이다.

표 11-1 고궁 안내 앱 Screen1에 필요한 컴포넌트 구성

컴포넌트	팔레트 그룹	컴포넌트 이름	기능설명
레이블	사용자 인터페이스	제목레이블	앱 전체 제목을 보여줌
이미지	사용자 인터페이스	대문이미지	앱 첫 화면 이미지
레이블	사용자 인터페이스	안내레이블	앱 사용 안내 문구
수직배치	레이아웃	수직배치1	사용자명과 관람시작버튼을 배치하기 위한 수직배치 레이아웃
텍스트박스	사용자 인터페이스	관람객명	관람객 이름을 입력하는 텍스트박스
버튼	사용자 인터페이스	관람시작버튼	관람시작버튼으로 버튼을 클릭하면 Screen1에서 Screen2로 이동
음성변환	미디어	음성변환1	관람시작버튼을 클릭하면 관람시작을 음성으로 알려 줌
알림	사용자 인터페이스	알림1	관람시작버튼을 클릭하면 관람시작을 알림으로 알려 줌

아래 [표 11-2]는 **Screen2의 컴포넌트 구성**이다.

표 11-2 고궁 안내 앱 Screen2에 필요한 컴포넌트 구성

컴포넌트	팔레트 그룹	컴포넌트 이름	기능설명
레이블	사용자 인터페이스	제목레이블	Screen2 화면 제목을 보여줌
표형식배치	레이아웃	표형식배치1	이미지를 표 형식으로 배치하기 위한 레이아웃
버튼	사용자 인터페이스	근정전	근정전 이미지가 버튼 배경으로 보여지며, 버튼을 클릭하면 근정전을 음성과 텍스트로 해설
버튼	사용자 인터페이스	강녕전	이미지가 보이고 클릭하면 음성과 텍스트로 해설
버튼	사용자 인터페이스	사정전	이미지가 보이고 클릭하면 음성과 텍스트로 해설
버튼	사용자 인터페이스	자경전	이미지가 보이고 클릭하면 음성과 텍스트로 해설
버튼	사용자 인터페이스	향원정	이미지가 보이고 클릭하면 음성과 텍스트로 해설
버튼	사용자 인터페이스	경회루	이미지가 보이고 클릭하면 음성과 텍스트로 해설
레이블	사용자 인터페이스	안내	앱 사용법을 간단히 안내해줌
텍스트박스	사용자 인터페이스	해설	이미지(버튼)을 클릭하면 해설 내용이 출력
버튼	사용자 인터페이스	되돌아가기버튼	Screen1로 돌아가기 버튼
음성변환	미디어	음성변환1	이미지를 클릭하면 음성으로 해설

컴포넌트 속성

컴포넌트의 배치와 이름 바꾸기가 끝났다면, 각 컴포넌트의 속성을 설정해야 한다. 속성 설정 방법은 아래 그림과 같이 컴포넌트를 선택한 후, 속성 부분에서 설정하면 된다. 컴포넌트들의 속성은 아래 표와 같다. 아래 [표 11-3]은 **Screen1 컴포넌트의 속성**이다.

표 11-3 고궁 안내 앱 Screen1에 사용된 컴포넌트 속성

컴포넌트 이름	속성	속성 값
Screen1	배경색	#f1f1f1ff
	수평정렬, 수직정렬	가운데:3, 가운데:2
	제목	고궁관람앱
제목레이블	글꼴굵게, 글꼴크기	체크, 20
	너비	부모 요소에 맞추기
	텍스트, 텍스트정렬	고궁 관람하기, 가운데:1
대문이미지	높이, 너비	45퍼센트, 100퍼센트
	사진, 사진크기맞추기	gung.jpg, 체크
안내레이블	글꼴굵게, 글꼴이텔릭	체크, 체크
	글꼴크기	15
	너비	부모 요소에 맞추기
	텍스트	관람객 이름을 입력하고 [관람시작] 버튼을 누르세요.
	텍스트정렬, 텍스트색상	가운데:1, 파랑
수직배치1	수평정렬, 수직정렬	가운데:3, 가운데:2
	배경색	흰색
	높이, 너비	120픽셀, 80퍼센트
관람객명	너비	150픽셀
	텍스트	이름
관람시작버튼	글꼴굵게, 글꼴크기	체크, 16
	너비	150픽셀
	텍스트	관람시작
	텍스트정렬, 텍스트색상	가운데:1, 흰색

아래 [표 11-4]는 **Screen2 컴포넌트의 속성**이다.

표 11-4 고궁 안내 앱에 사용된 컴포넌트 속성

컴포넌트 이름	속성	속성 값
Screen2	스크롤가능여부	체크
	제목	고궁관람앱
제목레이블	배경색	검정
	글꼴굵게, 글꼴크기	체크, 20
	너비	부모 요소에 맞추기
	텍스트	경복궁 관람
	텍스트정렬, 텍스트색상	가운데:1, 흰색
표형식배치1	열, 행	2, 3
	높이, 너비	부모 요소에 맞추기
근정전	높이, 너비	180픽셀, 205픽셀
	이미지	gbgung_01.jpg
강녕전	높이, 너비	180픽셀, 205픽셀
	이미지	gbgung_03.jpg
사정전	높이, 너비	180픽셀, 205픽셀
	이미지	gbgung_04.jpg
자경전	높이, 너비	180픽셀, 205픽셀
	이미지	gbgung_06.jpg
향원정	높이, 너비	180픽셀, 205픽셀
	이미지	gbgung_05.jpg
경회루	높이, 너비	180픽셀, 205픽셀
	이미지	gbgung_02.jpg
안내	배경색	주황
	글꼴굵게, 글꼴이텔릭, 글꼴크기	체크, 체크, 16
	너비	부모 요소에 맞추기
	텍스트	관람을 원하는 이미지를 터치하세요~
	텍스트정렬	가운데:1
해설	높이, 너비	10퍼센트, 부모 요소에 맞추기
	힌트, 여러줄	고궁 설명, 체크
되돌아가기버튼	글꼴굵게	체크
	너비	부모 요소에 맞추기
	텍스트	되돌아가기
	텍스트정렬, 텍스트색상	가운데:1, 흰색

아래 그림은 최종적으로 완성된 Screen1과 Screen2 디자이너 화면이다.

블록 코딩

이번 고궁 안내 앱은 음성변환 블록과 알림 블록을 이용하여, 텍스트 안내와 함께 음성 안내가 가능하도록 하는 앱이다.

사용할 블록 미리보기

다음 [표 11-5]는 이번 장에서 사용되는 주요 블록에 대한 설명이다.

표 11-5 고궁 안내 앱에서 사용되는 주요 블록

블록	설명
호출 음성변환1 .말하기 메시지	텍스트를 음성으로 변환하는 음성변환 함수 블록
호출 알림1 .선택대화창보이기 메시지 제목 버튼1텍스트 버튼2텍스트 취소가능여부 참	화면에 알림창을 띄워 알림 기능을 하는 함수 블록
언제 알림1 .선택한후에 선택된항목 실행	알림이 선택된 후의 동작 구현하기 위한 이벤트 블록
다른 스크린 열기 스크린 이름	다른 스크린으로 이동할 때, 이동할 스크린의 이름(Screen1 또는 Screen2와 같은 이름)을 정하는 블록

Screen1 이벤트 처리

❶ 관람 시작 음성 메시지와 알림창 띄우기

관람시작버튼을 클릭했을 때의 이벤트 블록은 관람객명 텍스트박스에 관람객의 이름이 입력되었는지 확인하고, 관람객 이름이 정확히 입력되지 않았다면(공백 또는 이름으로 입력되었다면), 이름을 입력하라는 음성 메시지를 출력한다. 정상적으로 관람객명이 입력되었다면 알림창과 음성변환으로 경복궁 랜선 여행을 시작하는 메시지를 텍스트와 소리로 출력한다.

```
언제 관람시작버튼 .클릭했을때
실행 만약  관람객명 . 텍스트 = " "  또는  관람객명 . 텍스트 = " 이름 "
     이라면 실행 지정하기 관람객명 . 텍스트 값 " 이름을 입력해주세요 "
                호출 음성변환1 .말하기
                          메시지 " 이름을 입력해주세요 "
                다른 스크린 열기 스크린 이름 " Screen1 "
     아니라면   호출 음성변환1 .말하기
                          메시지 합치기 관람객명 . 텍스트
                                        " 님 반갑습니다 "
                                        " 경복궁 랜선 여행을 시작합니다 "
                호출 알림1 .선택대화창보이기
                          메시지 합치기 관람객명 . 텍스트
                                        " 님 경복궁 랜선 여행을 시작합니다 "
                          제목 " 경복궁 랜선 여행 "
                          버튼1텍스트 " 확인 "
                          버튼2텍스트 " 취소 "
                          취소가능여부 거짓
```

❷ 알림창의 확인 버튼을 눌러 Screen2로 이동하기

관람시작버튼 클릭 후 보이는 알림1에서 '확인' 버튼을 눌렀다면 Screen2로 이동하는 블록이다.

```
언제 알림1 .선택한후에
 선택된항목
실행 만약 " 확인 " = 가져오기 선택된항목
     이라면 실행 다른 스크린 열기 스크린 이름 " Screen2 "
     아니라면    다른 스크린 열기 스크린 이름 " Screen1 "
```

Screen2 이벤트 처리

❶ 근정전 이미지 버튼을 클릭했을 때

근정전 이미지 버튼을 클릭했을 때의 이벤트 블록은 아래 보이는 텍스트를 해설 텍스트박스의 텍스트 값으로 출력하고 음성변환1.말하기 블록으로 음성을 출력한다.

언제 근정전 .클릭했을때
실행 지정하기 해설 . 텍스트 값 합치기 " 근정전은 조선의 법궁인 경복궁의 정전으로 "
" 다포계 팔작 지붕의 중층 건물이다 "
" 국보 제223호로 지정되어 있으며 "
" 현존하는 한국 최대의 목조 건축물 중 하나이다 "
호출 음성변환1 .말하기
메시지 해설 . 텍스트

버튼 경회루, 강녕전, 사정전, 자경전, 향원정의 이벤트 처리는 **근정전.클릭했을때**와 동일하다. 단, **버튼 이벤트 이름(경회루, 강녕전, 사정전, 자경전, 향원정)**과 **해설.텍스트** 값만 다음과 같이 바꿔 입력하면 된다.

❷ 경회루 이미지 버튼을 클릭했을 때

경회루 이미지 버튼을 클릭했을 때의 이벤트 블록은 아래 보이는 텍스트를 해설 텍스트박스의 텍스트 값으로 출력하고 음성변환1.말하기 블록으로 음성을 출력한다.

❸ 강녕전 이미지 버튼을 클릭했을 때

강녕전 이미지 버튼을 클릭했을 때의 이벤트 블록은 아래 보이는 텍스트를 해설 텍스트박스의 텍스트 값으로 출력하고 음성변환1.말하기 블록으로 음성을 출력한다.

합치기 " 강녕전은 왕의 침전영역이며 "
" 강녕전의 월대에서는 의례가 거행되기도 하였다 또한 "
" 화재가 나지 않도록 굴뚝을 강녕전 뒷편 교태전으로 가는 양의문 좌우에 붙여 지었다 "

❹ 사정전 이미지 버튼을 클릭했을 때

사정전 이미지 버튼을 클릭했을 때의 이벤트 블록은 아래 보이는 텍스트를 해설 텍스트박스의 텍스트 값으로 출력하고 음성변환1.말하기 블록으로 음성을 출력한다.

합치기 " 사정전은 임금이 평상시에 거처하면서 "
" 정치와 행정상의 일을 보고 "
" 신하들과 학문을 논하던 편전으로 "
" 대한민국의 보물 제1759호로 지정되었다 "

❺ 자경전 이미지 버튼을 클릭했을 때

자경전 이미지 버튼을 클릭했을 때의 이벤트 블록은 아래 보이는 텍스트를 해설 텍스트박스의 텍스트 값으로 출력하고 음성변환1.말하기 블록으로 음성을 출력한다.

합치기 " 자경전은 고종의 양어머니인 "
" 신정왕후가 거처하던 전각으로 "
" 대한민국 보물 제809호로 지정되었다 "

❻ 향원정 이미지 버튼을 클릭했을 때

향원정 이미지 버튼을 클릭했을 때의 이벤트 블록은 아래 보이는 텍스트를 해설 텍스트박스의 텍스트 값으로 출력하고 음성변환1.말하기 블록으로 음성을 출력한다.

합치기 " 향원정은 고종이 건청궁을 지을 때 옛 후원인 서현정일대를 "
" 새롭게 조성하였는데 연못 한 가운데 인공의 섬을 만들고 "
" 그 위에 육각형 정자를 지어 향원정이라 불렀다. "
" 향원정은 대한민국의 보물 제1761호로 지정되었다 "

❼ Screen1로 되돌아가기

되돌아가기버튼을 클릭했을 때의 이벤트 블록은 Screen2에서 Screen1로 이동하기 위한 블록코드이다.

언제 되돌아가기버튼 .클릭했을때
실행 다른 스크린 열기 스크린 이름 " Screen1 "

최종 완성 블록

다음은 '고궁 안내 앱'의 최종 완성 블록이다. 잘 살펴보고 앱을 완성해보자.

Screen1 블록

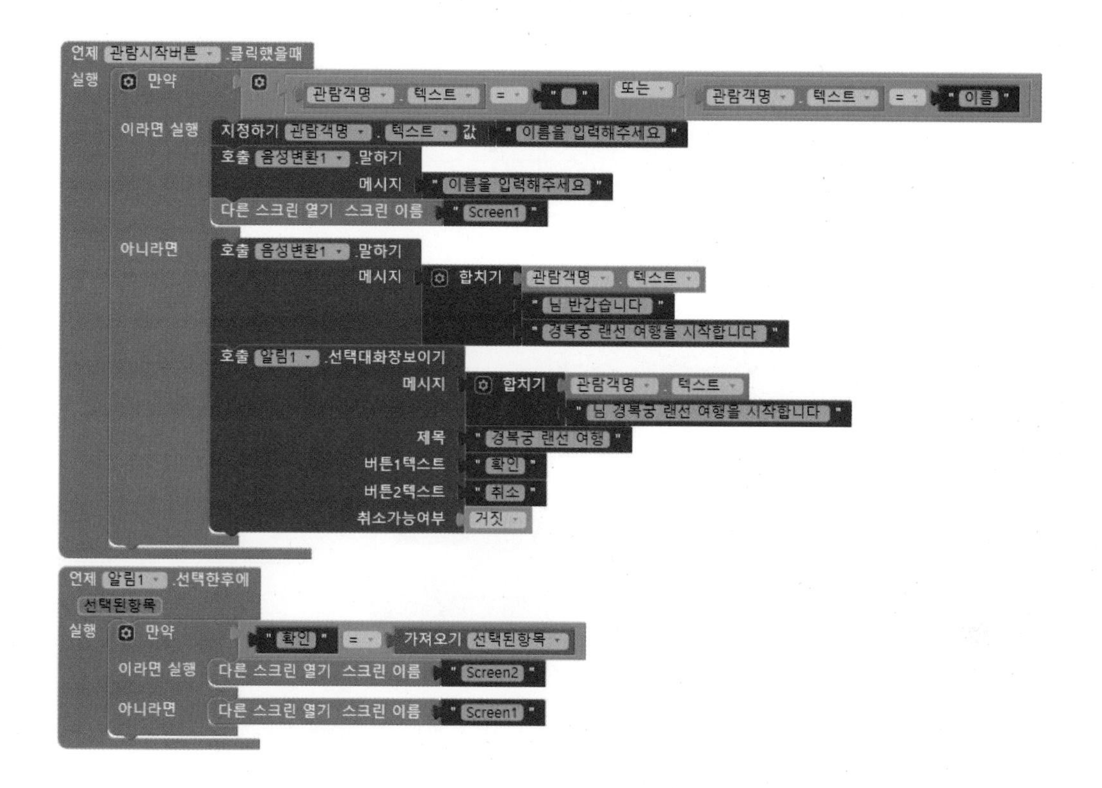

Screen2 블록

```
언제 근정전 .클릭했을때
실행 지정하기 해설 . 텍스트 값 합치기 " 근정전은 조선의 법궁인 경복궁의 정전으로 "
                                " 다포계 팔작 지붕의 중층 건물이다 "
                                " 국보 제223호로 지정되어 있으며 "
                                " 현존하는 한국 최대의 목조 건축물 중 하나이다 "
     호출 음성변환1 .말하기
               메시지 해설 . 텍스트

언제 경회루 .클릭했을때
실행 지정하기 해설 . 텍스트 값 합치기 " 경회루는 경복궁에 있는 누각으로 "
                                " 조선시대에 연회를 하던곳이다 "
                                " 1985년 국보 제224호로 지정되었다 "
     호출 음성변환1 .말하기
               메시지 해설 . 텍스트

언제 강녕전 .클릭했을때
실행 지정하기 해설 . 텍스트 값 합치기 " 강녕전은 왕의 침전영역이며 "
                                " 강년전의 월대에서는 의례가 거행되기도 하였다 또한 "
                                " 화재가 나지 않도록 굴뚝을 강녕전 뒷편 교태전으로 가는 양의문 좌우에 붙여 지었다 "
     호출 음성변환1 .말하기
               메시지 해설 . 텍스트

언제 사정전 .클릭했을때
실행 지정하기 해설 . 텍스트 값 합치기 " 사정전은 임금이 평상시에 거처하면서 "
                                " 정치와 행정상의 일을 보고 "
                                " 신하들과 학문을 논하던 편전으로 "
                                " 대한민국의 보물 제1759호로 지정되었다 "
     호출 음성변환1 .말하기
               메시지 해설 . 텍스트

언제 자경전 .클릭했을때
실행 지정하기 해설 . 텍스트 값 합치기 " 자경전은 고종의 양어머니인 "
                                " 신정왕후가 거처하던 전각으로 "
                                " 대한민국 보물 제809호로 지정되었다 "
     호출 음성변환1 .말하기
               메시지 해설 . 텍스트

언제 향원정 .클릭했을때
실행 지정하기 해설 . 텍스트 값 합치기 " 향정원은 고종이 건청궁을 지을 때 옛 후원인 서현정일대를 "
                                " 새롭게 조성하였는데 연못 한 가운데 인공의 섬을 만들고 "
                                " 그 위에 육각형 정자를 지어 향원정이라 불렀다. "
                                " 향원정은 대한민국의 보물 제1761호로 지정되었다 "
     호출 음성변환1 .말하기
               메시지 해설 . 텍스트

언제 되돌아가기버튼 .클릭했을때
실행 다른 스크린 열기 스크린 이름 " Screen1 "
```

완성된 앱

다음은 '고궁 안내 앱'의 최종 완성 화면이다. 음성변환 기능은 에뮬레이터에서 동작하지 않으므로, AI 컴패니언이나 *.apk 앱을 만들어 실행해보자.

11.2 나만의 번역 앱 만들기

미리보기

이번 예제에서는 얀덱스번역(Yandex Translation) 컴포넌트를 이용해서 나만의 번역 앱 만들기를 한다. 사용자 음성을 인식하여 텍스트로 출력하고, 출력된 텍스트를 번역한 후 음성변환으로 번역된 언어의 음성 서비스가 이루어진다. 음성인식과 음성변환 결과 확인은 에뮬레이터로 확인할 수 없고, AI 컴패니언이나 *.apk 앱 실행을 통해 확인할 수 있다.

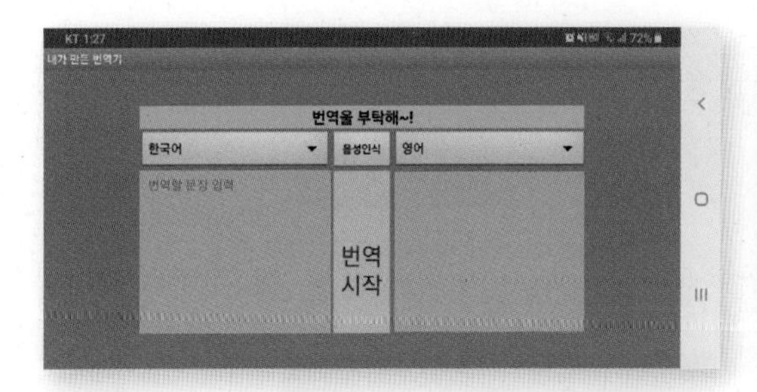

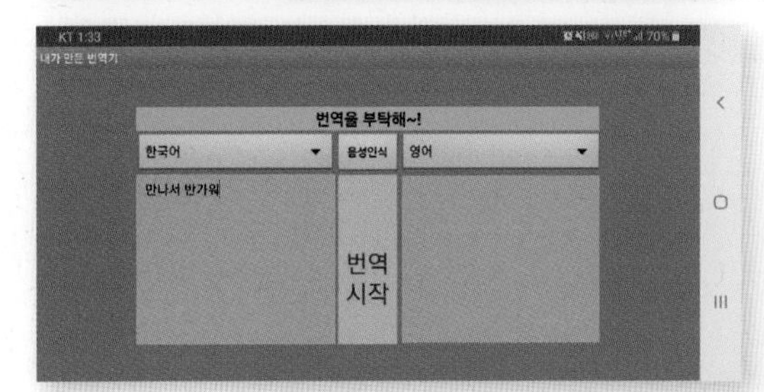

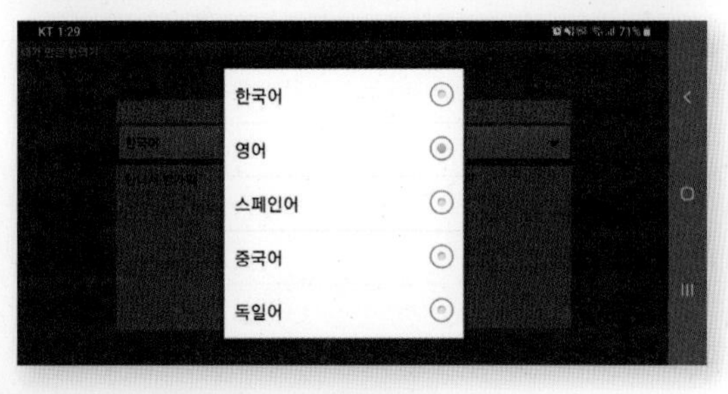

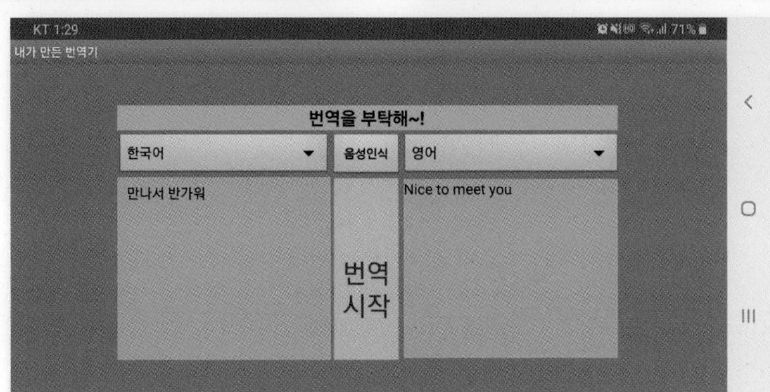

디자이너 설계

앱을 만들기 위해서 가장 먼저 수행해야 하는 단계는 사용자 화면 디자인이다. 팔레트 그룹에서 적절한 컴포넌트를 가져와 뷰어에 배치한 후, 컴포넌트 이름 바꾸기와 속성 설정을 한다. 아래 그림은 **ch11_Translation**의 디자이너 화면이다. 이번 예제는 **스크린방향을 가로로 설정**하고 작업한다.

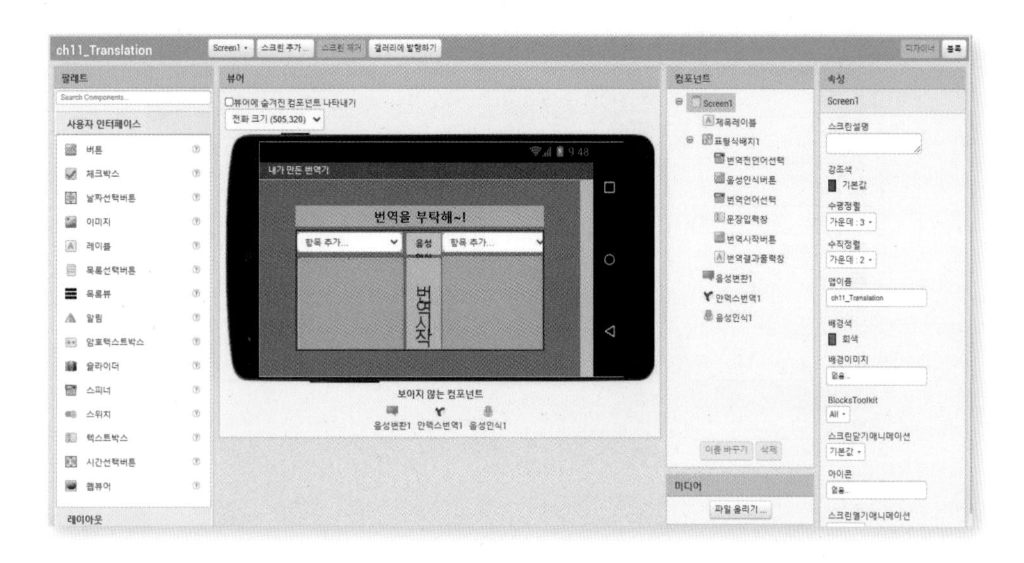

컴포넌트 구성

디자이너 화면에서 컴포넌트를 뷰어에 배치하는 과정은 다음과 같다. 먼저 Screen1의 스크린방향을 아래와 같이 가로로 체크하고 사용자 인터페이스 팔레트에 있는 레이블 컴포넌트와 레이아웃 팔레트에 있는 표형식배치 컴포넌트를 순서대로 배치한다. 표형식 배치 컴포넌트를 배치한 후 속성창에서 **열과 행을 [열:3, 행:2]로 설정**한다.

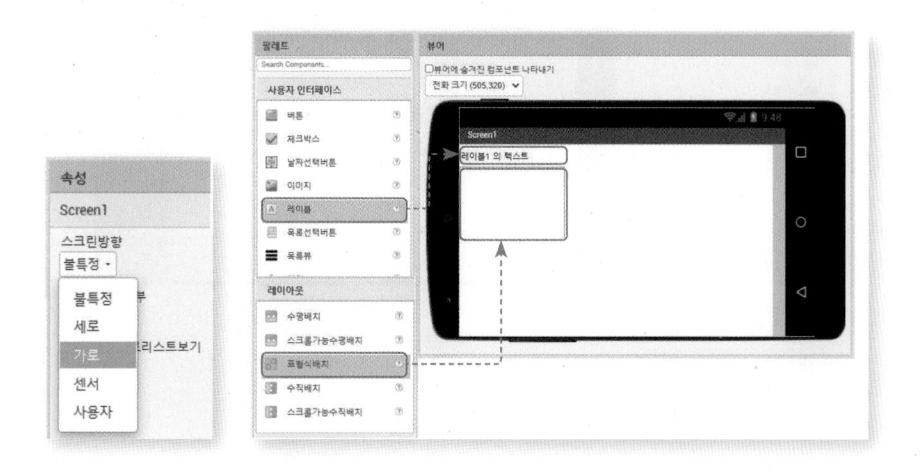

표형식배치1 컴포넌트를 3열 2행으로 설정했다면 여러 언어를 선택하기 위한 스피너 컴포넌트, 번역할 문장을 입력할 텍스트박스 컴포넌트, 번역 결과를 출력할 레이블 컴포넌트 그리고 음성인식과 번역 시작 이벤트 동작을 위한 버튼 컴포넌트를 다음 그림과 같이 배치한다. 표형식배치1 안에 들어갈 모든 컴포넌트는 사용자 인터페이스 팔레트에 있는 컴포넌트들이다.

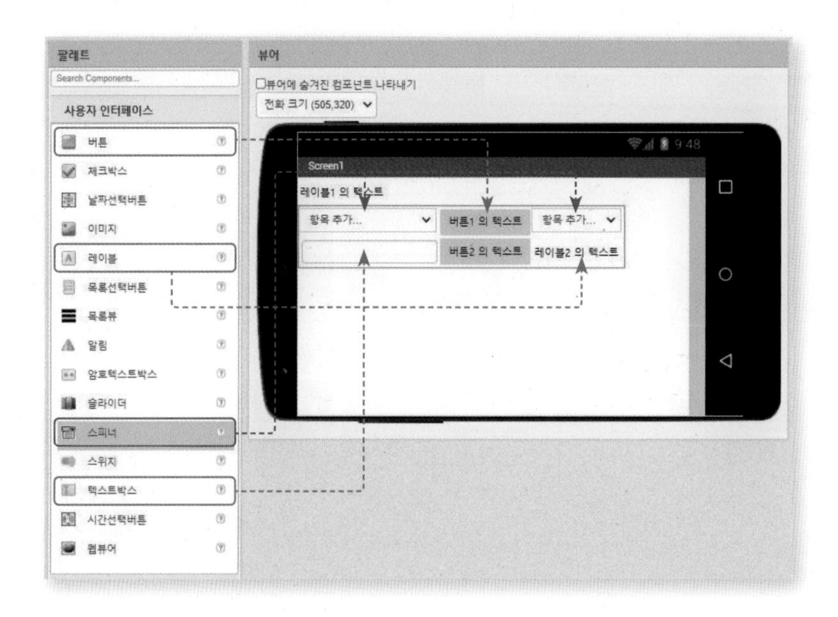

컴포넌트 배치가 모두 끝났다면, 번역하기 위한 얀덱스번역 컴포넌트, 음성인식을 위한 음성인식 컴포넌트 그리고 소리 음성변환을 위한 음성변환 컴포넌트를 다음과 같이 보이지 않는 컴포넌트로 배치한다.

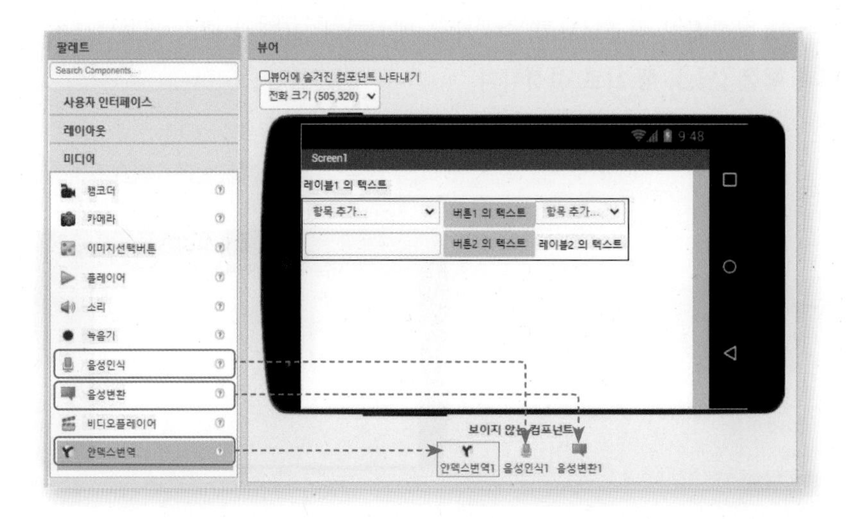

컴포넌트를 뷰어에 배치한 후, [이름 바꾸기]를 이용해 다음과 같이 컴포넌트 이름 바꾸기를 한다.

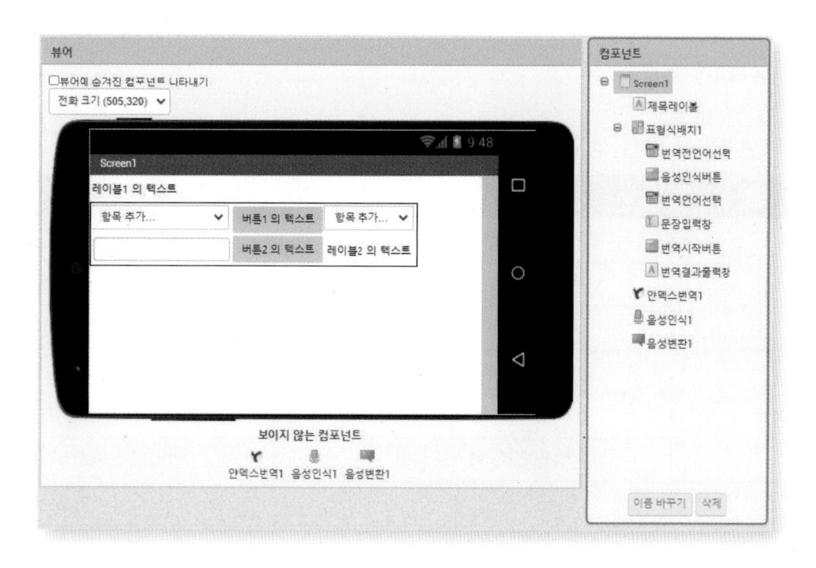

'나 만의 번역' 앱 프로젝트에서 사용되는 컴포넌트들의 이름과 기능은 다음 [표 11-6]과 같다.

표 11-6 나 만의 번역 앱에 필요한 컴포넌트 구성

컴포넌트	팔레트 그룹	컴포넌트 이름	기능설명
레이블	사용자 인터페이스	제목레이블	앱 첫 화면에 보이는 제목
표형식배치	레이아웃	표형식배치1	번역 선택언어, 번역 문장, 버튼등을 3열 2행으로 정렬
스피너	사용자 인터페이스	번역전언어선택	번역 전의 언어를 선택
버튼	사용자 인터페이스	음성인식버튼	음성인식 시작버튼
스피너	사용자 인터페이스	번역언어선택	입력된 문장을 번역할 언어를 선택
텍스트박스	사용자 인터페이스	문장입력창	번역할 문장을 입력하거나, 음성인식된 문장이 출력됨
버튼	사용자 인터페이스	번역시작버튼	번역 시작버튼
레이블	사용자 인터페이스	번역결과출력창	번역 결과가 출력됨

컴포넌트 속성

컴포넌트의 배치와 이름 바꾸기가 끝났다면, 각 컴포넌트의 속성을 설정해야 한다. 컴포넌트들의 속성은 아래 [표 11-7]과 같다.

표 11-7 나 만의 번역 앱에 사용된 컴포넌트 속성

컴포넌트 이름	속성	속성 값
Screen1	수평정렬, 수직정렬	가운데:3, 가운데:2
	배경색, 스크린방향	회색, 가로
	제목	내가 만든 번역기
제목레이블	배경색, 글꼴굵게, 글꼴크기	주황, 체크, 20
	너비	70퍼센트
	텍스트, 텍스트정렬	번역을 부탁해~!, 가운데:1
표형식배치1	열, 행	3, 2
	높이, 너비	60퍼센트, 70퍼센트
번역전언어선택	너비	30퍼센트
음성인식버튼	글꼴굵게	체크
	너비	10퍼센트
	텍스트, 텍스트정렬	음성인식, 가운데:1
번역언어선택	너비	30퍼센트
문장입력창	배경색, 글꼴크기	분홍, 16
	높이, 너비	부모 요소에 맞추기, 30퍼센트
	힌트	번역할 문장 입력
	여러줄	체크
번역시작버튼	배경색, 글꼴크기	밝은회색, 30
	높이, 너비	60퍼센트, 10퍼센트
	텍스트	번역시작
	텍스트정렬, 텍스트색상	가운데:1, 어두운회색
번역결과출력창	배경색, 글꼴크기	분홍, 16
	높이, 너비	부모 요소에 맞추기, 30퍼센트

아래 그림은 최종적으로 완성된 디자이너 화면이다.

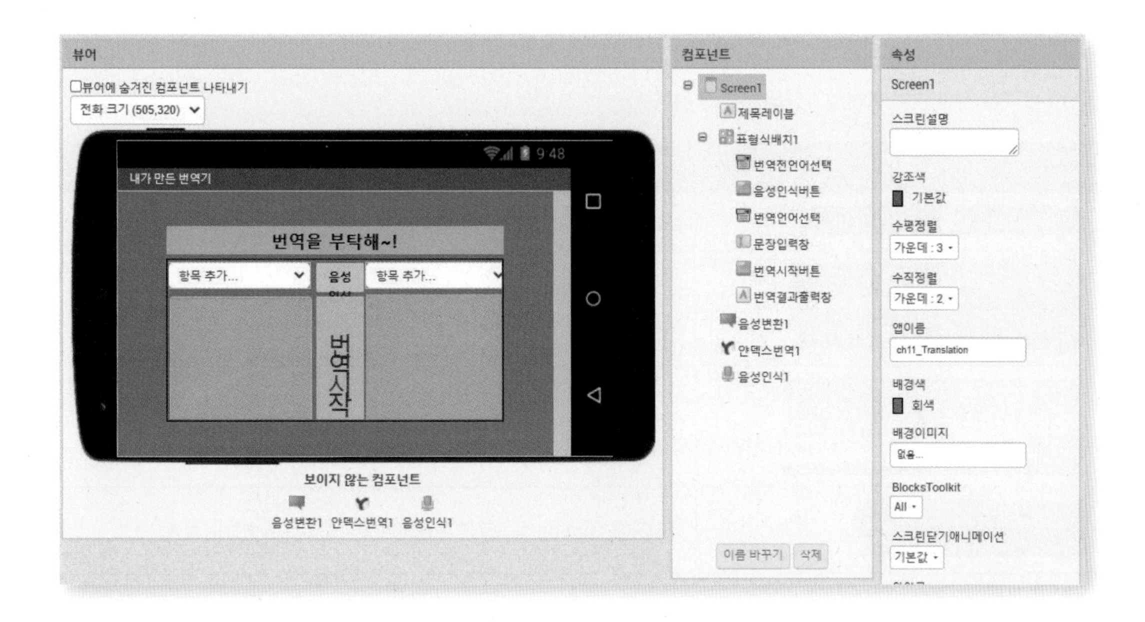

블록 코딩

'나 만의 번역' 앱은 음성인식을 통해 사용자 음성을 인식하여 텍스트로 출력한 후, 출력된 텍스트를 얀덱스번역을 이용해서 번역한다. 그리고 번역된 문장을 음성변환을 이용해서 소리로 출력한다. **얀덱스번역**을 사용하려면 **번역언어코드**가 필요하다. 번역언어코드는 다음과 같이 얀덱스번역 지원 사이트에서 지원 언어코드를 확인한 후 사용하면 된다(얀덱스 번역언어코드 https://yandex.com/dev/translate/doc/dg/concepts/api-overview.html)

얀덱스번역이 구글이나 네이버 번역기의 번역 기술보다는 번역의 완성도가 낮지만, 나만의 앱을 만들어 보는 것은 좋은 경험이 될 수 있으니 차분히 코드를 완성해보자.

사용할 블록 미리보기

다음 [표 11-8]은 이번 장에서 사용되는 주요 블록에 대한 설명이다.

표 11-8 나 만의 번역 앱에서 사용되는 주요 블록

블록	설명
호출 음성인식1 .텍스트가져오기	음성을 인식하여 텍스트로 변환하는 블록
호출 얀덱스번역1 .번역요청하기 번역언어코드 번역할텍스트	번역할 텍스트를 번역언어코드에 해당하는 언어로 번역을 요청하는 블록. 'ko', 'en' 등 번역언어코드는 얀덱스 번역 지원 사이트를 참고
언제 얀덱스번역1 .번역을받았을때 응답코드 번역 실행	얀덱스번역 이벤트를 발생하여 번역된 결과를 [번역] 변수로 반환하는 블록
호출 음성변환1 .말하기 메시지	메시지에 해당하는 텍스트를 음성변환하여 소리로 출력하는 블록

변수 처리

❶ 전역변수 번역언어코드

다른 언어로 번역할 때, 번역할 언어의 코드를 담기 위한 변수이다. 초기값 번역언어코드 'en'은 영어로 번역하기 위한 코드이다. 번역언어코드는 얀덱스 홈페이지 지원 언어코드를 참고하여 다양한 언어로 번역해본다.

전역변수 만들기 번역언어코드 초기값 " en "

이벤트 처리

❶ Screen1 초기화로 번역 언어 설정

Screen1이 초기화되었을 때의 이벤트 블록에서는 번역전언어선택과 번역언어선택 스피너 요소 값을 리스트로 구성해 놓는다. 블록에서 만든 번역언어 리스트 값을 프로젝트 디자이너 화면의 스피너 속성창의 요소에 입력해도 된다.

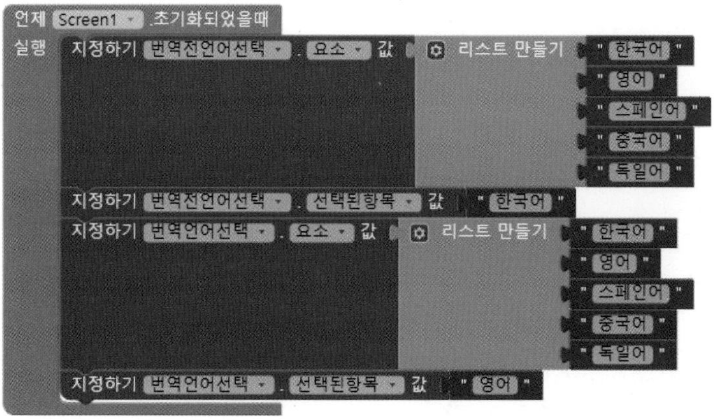

```
언제 Screen1 .초기화되었을때
실행 지정하기 번역전언어선택 . 요소 값 리스트 만들기 " 한국어 "
                                                " 영어 "
                                                " 스페인어 "
                                                " 중국어 "
                                                " 독일어 "
     지정하기 번역전언어선택 . 선택된항목 값 " 한국어 "
     지정하기 번역언어선택 . 요소 값 리스트 만들기 " 한국어 "
                                              " 영어 "
                                              " 스페인어 "
                                              " 중국어 "
                                              " 독일어 "
     지정하기 번역언어선택 . 선택된항목 값 " 영어 "
```

❷ 음성을 인식해서 텍스트로 가져오기

음성인식 버튼을 클릭했을 때의 이벤트 블록은 음성을 인식하여 텍스트로 가져오는 함수를 호출하기 위한 블록이다.

```
언제 음성인식버튼 .클릭했을때
실행 호출 음성인식1 .텍스트가져오기
```

❸ 음성인식을 텍스트로 가져와 문장으로 출력하기

음성인식의 텍스트 가져온 후에 이벤트 블록은 (호출 음성인식1 .텍스트가져오기) 함수가 호출된 후에 동작하는 이벤트 블록으로, 음성인식한 텍스트 값을 (언제 음성인식1 .텍스트가져온후에 결과 partial 가져오기 결과) 와 같이 변수 [결과]로 반환한다.

```
언제 음성인식1 .텍스트가져온후에
 결과 partial
실행 지정하기 문장입력창 . 텍스트 값 가져오기 결과
```

❹ 번역언어 선택하기

번역시작버튼을 클릭했을 때 이벤트 블록은 번역하기(함수 호출하기 번역하기) 함수를 호출하기 위한 이벤트 블록으로 번역하기 함수 호출 전에 번역언어로 선택한 언어에 따라 전역변수 번역언어코드 블록(지정하기 전역변수 번역언어코드 값)의 값을 한국어(" ko "), 영어(" en ")등의 얀덱스 번역언어코드로 설정해야 한다. 이 번역언어코드는 얀덱스 홈페이지의 지원 언어를 참고한다.

❺ 얀덱스번역으로 번역하기

아래 블록은 얀덱스번역.번역요청하기 함수가 호출된 후에 실행되는 이벤트 블록이다. 이 블록은 번역 결과를 변수 [번역]에 담아 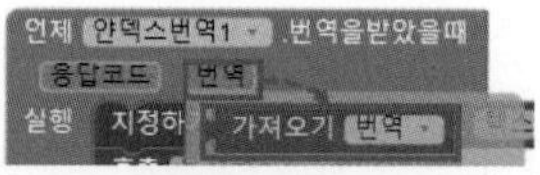 와 같이 반환한다.

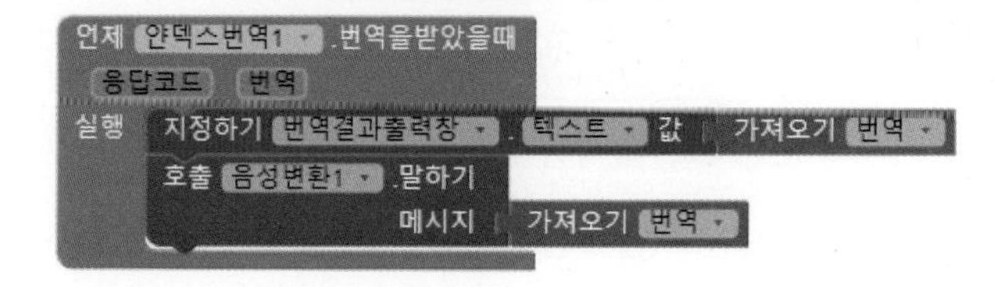

함수 처리

❶ 번역하기 함수

아래 블록은 문장입력창 텍스트박스에 입력된 문장을 얀덱스번역언어코드에 해당하는 언어로 번역을 요청하는 함수 블록코드이다.

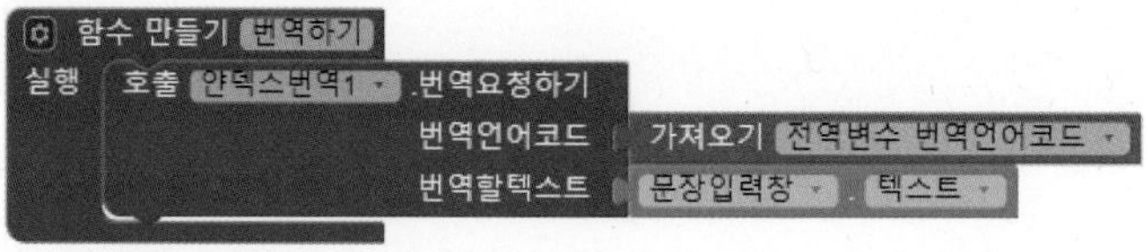

최종 완성 블록

다음은 '나 만의 번역 앱'의 최종 완성 블록이다. 잘 살펴보고 앱을 완성해보자.

```
전역변수 만들기 번역언어코드 초기값 " en "

언제 Screen1 .초기화되었을때
실행 지정하기 번역전언어선택 . 요소 값 리스트 만들기 " 한국어 "
                                                    " 영어 "
                                                    " 스페인어 "
                                                    " 중국어 "
                                                    " 독일어 "
     지정하기 번역전언어선택 . 선택된항목 값 " 한국어 "
     지정하기 번역언어선택 . 요소 값 리스트 만들기 " 한국어 "
                                                  " 영어 "
                                                  " 스페인어 "
                                                  " 중국어 "
                                                  " 독일어 "
     지정하기 번역언어선택 . 선택된항목 값 " 영어 "

언제 음성인식버튼 .클릭했을때
실행 호출 음성인식1 .텍스트가져오기

언제 음성인식1 .텍스트가져온후에
 결과 partial
실행 지정하기 문장입력창 . 텍스트 값 가져오기 결과

언제 번역시작버튼 .클릭했을때
실행 만약 번역언어선택 . 선택된항목 = " 한국어 "
     이라면 실행 지정하기 전역변수 번역언어코드 값 " ko "
     아니고 만약 번역언어선택 . 선택된항목 = " 영어 "
     이라면 실행 지정하기 전역변수 번역언어코드 값 " en "
     아니고 만약 번역언어선택 . 선택된항목 = " 스페인어 "
     이라면 실행 지정하기 전역변수 번역언어코드 값 " es "
     아니고 만약 번역언어선택 . 선택된항목 = " 중국어 "
     이라면 실행 지정하기 전역변수 번역언어코드 값 " zh "
     아니라면 지정하기 전역변수 번역언어코드 값 " de "
     함수 호출하기 번역하기

함수 만들기 번역하기
실행 호출 얀덱스번역1 .번역요청하기
              번역언어코드 가져오기 전역변수 번역언어코드
              번역할텍스트 문장입력창 . 텍스트

언제 얀덱스번역1 .번역을받았을때
 응답코드 번역
실행 지정하기 번역결과출력창 . 텍스트 값 가져오기 번역
     호출 음성변환1 .말하기
                   메시지 가져오기 번역
```

완성된 앱

다음은 '나 만의 번역'의 최종 완성 화면이다. 음성변환 기능은 에뮬레이터에서 동작하지 않으므로, AI 컴패니언이나 *.apk 앱을 만들어 실행해보자. 얀덱스번역이 구글 번역기나 네이버 번역기보다 번역의 완성도는 낮지만, 간단히 '나만의 번역 앱'을 만들기에 충분하다.

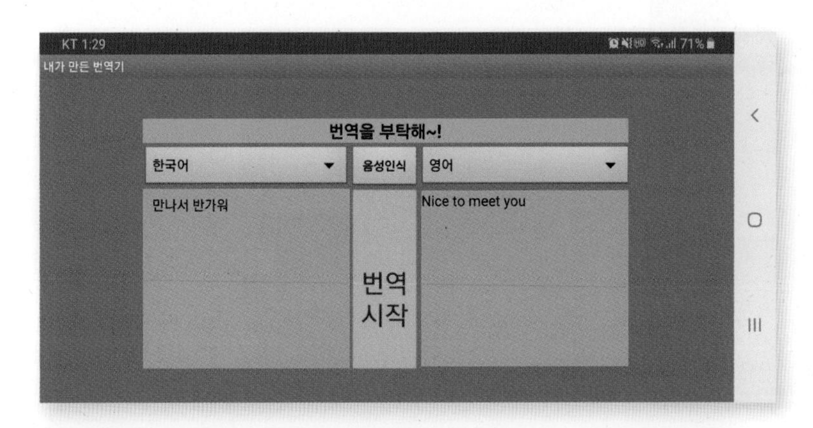

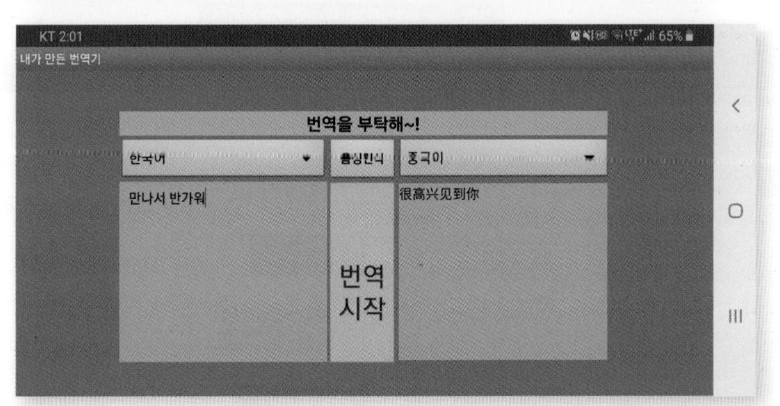

찾아보기

앱 인벤터를 활용한

창의적 문제해결

인 쇄 2021년 8월 24일
발 행 2021년 8월 31일

저 자 목원대학교 스톡스대학 SW교양학부
발 행 인 성희령
출 판 기 획 안성일, 한혜인, 임민정
영업마케팅 채희만, 한석범, 유효진
총 무 회 계 이승희

발 행 처 **INFINITY**BOOKS
주 소 경기도 고양시 일산동구 하늘마을로 158
대방트리플라온 C동 209호
대 표 전 화 02)302-8441
팩 스 02)6085-0777

도서 문의 및 A/S 지원
홈 페 이 지 www.infinitybooks.co.kr
이 메 일 helloworld@infinitybooks.co.kr

I S B N 979-11-85578-84-2
등 록 번 호 제2021-000018호
판 매 정 가 **14,000**원